商务馆对外汉语专业本科系列教材

总主编　赵金铭　齐沪扬　范开泰　马箭飞
审　订　世界汉语教学学会

语言学概论

崔希亮　著

商务印书馆

图书在版编目(CIP)数据

语言学概论/崔希亮著. —北京:商务印书馆,
2009(2020.10 重印)
(商务馆对外汉语专业本科系列教材)
ISBN 978-7-100-05867-4

Ⅰ.①语… Ⅱ.①崔… Ⅲ.①语言学概论—高等学校
—教材 Ⅳ.①H08

中国版本图书馆 CIP 数据核字(2007)第 108784 号

权利保留,侵权必究。

YŬYÁNXUÉ GÀILÙN
语言学概论
崔希亮 著

商 务 印 书 馆 出 版
(北京王府井大街36号 邮政编码100710)
商 务 印 书 馆 发 行
北京艺辉伊航图文有限公司印刷
ISBN 978-7-100-05867-4

2009年9月第1版　　开本 787×960　1/16
2020年10月北京第3次印刷　印张 19
定价:36.00元

内容简介

本教材依据对外汉语专业(本科)的教学目的和课程设置的实际需要编写,是语言学通论性教材。教材以对外汉语专业本科生为主要对象,也可供中文系、外语系本科生及相关的研究生和教师参考。

本教材吸取当前语言学研究的最新成果,较为全面地反映了语言学多个领域的新理论。全书除引论外,包括语言和语言学、语言与社会、语言与认知、语音、语法、语义、词汇、文字、语言的发展、语言的类型分类和谱系分类十章,系统地介绍了语言学的基本理论。本教材力避与同类教材的重复,努力出新,突出对外汉语专业的特点,体现出学术性、实用性和原创性。尤其是专章介绍语言与社会(特别是语言与民族、国家、文化的关系)、语言与认知(特别是第一语言习得、第二语言习得的内容),对对外汉语专业学生来说非常必要,为他们进一步学习语言习得、第二语言教学等课程奠定了一定的基础。

前　言

对外汉语教学专业的设立已经有二十多年的历史了。早在1983年经教育部批准北京语言学院在外语系内就设置了对外汉语教学专业，以培养对外汉语教师为主要目标。不久，北京外国语学院、上海外国语学院和华东师范大学也相继开设了类似的专业。

此后几年，该专业一直踽踽独行，没有名目。直至1988年，教育部颁布《普通高等学校本科专业目录》和《普通高等学校本科专业设置规定》，在一级学科中国语言文学类（学科代码0501）下，设"对外汉语"（学科代码050103）二级学科，这一专业才正式确立。

当初，设置这一专业，是为招收第一语言为汉语的中国学生，培养目标是将来能从事对外汉语教学及中外文化交流等工作。故该专业特点是，根据对外汉语教学对教师知识结构和能力的要求设计课程和确定教学内容。在1989年"对外汉语教学专业会议"（苏州）上，进一步明确了这个培养目标，并规定专业课程应分为三类：外语类、语言类和文学文化类。1997年召开"深化对外汉语专业建设座谈会"，会议认为，根据社会需要，培养目标可以适当拓宽，要培养一种复合型、外向型的人才，既要求具有汉语和外语的知识，又要求有中国文化的底蕴；既要求懂得外事政策和外交礼仪，又要求懂得教育规律和教学技巧。这一切只能靠本专业的独特的课程体系、有针对性的教材以及特定的教学方法才能完成。

近年来，世界风云变幻，中国和平崛起。随着汉语加快走向世界，对外汉语教学事业获得蓬勃发展。目前开设对外汉语专业的高等学校已有一百三十多所。大发展带来了丰富多彩,也伴随着不规范。对外汉语作为一个专业,既无统一的教学大纲,也无标准的课程设置,更无规范的教材。在业内对对外汉语教学的学科内涵,也还存在着不同的认识。目前,设立本专业的院校只能本着各自的理解,依据本单位的教学资源与教学条件设置课程,自编或选用一些现成的教材。

有鉴于此,在国家汉办的指导下,商务印书馆以其远见卓识,决定组织全国各高校对外汉语教学资深人士,跨校协商,通力合作,在初步制订专业课程大纲的基础上,编写一套对外汉语专业系列教材,以适应目前本专业对教材的迫切需求。

本教材以赵金铭、齐沪扬、范开泰、马箭飞为总主编,教材的编者经多次协商讨论,决定本着下列原则从事编写:

一、总结以往的经验,积成多年来对外汉语教学成果,以课程在教学计划中的地位、性质、任务和作用为依据,规定课程的基本内容,划定教学范围,确立教学要求。

二、密切关注语言学,特别是汉语语言学研究的最新进展,全面吸取汉语作为第二语言/外语教学研究的最新成果,着重体现语言规律、语言教学规律和语言学习规律。

三、教材的教学内容力求贯彻"基础宽厚,重点突出"的原则,注重基本理论、基本知识和基本技能,既要加强基础理论的教学,更要加强实践能力的培养。对课程的实践性教学环节应有明确、具体的要求,并有较强的可操作性。

四、教材要全面显示汉语作为第二语言/外语教学的性质、特点和规律,为加快汉语走向世界,为汉语国际推广,培养外向型、复合型的人才。

五、谨守本科系列教材的属性,注意教材容量与可能的课时量相协调,体现师范性,每一章、节之后,附有思考题或练习题。特别要注意知识的阶段性衔接,为本—硕连读奠定基础,留有空间。

基于上述考虑,我们对对外汉语专业的教学内容作了权衡与取舍。本着培养目标所要求的内涵,教材内容大致围绕着四个方面予以展开,即:基础知识、专业知识、教学技能和教师素质。我们把拟编的对外汉语专业本科系列教

材组成五大板块,共 22 册。每个板块所辖课程及教材主编如下:

一、语言学、应用语言学和汉语

    1. 现代汉语   齐沪扬(上海师范大学)

    2. 古代汉语   张   博(北京语言大学)

    3. 语言学概论   崔希亮(北京语言大学)

    4. 应用语言学导论   陈昌来(上海师范大学)

    5. 汉英语言对比概论   潘文国(华东师范大学)

二、中国文学文化及跨文化交际

    6. 中国现当代文学   陈思和(复旦大学)

    7. 中国古代文学   王澧华(上海师范大学)

    8. 中国文化通论   陈光磊(复旦大学)

    9. 世界文化通论   马树德(北京语言大学)

    10. 跨文化交际概论   吴为善(上海师范大学)

三、汉语教学理论、第二语言习得理论与实践

    11. 对外汉语教学导论   周小兵(中山大学)

    12. 第二语言习得研究   王建勤(北京语言大学)

    13. 对外汉语本体教学概论   张旺熹(北京语言大学)

    14. 对外汉语教学课程论   孙德金(北京语言大学)

    15. 双语与双语教育概论   关辛秋(中央民族大学)

    16. 华文教学概论   郭   熙(暨南大学)

    17. 世界汉语教育史   张西平(北京外国语大学)

四、对外汉语教材、教学法与测试评估

    18. 对外汉语教学法   吴勇毅(华东师范大学)

    19. 对外汉语教材通论   李   泉(中国人民大学)

    20. 语言测试概论   张   凯(北京语言大学)

    21. 对外汉语教学模式概论   马箭飞(国家汉办)

五、现代教育技术在对外汉语教学中的应用

    22. 对外汉语教育技术概论   郑艳群(北京语言大学)

本系列教材主要是为对外汉语专业本科生编写,也可供其他对外汉语教学工作者、研究者参考,同时也可以作为大专院校语言文学类专业的课外参考书。

目前,汉语国际推广正如火如荼,汉语作为第二语言/外语教学也面临着巨大的机遇与空前的挑战。我们愿顺应时代洪流,为汉语国际推广尽绵薄之力。大规模、跨地区、跨学校地组织人力进行系列教材的编写,尚属首次,限于水平,疏忽和不妥之处在所难免,敬祈专家、读者不吝指正。

赵金铭　齐沪扬
2007 年 6 月 5 日

目 录

引 言
  一 语言学的"体"和"用" ……………………………………………… 1
  二 怎样学习语言学 ……………………………………………………… 7

第一章 语言和语言学
  第一节 语言 ……………………………………………………………… 10
    一 语言的本质 ………………………………………………………… 10
    二 组合关系和聚合关系 ……………………………………………… 20
  第二节 语言学 …………………………………………………………… 22
    一 语言学的学科分类 ………………………………………………… 22
    二 语言学的基本任务 ………………………………………………… 24
    三 语言学与其他学科的关系 ………………………………………… 25

第二章 语言与社会
  第一节 语言与社会、文化 ……………………………………………… 29
    一 语言和社会的关系 ………………………………………………… 29
    二 语言与民族、种族及国家的关系 ………………………………… 34
    三 语言与文化的关系 ………………………………………………… 35
  第二节 语言变异与语言变体 …………………………………………… 38
    一 语言变异与语言变体的概念 ……………………………………… 38
    二 社会方言 …………………………………………………………… 40
    三 地域方言 …………………………………………………………… 45

　　　　四　双语或多语现象 …………………………………………… 49
第三章　　语言与认知
第一节　语言反映人类的认知 ………………………………………… 51
　　　　一　语言对应的三个方面 ………………………………………… 51
　　　　二　知识存在和发展的方式——范畴和范畴化 ………………… 52
第二节　认知语言学的基本假说 ……………………………………… 56
　　　　一　语法－意义与认知的关系 …………………………………… 56
　　　　二　认知语言学的研究取向:语言－世界－知性(Language-
　　　　　　World-Ception) ………………………………………………… 62
　　　　三　认知语言学的理论模型 ……………………………………… 63
第三节　人类大脑的模块与机能 ……………………………………… 71
第四节　语言能力和语言习得 ………………………………………… 74
　　　　一　儿童语言能力的成长 ………………………………………… 74
　　　　二　语言习得 ……………………………………………………… 78

第四章　　语音
第一节　语音和语音研究 ……………………………………………… 89
　　　　一　语音的性质 …………………………………………………… 89
　　　　二　语音研究的三个方面 ………………………………………… 89
　　　　三　语音单位 ……………………………………………………… 91
　　　　四　记录语音的符号——国际音标 ……………………………… 92
第二节　语音的属性 …………………………………………………… 93
　　　　一　语音的物理属性 ……………………………………………… 93
　　　　二　语音的生理属性 ……………………………………………… 99
　　　　三　语音的心理属性 ……………………………………………… 111
第三节　语音的感知 …………………………………………………… 114
　　　　一　感知器官——耳 ……………………………………………… 114
　　　　二　听觉和语音识别 ……………………………………………… 116
第四节　音位 …………………………………………………………… 118

一　音位的发现与归纳 …………………………………………… 118
　　二　音位的聚合和组合 …………………………………………… 123

第五章　语法

第一节　语法和语法学 …………………………………………… 130
　　一　语法的性质 …………………………………………………… 130
　　二　语法的特性 …………………………………………………… 132
　　三　语法单位 ……………………………………………………… 134
　　四　语法观与语法学 ……………………………………………… 140

第二节　语法形式和语法意义 …………………………………… 144
　　一　语法形式和语法意义 ………………………………………… 144
　　二　语法意义与概念意义 ………………………………………… 147

第三节　语法范畴和语法手段 …………………………………… 148
　　一　语法范畴 ……………………………………………………… 148
　　二　语法手段 ……………………………………………………… 152

第四节　理论语法和教学语法 …………………………………… 159
　　一　语法研究的不同取向 ………………………………………… 159
　　二　语法的不同层面和语法研究的不同立场 …………………… 160
　　三　汉语作为第二语言或者外语的语法研究 …………………… 163

第六章　语义

第一节　语义与语义学 …………………………………………… 167
　　一　语言的意义 …………………………………………………… 167
　　二　语义学 ………………………………………………………… 170

第二节　语法的意义 ……………………………………………… 173
　　一　指称意义 ……………………………………………………… 173
　　二　功能意义 ……………………………………………………… 176
　　三　范畴意义 ……………………………………………………… 178
　　四　角色意义 ……………………………………………………… 178

第三节　句法和语义的接口 ……………………………………… 180

一　格语法中的语义格 …………………………………… 180
　　二　配价语法中的语义论元 …………………………… 181
　　三　自然语义原语 ……………………………………… 181
第四节　语用的意义 ………………………………………… 182
　　一　预设意义 …………………………………………… 182
　　二　会话含义 …………………………………………… 183
　　三　蕴含意义 …………………………………………… 184
　　四　推断意义 …………………………………………… 185

第七章　词汇
第一节　词和词汇 …………………………………………… 187
　　一　词汇的概念 ………………………………………… 187
　　二　词汇的层级单位 …………………………………… 188
　　三　词的结构 …………………………………………… 189
　　四　特殊的词汇形式——熟语词和缩略语 …………… 193
第二节　词汇系统 …………………………………………… 194
　　一　基本词汇和一般词汇 ……………………………… 194
　　二　古语词和新词 ……………………………………… 195
　　三　口语词汇和书面语词汇 …………………………… 197
　　四　标准语词汇和方言词汇 …………………………… 197
　　五　本土词汇和外来语词汇 …………………………… 199
第三节　词义 ………………………………………………… 200
　　一　词义的界定 ………………………………………… 200
　　二　词义的基本特征 …………………………………… 203
　　三　语义场和义素分析 ………………………………… 206
　　四　词义的类聚 ………………………………………… 209

第八章　文字
第一节　文字的性质、功能和要素 ………………………… 214
　　一　文字的性质 ………………………………………… 214

二　文字的功能 …………………………………………… 215
　　三　文字的要素 …………………………………………… 216
第二节　文字与语言的关系 …………………………………… 218
　　一　语言类型影响文字的选择 …………………………… 218
　　二　文字形成系统以后作用于语言系统 ………………… 219
第三节　文字的起源和发展 …………………………………… 221
　　一　文字的起源 …………………………………………… 221
　　二　文字的嬗变 …………………………………………… 222
　　三　文字改革——以汉字改革为例 ……………………… 225
第四节　文字的类型 …………………………………………… 226
　　一　非字母文字 …………………………………………… 227
　　二　字母文字 ……………………………………………… 228

第九章　语言的发展
第一节　语言的产生与发展变化 ……………………………… 230
　　一　语言的产生 …………………………………………… 230
　　二　语言的发展变化 ……………………………………… 233
第二节　语言系统的发展变化 ………………………………… 239
　　一　语音的发展变化 ……………………………………… 239
　　二　词汇的发展变化 ……………………………………… 242
　　三　语法的发展变化 ……………………………………… 246
第三节　语言的分化和统一 …………………………………… 249
　　一　语言的分化 …………………………………………… 250
　　二　语言的统一 …………………………………………… 251
　　三　语言分合的波浪扩散理论和中心向心力理论 ……… 255
第四节　语言的接触与融合 …………………………………… 257
　　一　语言接触 ……………………………………………… 257
　　二　语言融合 ……………………………………………… 258
　　三　语言接触的特殊形式 ………………………………… 260

第十章　语言的类型分类和谱系分类
　　第一节　世界语言概况 ································· 263
　　　　一　世界语言现状 ································· 263
　　　　二　中国语言现状 ································· 264
　　第二节　语言的类型分类 ····························· 265
　　　　一　孤立语 ··· 266
　　　　二　粘着语 ··· 267
　　　　三　屈折语 ··· 268
　　　　四　复综语 ··· 269
　　第三节　语言的谱系分类 ····························· 270
　　　　一　两种基本假设 ································· 270
　　　　二　谱系分类与亲属语言 ························ 271
　　　　三　世界语言的谱系分类 ························ 273
主要参考文献 ··· 283
后　记 ·· 287

引　言

一　语言学的"体"和"用"

(一)语言学的"体"

语言学是现代科学的一个重要组成部分。传统的语言学来源于人类学,是人类学的一个分支学科,它的人文性是显而易见的。19世纪末,语言学从人类学中独立出来,成为一门年轻而有朝气和活力的学科,并渐渐从一个纯粹人文性的学科演化为人文科学和自然科学交叉的分支学科。人类对自己的语言感兴趣主要是出于好奇:语言是怎么产生的?语言是如何传递信息的?语言与我们的文化、信仰有什么关系?为什么不同的人群使用的语言有差别?不同的语言之间有没有亲戚关系?语言与心智的关系是什么?语言世界和我们的概念世界以及外部客观世界三者的关系是怎样的?孩子是怎样学会语言的?人类的语言行为有没有固定的模式?这些疑问实际上可归纳为两个问题:第一,语言是什么?第二,语言是怎么运作的?这些问题一直困扰着我们。

与其他学科一样,语言学也有自己的本体论、认识论和方法论。同时,像其他学科一样,语言学与其他学科也有着程度不同的交叉和借鉴关系。语言学中的语音学和物理学关系很密切,语义学和逻辑学关系很密切,语法学跟哲学、符号学甚至数学关系很密切。语言学作为现代科学的一部分跟认知科学和行为科学有着不可分割的关系。认知科学要研究人类的认知能力,研究人脑的机制,而语言是一个可以直接观测的现象,它可以作为人脑机制的一个外化形态来观察。而人类的语言活动也是人类行为的一个重要组成部分,观察和研究人类的语言活动可以从一个侧面了解到人类行为的某些奥秘。语言学离不开现代心理学、生命科学、现代医学等一些实验科学，从而形成心理语言学和神经语言学；也离不开哲学、法学、人类学、社会学、民族学这样的思辨性比较强的理论科学，从而形成数理语言学、法律语言学、人类语言学、社会语言学、方言学等；同时也离不开计算机科学这样的应用性科学，从而形成计算语言学、语料库语言学等。

　　语言是人与人之间交流的工具，人们用语言来交流思想感情、交流信息。这个过程包含了三个阶段：编码—信号传输—解码。编码是说话人把想要传达给听话人的信息用线性的语言符号表达出来，这里涉及复杂的心理—生理过程。信号传输指的是声波在空气中的传递，这里涉及物理过程。解码就是把听到的语音信号解译为可以理解的意义，这里涉及复杂的生理—心理过程。不同的学科从各自不同的角度来研究语言的不同侧面。比如，编码过程涉及我们的心理机制和生理机制：我们的思维是如何进行的，思想是如何产生的；如何把非线性的思想转变为线性的语言符号；发音器官是如何协调工作的，为什么有的人会部分失去语言能力（失语症）；言语错误是怎么发生的，等等，从心理学家到生理学家都在研究这样的问题，当然语言学家也要关注这样的问题。语言信号的传输也涉及很多学科，从发音体的振动到共鸣腔的形状，从空气粒子的振动到声音在空气中的传送，声波的骨传导和空气传导，噪音干扰问题，羡余度问题，等等，通信科学家会关注这些问题，语言学家当然也会关注这些问题。解码过程会涉及人类的听觉器官、大脑等生理问题，还会涉及记忆和注意力、认知图式等心理问题。如何正确地理解说话人的意思有很多条件，语言学家对这些条件的特征和作用感兴趣。

　　现代科学的基本精神是它的实证性。能够直接观察的研究对象我们用观测数据来证明某些假设，不能直接观察的研究对象我们就用合理的推论来证明某些假设。前者叫做归纳法，后者叫做演绎法。语言研究既采用归纳法，也采用演绎法。归纳法的优点是直接用事实说话，不足之处是可能会漏掉重要的事实。我们每天看到的太阳都是东升西落，这个现象我们已经观察了许多年，应该说是不可动摇的事实，但是我们无法保证明天或者后天它不会发生变化。这就是有名的柏拉图问题。演绎法可以弥补归纳法的不足。如果 A 包含 B,B 包含 C 的话,我们可以推论:A 一定包含 C。这就是演绎法。

(二)语言学的"用"

1.语言学与现代技术

语言学与现代技术有密切的关系。比如语言信息处理技术、通信技术、语言矫治技术、语言教学技术、语料库技术、语音合成技术等,这些学科的研究对象都离不开语言。科学的进步可以把人类的认识水平提高到一个新的境界,而技术的发展会把科学研究的成果转化为能为人类服务的产品。在我们享受着现代化的通讯工具(如电话、互联网)带给我们的便利的时候,我们会不会想到这里面也凝聚着语言学家的智慧和心血呢?

2.语言学与语言教学

语言学与语言教学是两个不同的学科领域。语言学研究的是语言结构的内在规律性以及语言与心智、语言与社会、语言与外部世界的关系,属于"道"的范畴,而语言教学是利用语言研究的成果来教学习者学习某一门具体的语言,属于"术"的范畴。语言教学可以分成两类:一类是第一语言的教学(或者称为母语教学),如传统的语文教育;一类是第二语言的教学(或者称为外语教学)。语言教学要研究教学法,但是任何语言教学法都不能脱离语言本身。尽管不同类型的语言需要使用相同的教学法,但是语言的结构研究、不同语言的对比研究、语言认知规律的研究肯定有助于语言教师更好地掌握教学规律,提高教学的单位效益。

3.语言学与语文政策

一个国家要制定语言文字方面的政策必须要有语言学方面的专家提供专业的意见,尤其是在一个多民族的国家,存在着不同的语言,如何制定语文政策关乎民族的团结以及各民族的平等权利。举例来说,新加坡是一个只有400多万人口的城市国家,但是新加坡的官方语言除了英语之外,还有华语、马来语、泰米尔语,新加坡的广播、电视、报纸、学校教育、标识牌等四种语言并用。语言问题有时会成为矛盾的焦点。例如加拿大的英语和法语之争、比利时的法语和佛莱芒语之争,都与语文政策有关。语文政策还涉及一个社会的语文生活,包括这个社会的语言规范和文字规范,例如正音的问题、词汇规范的问题、语法规范的问题、文字规范的问题、标准语与方言的问题、古语与现代语的问题、本土语言成分与外来语成分的问题、雅言和俗语的问题等。另外,一个国家还必须制定各种社会需要的标准集,比如日本的当用汉字、中国的简化字总表、信息处理用汉字字符集、汉语水平考试词汇等级大纲等,当然不同的标准是为不同的目的服务的。

4. 语言学与语言学习

语言是一种社会现象,语言在社会中产生,在社会中运用,在社会中变化。作为社会的人,一定要学会如何使用这个社会的语言。语言通常是在不知不觉中学会的,就好像我们在不知不觉中就学会了走路一样。语言学关于语言学习的理论有两种。一种理论讨论儿童是怎样学会母语的。这有两种假说,一种假说认为儿童有一种先天的语言获得机制(language acquisition device,简称 LAD);另一种假说认为孩子生下来时是白板一块,通过后天的模仿和练习才学会了语言,所以在不同的环境下成长就会学会不同的语言。无论是先天说还是白板说都不能解释为什么儿童学习语言的速度比成人要快得多。儿童学习语言与成人学习语言很不一样:学习动机不同(孩子学习语言是为了生存需要)、学习方式不同(孩子学习语言是自然获得)、学习环境不同(孩子学习语言不是在教室里)、学习时间不同(孩子学习语言几乎是全天候的)。另一种理论讨论人们是怎样学会第二语言的。这有各种各样的假说,有人认为第二语言学习有共同的规律,语言学家的任务就是去寻找人类第二语言学习的共同规律;有人认为不同母语背景的人在第二语言学习中有不同的规律,语言学家应该去发现不同母语背景的人是如何受到他们的母语影响的;还有人认为第二语言学习有一定的顺序,语言学家应该去发现这个顺序,然后利用这个发现来安排教学。研究第二语言习得的人相信存在着普遍语法,不同的语言之间的差别只是参数的差别。语言学习的研究涉及心理学和教育学,光靠语言学家无法解决全部的问题。语言学习的研究还涉及语言哲学的问题,也就是说,我们如何认识语言决定了我们如何研究语言、如何解决语言学习中的问题。认识论决定方法论,而方法论的不同会得到不同的研究结果。

5. 语言学与辞书编纂

我们所使用的各种语言工具书都是语言研究的副产品。语言研究要为社会服务，辞书编纂就是很具体的应用实例。以词典的编纂为例，词条的确定、词义的诠释、词源的考证、词性的标注都需要语言学的支持。就汉语而言，词与短语的界限到现在还没有从理论上完全解决，因此哪些是词哪些是短语有时候还会打架。词义的诠释也不是一件很简单的事，比如"跳"这个词，曾经有词典释义为"双脚离开地面、身体向上的运动"，这个释义是不准确的，有人说"双脚离开地面、身体向上的运动"不是"跳"，那是"上吊"。词源的考证更要有语言学的眼光和语言学的训练。比如"里"的原始意义是什么？"里外"的"里"跟"里正"的"里"有没有关系？如果没有关系，它们属于两个词；如果有关系，它们属于一个词的两个义项。还有"乡里"和"里程"中的"里"到底有没有关系？如果有关系，又是什么关系？演变的过程是怎样的？如果没有训诂学，很多词的原始意义我们都不会知道。比如，"介绍"的原始意义是什么？什么是"介"？什么是"绍"？古代礼俗中"介绍"为迎宾礼官，后世的变化使得"介绍"一词失去了原来的意义。词性标注看似简单，但是如何给词分类不仅仅是一个原则和方法的问题。对语言单位的分割和定性是语言学的一个基本任务，而我们还不能说已经很圆满地完成了这个任务，因此，汉语词典大多不标注词性，因为汉语的词性问题还没有彻底解决。

6. 日常生活中的语言学

我们每天都在使用语言，因此我们在日常生活中经常会遇到语言学问题，简单的如一个词的发音问题，复杂的如一句话的理解问题。

先举语音的例子。在汉语普通话里，有些词有异读现象。从 1957 年到 1962 年，普通话审音委员会分三次发表了《普通话异读词审音表初稿》，1963 年又把它们汇成一个总表，公布以后在社会上引起广泛的重视。一些学者也对异读问题与审音问题进行过专门的讨论，确定了一些正音原则，对普通话语音规范化起到了积极作用。1985 年 12 月，重建后的审音委员会在原来的基础上对《初稿》进行了一些修订，公布了《普通话异读词审音表》。该表共收异读字词 848 条，其中注明统读者 586 条，如："癌"旧读 yán，今统读 ái；"茅厕"

的"厕"以前读 sì,今统读为 cè;"口吃"的"吃"以前审为 jī,今统读为 chī;"从容"的"从"以前审为 cōng,现在统读为 cóng;等等。这次修订向减少异读现象迈了一大步,但不可否认的是:在文教、新闻出版、大众传媒等领域,普通话字音异读的问题仍然困扰着人们,教师、播音员、演员以及广大群众念错字音或左右彷徨的现象普遍存在,不同年龄层的人和不同文化程度的人对什么是正音会有不同的标准,同一个人在不同的场合也有不同的标准,比如:语文教师在把"呆板"念成今之正音 dāibǎn 时,他心里会觉得别扭;公共汽车售票员在报"西苑"站时,时而说 xīyuán,时而说 xīyuàn;当你听到有人把"玫瑰"念成 méiguī 时,可能会笑他咬文嚼字。这类现象在对外汉语教学中尤为突出,如:同一个汉字"室",赵老师念 shī,钱老师念 shì;同一个汉字"荨",老师念 qián,到了医生那里就成了 xún 或者 xù;同一个汉字"吓",意思没变,在"吓唬"一词中读 xià,在"恫吓"一词中却必须读成 hè;教材上"谁"注音是 shuí,而在日常生活中听到的却常常是 shéi。面对这些现象,人们会提出许多个为什么。审音毕竟是少数专家的事,大多数人是不明所以的,一些教师也只是知其然而不知其所以然,因此学生往往得不到满意的答复。

再以语法为例。下面一些语言形式在结构上是不是相同?

　　　　猪肉松　　牛肉松　　鱼肉松　　儿童肉松
　　　　烧柴　　　烧煤　　　烧鸡　　　烧心

显然,"儿童肉松"不同于"猪肉松"、"牛肉松"、"鱼肉松";"烧柴"、"烧煤"不同于"烧鸡",也不同于"烧心"。尽管它们在形式上看起来一模一样,前者都是 N—N—N,后者都是 V—N。又比如:

　　　　烤白薯$_1$　　烤白薯$_2$

两个"烤白薯"看起来完全一样,但是我们看下面的句子:

　　　　他是卖烤白薯$_1$的,每天的工作就是烤白薯$_2$。

第一个"烤白薯"是名词性的,指涉的是一个事物(an object),第二个"烤白薯"是谓词性的,指涉的是一种行为(an act),性质很不一样。在英语里我们用"baked sweet potato"和"to bake sweet potato"来区分。

句子的理解也是我们日常生活中经常遇到的问题。比如有这样一个

句子:

> 你要钱还是要命?

这个句子跟"你要茶还是要咖啡"形式完全一样,但是在不同的语言环境中这个句子有不同的理解:

> 抢劫者:你要钱还是要命?(含义:把钱给我,不然我要你的命!)
> 母　亲:你要钱还是要命?(含义:别玩儿命赚钱,命比钱重要。)

理解错了就会给语言交际造成麻烦。被抢劫的人反问抢劫的人:"是你给我还是我给你?钱我有,您自己留着吧;命我也有,您也自己留着好了!"这只可能是笑话或者电影电视中的喜剧情节,现实生活中当然不会有这样的人和事,不过的确有因为对句子的歧义解码错误造成的笑话。例如:

> 有一个人生活能力很差,事事都要依赖妈妈。有一天,他在切洋葱的时候,眼睛被刺激得直流泪。于是他给妈妈打电话,妈妈告诉他应该在水里切。他按照妈妈说的做了。第二天,妈妈打电话来问他怎么样。他回答说:"这回不再流泪了,只是要不断地把头浮出水面来换气,真麻烦!"

二　怎样学习语言学

(一)理论联系实际(切忌空谈)

学习语言学一定要理论联系实际。语言学是实证科学,重视证据,因此语言学的理论都是在语言事实的基础上建立起来的。如果只是教条地被动地学习一些空的理论,而不能在现实的语言生活中解决一些语言问题,那么这个理论就是没有用处的。怎样才是理论联系实际呢?我们在日常生活中人人都要使用语言,但是有些语言现象人们感到疑惑,却又不知道应该怎么解释。比如,以"者"为声符的"堵"为什么读 dǔ? 以"复"为声符的"愎"为什么不念 fù 而念 bì? 这就要学习语音演变的历史,了解语音演变的规律。又比如古代汉语的介词"於"后来被"在"替换了,句子的语序也发生了变化,古汉语的"杀三苗於三危"今天要说成"在三危杀三苗",这种变化的动因是什么? 这种变化只是个别现象,还是有规律可循? 任何理论都是要对看起来纷繁复杂的现象作出概括的解释,学习理论的目的也是为了更好地解释现象。

(二)理解为本(切忌死记硬背)

理解是学习任何一门科学的必由之路,语言学也不例外。在学习语言学理论的过程中要注意了解理论产生的背景。比如,学习音位的概念和归纳音位的原则,就要了解音位这个概念产生的背景,以及为什么要归纳音位。又比如,学习语言的历史演变,我们应该理解语言为什么会发生变化。语言的变化在一个相对短的时间里不容易看得出来,但是一旦把语言放在一个历史的维度上去考量,我们就会发现许多并不是很清楚的事实;如果把语言的发展变化放在世界语言的大背景下去观察,就会发现语言要素的发展变化受到一些相同的力量的牵引。这种发现是令人惊奇的。

(三)勤读多思(保护好奇心)

无论学习什么东西,最大的动力是好奇心。如果没有好奇心,就不会有打破沙锅问到底的热情。我们的身边充满了问题,很多问题都没有现成的答案。古人的人生理想"诚意正心、格物致知、修身齐家、治国平天下"中所说的"格物致知"就是要上穷天文、下究地理、中观人伦,什么都是学问。"一事不知,儒者之耻",这话尽管说得有些极端,但是不妨作为我们学习中时时提醒自己的格言。学无止境,多读书勤思考可以帮助我们尽快地进入某种以研究为乐事的境界,用智慧来驾驭复杂现象,用细心来解决复杂问题。

(四)开阔视野(拓展知识面)

学习语言学不能仅仅把目光盯在语言学上,还要注意学习相关学科的知识,借鉴相关学科的研究方法、观察角度、研究手段。例如物理学、数学、统计学、心理学、生物学等,都与语言学有密切的关系,在学习语言学的同时也应该广泛地涉猎其他学科的内容,到其他学科中汲取营养,这样才能开阔视野,解决问题时别人只有一种思路,而我们可以有几种思路。语言学内部也有很多分支学科,它们彼此联系又相互独立,在学习中应该学会融会贯通。另外,学习语言学最好能多掌握几门外语,能够自如地在不同的语言系统中思考问题。

(五)培养独立解决问题的能力(自己找答案)

在学习过程中我们会有很多疑问、很多问题,有些疑问或问题在学习中会慢慢地找到答案,有些疑问或问题是没有现成的答案的,要自己去寻找答案,这就需要培养独立解决问题的能力。要想独立解决问题,首先要能发现问题。对有些人来说,问题无所不在;对另一些人来说,什么问题都看不到。古人说的"不愤不启,不悱不发"是有道理的,如果发现不了问题,也就不会有为什么,科学就不会进步。大家看到的都是一些普通平常的语言现象,有的人可以从平常中看出不平常来,这就需要修炼。多少年来很多人都看到过苹果从树上掉下来,只有牛顿发现了万有引力,这不是说牛顿有超乎常人的慧眼,只是因为牛顿喜欢问为什么,而且有解决问题的知识准备和手段。

思考与练习

1. 语言学是一门什么样的学问?
2. 学习语言学有什么用处?
3. 怎样学习语言学?
4. 为什么说语言学是现代科学的一个组成部分?
5. 简述语言学与现代科学的关系。

第一章 语言和语言学

第一节 语　言

一　语言的本质

(一) 语言的多种定义

什么是语言？可能有人会说，语言不就是说话吗？说话是跟语言有关系，但说话只是人们利用语言进行的言语活动，说话不是语言本身。也可能有人会说，说出来的话或写出来的话就是语言。我们说，说出来的话或写出来的话也不是语言，因为说出来的话或写出来的话只是人们利用语言进行言语活动所产生的言语作品。语言是什么？语言在什么地方？这是看起来容易、实际上很难回答的问题。

我们可以从不同的角度给事物下定义，但是这些定义都只能反映事物的某些侧面，不能代表事物的全貌。定义重要，但是定义很难。比如说，张三是什么？这个问题会有不止一个答案。例如：

张三是人。

张三是中国人。

张三是男人。

张三是个名字。

张三是我们邻居。

张三是作曲家。

张三是现代人。

张三是君子。

张三是父亲。

张三是懒汉。

……

同样,人们从不同的角度看到的是语言的不同侧面。我们试举几例:

现代语言学之父洪堡特:语言是构成思想的工具。理智活动(它完全是精神的,是纯内心的,而且是无踪无迹地进行着的)通过语音物质化,使之能为人们所感知。

德国哲学家黑格尔:语言是狭义的理性活动,因为语言是这种活动的外貌。

法国语言学家施莱赫尔:语言是思想的有声表达,它通过思维表现出思维的过程。

德国语言学家舒哈特:语言的本质就在于交际。

丹麦语言学家叶斯柏森:语言是以交流思想和感情为目的的人的活动。

瑞士语言学家索绪尔:语言是表达思想的符号体系……

可见,"横看成岭侧成峰,远近高低各不同"。站的立场不同,观察的角度不同,得到的结论就会不同。

(二)语言的属性

1.语言的自然属性

语言是一种符号系统,它的内核是语义,它的物质外壳是语音。语义和语音的联系是任意的、约定俗成的。语言符号是可以分析为清晰的单位的,符号和符号之间可以组合。符号的组合是线性的。语言符号还具有生成性,有限的符号通过有限的规则组合以后可以生成无限的句子,表达无限的意思。归纳起来说,语言这个符号系统具有以下几个特点:

(1) 任意性。符号的任意性指的是符号的声音和意义之间的结合是由社会约定俗成的、没有理据的。比方说"人"在汉语普通话里为什么叫 rén，而不读别的什么，这完全是任意的，由社会全体成员约定俗成的。也许有些词在造词的时候是有理据的，比如"猫"跟猫的叫声有关，"鸭"跟鸭的叫声有关，但是这些可以找到理据的例子比较少。如果我们把视野转移到其他语言，例如英语，cat and duck 似乎找不到与汉语类似的这种理据。当然英语里的有些词也可以找到跟任意性特点相左的例子。尽管如此，语言符号任意性的特点是大家基本接受的看法。

(2) 线条性。符号的线条性指的是语言符号在组合时只能一个跟着一个地出现，构成一个线性的序列。从音素的组合，再到语素的组合、词的组合，再到句子的组合，任何一级语言单位在进入组合的时候都是线性排列的。

(3) 系统性。语言符号不是一堆杂乱无章的零件，它是有系统的。语言符号的系统性体现在以下几个方面：第一，语言符号可以切分出清晰的单位，这些单位有大有小，比如音素、音节、语素、词、短语、句子等；第二，这些语言单位是层次分明的，组织结构很清楚，可分析；第三，语言符号通过组合关系和聚合关系实现为语言的运用，也就是说，语言符号是一个结构分明的层级装置，语言符号的运转是在一个系统内进行的；第四，语言符号的组合是有规则的，这些规则控制着这个系统的运转。语言符号的基本单位是有限的，语言符号的组合规则也是有限的，但是语言符号可以用有限的基本单位和有限的规则生成无限的表达单位，表达无限的意思。假如语言符号不是这样一个完备的系统，它就无法有效地完成那么复杂的任务。

2. 语言的社会属性

语言是交际工具。交际是语言的第一职能，传达信息表达思想感情离不开语言。与其他的交际工具相比，语言最方便、最有效、最实用、容量最大。但是语言也有局限性，有时难以很好地表达某些思想和情感。语言是全民的交际工具，不分性别、年龄、民族、社会阶层、文化程度，它一视同仁地为社会全体成员服务。

语言是在社会中产生的，语言也是在社会中运用的，因此语言也会随着社会的变化而变化,随着社会的发展而发展。每一个社会都有自己的语言,同一个社会群体中的人们使用同一种语言进行交际。但是社会群体有大有小,在一个较大的社会群体中,语言可能会产生地域性变异或者阶层变异,前者叫做地域方言,后者叫做社会方言。

语言是社会成员之间用来进行交际的工具,从某种意义上说,语言就是那个社会的折射,通过语言的研究可以透视社会心态或考察社会现象。反过来说,社会现象在语言系统中也会有所表现,社会现实对语言表达手段会有一定的影响。认知语言学就认为语言可以看做是人与外部世界的互动,外部世界包括人的世界(社会)和物理世界(自然)。

3.语言的心理属性

语言是思维的工具。语言是人类进行理性思维所离不开的工具,没有语言,人们的理性思维就很难进行下去;反过来说,如果离开了理性思维,人们的语言就会无所凭依,就会没有逻辑。应该说理性思维是语言存在和运行的基础。如果思维出了障碍,那么语言能力势必会受到相应的影响。

有一个命题叫做"语言离不开思维,思维也离不开语言",从某种意义上说这个命题是正确的。但是我们不能离开一定的条件来讨论这个命题。有没有不依赖语言而独立存在的思维?如果我们把思维分成不同的层次的话,我们就会发现有些层次的思维过程不一定有语言参与。很多人都有过那种"欲辨忘言"的体验。人们在一瞬间可以想到很多事情,这些事情可以是一团乱麻,没有层次的,刹那间可以有千万个念头,如果我们要把这些念头表达出来,那就必须利用语言的线性特点,一点一点地把思想变成可以直接观察的言语。

(三)人类语言和动物语言的区别

我们通常说语言是人类特有的交际工具,人类以外的动物不具备语言能力,也就是说,动物没有可以跟人类语言相提并论的语言。这里面有一个困难,就是庄子所说的:"子非鱼,焉知鱼之乐?"我们不是猫,不是狗,怎么知道猫和狗是不是有语言呢?从现象上来看,人类以外的动物之间也有自己的交际手段,假如我们把这些交际手段也看做是语言的话,我们则可以比较它们与人类语言的区别。

首先,人类语言是一个复杂的层级系统,即用有限的单位组合成较大的单位,可以表达无穷的意思;而动物的语言则比较简单,往往只是一些简单的叫声,单位并不是十分清晰。

第二,人类语言是一套十分有效的符号,可以表达复杂的思想和微妙的情感,动物的语言则十分有限。

第三,人类语言的发达与人类大脑的发达是成正比的,人类思维的成熟决定了人类语言的成熟,而迄今为止我们还没有发现哪种动物的思维能力可以与人类比肩,因此也没有发现哪种动物有与人类相似的语言。

我们观察到,蜜蜂是利用舞蹈姿势的变化来传达一些信息的,鸟类是利用声音来传达信息的,但是鸟类的声音并不是像人类语言那样由元音和辅音交替构成音节,再由若干个音节构成一个完整的表达单位。狼嚎、虎啸、狮吼、猿啼、鸟鸣、犬吠都可以看做是这些动物的语言,但是从可分析性上来比较,它们都不像人类语言那样有边界清晰的单位以及单位之间丰富的组合变化。

(四)所指和能指

在讨论到语言符号的性质时,索绪尔提出了"所指"(signifié)和"能指"(signifiant)这一对概念。语言符号连接的不是事物和名称,而是概念和音响形象。因此语言符号是一种一体两面的心理实体。符号中的概念(concept)即索绪尔所说的"所指",音响形象(sound image)就是索绪尔所说的"能指"。这样既能说明它们彼此间的对立,又能说明它们与所从属的整体间的对立。

在提出"所指"和"能指"的概念后,索绪尔阐述了符号的任意性,也就是说,他论证了符号的所指和能指之间连接的不可论证性原则。这个原则一直是一个非常基本的原则。当然,当代的语言学研究者也有人对这个原则提出批评,因为词源学的研究表明语言中有证据说明在语言符号产生之初,所指与能指之间还是有理据可以论证的。但是这不能动摇语言符号所指和能指之间约定俗成的原则,也正是从这个意义上说,语言是社会的,不是个体的。符号的所指和能指之间的结合是社会约定的结果。

(五)符号的不变性与可变性

能指对于它所表达的观念来说是任意的,而对于使用它的语言社团来说则是强制性的,从这个意义上来说,语言是"一种社会制度"①。所指和能指构成的符号就是一种社会契约,它是语言集团全体成员都同意的,同时也是全体社会成员都必须遵守的。语言是前一个时代的遗产,任何个人都不能对任何一个词行使主权。语言的这种继承的特性使得语言符号具有相对的稳固性。但是,时间可以改变一切,这是亘古不变的真理,语言符号也不能例外,在时间的链条上,我们可以看到符号内部的所指和能指会发生关系的转移,概念和音响形象都有可能发生变化。语言符号的任意性决定了它与其他人文制度如法律、风俗习惯等的不同,在语言符号中我们找不到制度形成的自然基础。变化是在社会中发生的,而且是在不知不觉中发生的。正是根据语言符号的不变性和可变性这种辩证关系,索绪尔提出了"静态语言学"和"演化语言学"这样一组概念。更进一步,他提出了语言的共时态和历时态两个概念:

$$言语活动 \begin{cases} 语言 \begin{cases} 共时态 \\ 历时态 \end{cases} \\ 言语 \end{cases}$$

图1-1

图1-1把语言学的研究对象确定为两个有机的部分:共时语言学研究同一个集体意识感觉到的各项同时存在并构成系统的要素间的逻辑关系和心理关系;历时语言学研究各项不是同一个集体意识所感觉到的相连续要素间的关系,这些要素一个替代一个,彼此间不构成系统。②

区分共时语言学与历时语言学可以使语言研究的对象更加明确,因为对共时态的语言事实与历时态的语言事实应该采用不同的研究方法。区分共时

---

① 这个提法是美国语言学家辉特尼提出来的,索绪尔对它表示了有限的赞同。参见索绪尔《普通语言学教程》,商务印书馆,1980年。
② 参见索绪尔《普通语言学教程》,商务印书馆,1980年。

语言学与历时语言学也可以使研究对象变得相对单纯,不至于把历时的问题与共时的问题搅在一起。索绪尔一生的主要工作是从事印欧语的历史比较研究,但是在他的语言学思想里,共时的问题占有相当重要的地位。索绪尔的主要语言学思想都反映在他对共时语言学的论述中。

(六) 先天论与后天论

人的语言能力是先天就有的,还是后天经过学习获得的?为什么儿童在短短的几年时间里就能掌握如此复杂的人类语言?人是怎么依靠有限的语法规则听懂无限的话语的?这是古老的柏拉图问题。千百年来人们一直在问,到今天也没有人能给出确切的答案。索绪尔没有谈过这个问题,因此他对这个问题究竟是如何认识的我们无从得知。

形式主义语言学认为语言是天赋的,乔姆斯基认为人的大脑里存在一个语言获得机制,而且一定有一个全人类共同的普遍语法,这个语法肯定是简单的,否则无法解释人为什么会听懂从未听过的句子。这就是普遍语法的观念,这种观念是建立在天赋论的基础上的。功能主义语言学家认为根本没有证据证明天赋性假说,因此不承认语言是先天的能力。心理学家和哲学家也对天赋论提出质疑,1975年在法国巴黎附近的一次会议上,著名心理学家皮亚杰与乔姆斯基针对天赋论的问题展开过激烈的争论,但是谁也没有说服谁。

索绪尔是结构主义语言学家,因此在他的学术思想里我们看不到他对这个根本问题的讨论。在结构主义时代,人们回避讨论这样的问题。但是在认知主义的时代,这个问题是无法回避的。虽然索绪尔没有讨论过这个问题,但是不等于这个问题不重要。索绪尔是社会心理学派的语言学家,他注重的是社会全体成员的约定,注重语言的社会传承性,而对于语言的基因性特征则完全不予理会。

(七) 关于语言观的问题讨论

语言观的问题是语言学研究中的根本问题。什么是语言?这个问题看似简单,实际上是语言学领域一个根本性的问题。语言学不像别的学科那样研究对象很明确,语言学的研究对象一直与别的学科有粘连。如果研究对象不确定的话,一切都无从谈起。索绪尔在讲到语言学的材料和任务时,开宗明义,"语言学的材料首先是由人类言语活动的一切表现构成的"[1],那么人类言语活动的表现应该包括哪些内容呢?当然首先就是语言本身,因为人类言语活动是建立在语言基础上的,没有语言什么都谈不上。所以还是应该首先回答什么是语言这个最根本的问题。

迄今为止,各种语言学的著作和非语言学的著作对"语言"做过几十种界定,因为观察角度不同,"横看成岭侧成峰"。对语言进行界定可以有不同的视角:从自然属性上说,语言是一套符号系统;从社会属性上说,语言是社会的交际工具;从心理属性上说,语言是思维的工具。索绪尔注意到了语言学研究对象的多面性,认为语言学与其他学科不同的地方在于它的研究对象的多重属性。如果把语言看成是人类言语活动本身,那么语言学的研究对象就应该是动态的言语过程;如果把语言看成是静态的符号系统,那么语言研究的对象就应该是静态的语言现象。麻烦的是这种现象不纯粹是自然现象,它又是社会的产物,它是在社会中形成的并在社会中运用的。如何才能找到语言学完整的研究对象呢?因为我们无论从哪一方面去着手解决问题,"任何地方都找不着语言学的完整的对象;处处都会碰到这样一种进退两难的窘境:要么只执著于每个问题的一个方面,冒着看不见上述二重性的危险;要么同时从几个方面去研究言语活动,这样,语言学的对象就是乱七八糟的一堆离奇古怪、彼此毫无联系的东西"[2]。索绪尔很明确地提出:"一开始就站在语言的阵地上,把它当做言语活动的其他一切表现的准则。"[3]索绪尔强调要把"语言"和"言语"分开,语言学的研究对象是语言本身。他说:"语言这个对象在具体性上比之言语毫不逊色,这对于研究特别有利。"[4]这样的区分十分有利于语言学研究对象的确定,而且把言语活动的复杂性也揭示出来了。

索绪尔把语言界定为符号系统,但是我们必须清楚,他认为这个符号系统主要是心理的,"它们的所在地就在我们脑子里"[5]。这种语言观对后来的语

---

[1][2][3][4][5] 参见索绪尔《普通语言学教程》,商务印书馆,1980年。

言学影响很大。存在于我们脑子里的语言是无法直接观察到的,对于无法直接观察的东西我们怎么研究呢？研究对象的特质决定了所采用的研究方法。乔姆斯基对于"语言能力"(competence)和"语言运用"(performance)①的区分、"内部语言"(I-language)和"外部语言"(E-language)的区分也可以看做是索绪尔语言认识论的拷贝,尽管在许多基本问题的认识上二者是截然不同的。乔姆斯基指出,我们的语言研究只研究语言能力,而不研究语言运用。这与索绪尔的"就语言而研究语言和为语言而研究语言"的说法是一脉相承的。

(八)语言和言语

在索绪尔的语言学理论中,区分了两类不同性质的事物:语言和言语。在索绪尔看来,语言是一种心理印象,而言语是语言的外在表现。区分"语言"(langue)和"言语"(parole)是索绪尔的重要贡献之一。语言和言语的区别是什么呢？

首先,语言是内部的,言语是外部的。语言只存在于我们的心理空间,语言符号是抽象的；而言语则是我们对语言符号的运用,表现为言语活动,这种活动是具体的。第二,语言是社会的,而言语是个人的。语言的存在方式是：$1+1+1+\cdots=1$(集体模型)；言语的存在方式是：$1+1'+1''+1'''+\cdots$(个体模型)。语言是社会的,所以个人对语言是没有自主权的,个人必须受社会的制约,个人的语言必须遵守整个语言社团的规则；言语是个人的,个人可以决定什么时候说什么样的话,但是所有个体的言语活动加起来也不能等于语言。第三,语言是言语活动的事实的规范,言语活动是语言自然的机能。第四,语言是主要的,言语是从属的和偶然的。第五,语言是同质的,言语活动是异质的。语言的内部具有同质的价值,变体的存在不影响整个语言的系统性和价值,而言语活动是因人因时因地而异的。

区分"语言"和"言语"并不是说语言和言语没有关系,正好相反,语言和言语的关系是不言而喻的,没有语言不会有言语活动,语言只能通过言语活动表

---

① 应该翻译为"语言表现",这里从众译为"语言运用"。

现出来。

索绪尔区分"语言"和"言语",同时也区别了"语言的语言学"和"言语的语言学"。这种区别对于语言研究来说是至关重要的。没有这种区别,语言研究的对象就不明确。在索绪尔看来,语言研究应该归结为符号学的范畴,"语言是一种社会制度",这就指明了语言在人文事实中的地位。同时他又指出"有几个特点使它和政治、法律等其他制度不同"[①]。语言是一种表达观念的符号系统,这使得它与社会生活中的其他符号系统有所不同。语言不是一种分类命名集。看不到语言的符号性质或者看不到语言与其他符号系统的区别都是错误的。

(九)语言的三个组成部分:语音、语法、语义

语言由三个组成部分构成:语音、语法和语义。

语音是语言的物质外壳,没有语音我们无法直接观察语言。也就是说,语音是语言的外在表现形式。语法是语言的组织规则。语言这个符号系统是一个有组织的系统,而把这个系统组织起来的就是语法。语义是语言的内核,无论是语音也好、语法也好,都是为了表达一定的语义而存在的。

如果我们从语言是社会的交际工具这个角度来说,语言的这三个组成部分具有不同的功能。我们来分解一个交际过程,如图 1—2:

编码过程:说话人☺⇨语法规则集▯⇨听话人☺
　　　　　语义————语法————语音
解码过程:听话人☺⇦语法规则集▯⇦说话人☺
图 1—2

从说话人的角度出发,他要把自己的思想传达给听话人,他就会根据语言中的语法规则对思想进行编码加工,把非线性的思想变成线性的语言,最后输出的是一串语音。当然这个过程经过了复杂的心理生理运动。对于听话人来说,他听到的是一串物理声音,他要根据自己的语言知识和世界知识把物理声音

[①] 参见索绪尔《普通语言学教程》,商务印书馆,1980 年。

还原为意义,这样他才能理解说话人的思想。语音是信息传播的媒介。说话人和听话人通过语音这个媒介来了解彼此的思想,从而完成一个交际过程。交际双方具有共同的语义系统和共同的语法知识,因此交际双方才能互相理解。

二　组合关系和聚合关系

(一)语言符号的工作原理:组合和替换

语言符号是一个分层装置,是一个系统,那么这个系统究竟是如何运转的呢？也就是说语言符号的工作原理是什么呢？有那么多的符号,有那么多层次,但是语言的工作原理很简单,就是组合和替换。每一个符号都不是孤立存在的,它都处于既能和别的符号组合又能被别的符号替换的关系中。拿汉语来说,汉语中的词这一级符号,例如"我"、"买"、"苹果"可以组合成一个更大的语言单位"我买苹果",其中的任何一个符号都可以参与组合,与此同时,任何一个符号也都可以被别的符号替换:

我——买——苹果	我——买——苹果	我——买——苹果
我——买——橘子	我——吃——苹果	他——买——苹果
我——买——菠萝	我——画——苹果	你——买——苹果
……	……	……

"我"可以被"他"、"你"等替换,"买"可以被"吃"、"画"等替换,"苹果"可以被"橘子"、"菠萝"等替换。横着看,符号与符号之间具有组合关系；竖着看,符号与符号之间具有替换关系。语言符号通过组合构成语符串,形成一个一个的表达单位,当然这个组合是按照一定的规则进行的；语言符号通过替换使语符串中的任何一个链条都可以换下来重新组装成一个新的语符串,当然替换也是按照一定的规则进行的。语言符号的这种既可以组装又可以拆换的工作原理就叫做语言的组合和聚合。每个语言符号都会因为自己能不能跟别的符号组合、能跟什么样的符号组合而具有自己的分布特征,或者叫做组合能力；每一个语言符号也都会因为自己跟别的一些符号具有相同的组合能力而自然聚合成一个整体。可以组合的符号彼此具有组合关系,同属一个聚合体的符号

彼此具有聚合关系。语言符号有了这样一个特点，有限的规则就可以控制无限多的组装和拆换，有限的符号就可以生成无限多的表达单位。这样，有限的音位就可以生成数量更多的音节，有限的语素就可以生成数量多得多的词，有限的词就可以生成无限多的句子。一种语言中的音位通常只有几十个，而音节会增加到几百个；一种语言中的语素通常只有几千个，而词通常会有几万个，句子则是无限多的。只有这样，语言才能用有限的材料表达无穷多的意思。

（二）组合关系和聚合关系是语言符号的重要特性

语言符号与其他符号不同之处在于语言符号可以通过组合和聚合产生无穷的变化。红绿灯和旗语也是符号系统，但是它们所能表达的意思很有限。红绿灯只有三个符号，而且不能组合使用，三个符号只代表三种意义。旗语的组合也很有限，能够表达的意义也很受限制。因为红绿灯和旗语都是单层符号，就好像用实物来代表概念一样，实物总有穷尽的时候。语言符号不同，它可以用少量的基本符号按照一定的规则组合成更多的语言单位，从符号的经济性上来看，这个符号系统是相当好的，容量大，使用起来简便。因为每个人都有发音器官，用语音的变化来代表不同的意义是很方便的。因为符号具有组合能力，因此每个基本符号都可以重复使用，用组合的变化来代表更多的意义。例如"故"、"事"是两个符号，可以组合成"故事"，也可以组合成"事故"，代表不同的意义。它们也能与别的符号组合成新的符号，如：

故：故地、故都、故交、故人、故里、故书、故习、故乡、故园……
　　旧故、掌故、国故……
事：事情、事物、事实、事件、事业、事理、事端、事由、事体……
　　人事、海事、婚事、国事、军事、民事、刑事、亲事、善事……

语言符号可以重复使用就意味着每个符号都可以以一当十，充分发挥它的作用，实现整个系统的经济优化。语言符号系统中的规则可以复制，使符号组合可以递归性扩展。例如汉语普通话可以有这样的组合：

爸爸的朋友

根据相同的组合规则，我们可以造出更复杂的组合形式来：

爸爸的朋友的朋友

爸爸的朋友的朋友的朋友

爸爸的朋友的朋友的朋友的朋友

爸爸的朋友的朋友的朋友的朋友的朋友

爸爸的朋友的朋友的朋友的朋友的朋友的朋友

……

只不过我们的大脑机制在理解复杂结构时不像计算机那样迅速，结构层次过于复杂会造成解码的障碍。

组合关系和聚合关系体现在语言的每一个层面，语音、语义、语法都不例外。拿语音来说，语音分析使我们了解到语音可以有不同层次的语音单位。当听到某一个熟悉的语言中一串熟悉的声音时，我们可以分清语音单位之间的界限。如果我们还具有一些分析能力，还可以在已经得到的语音单位的基础上分析出更小的语音单位。然后在这个语音系统里来观察这些语音单位，我们就会发现这些语音单位是一个很整齐对称的系统。

第二节 语言学

一 语言学的学科分类

在对语言学的分支学科进行分类时会遇到这样的困难：从不同的角度分出来的类彼此有交叉关系。在同一个维度上分类最好采用统一的参照标准。我们按照语言学研究对象和目标，把语言学分成四对相互对应的学科，每一对适用同一个标准：

语言学
- 个别语言学和普通语言学
- 历时语言学和共时语言学
- 理论语言学和应用语言学
- 微观语言学和宏观语言学

个别语言学与普通语言学是相对的。个别语言学以研究某一具体的语言为目标,以研究汉语为目标就叫做汉语语言学,以研究英语为目标就叫做英语语言学,以研究法语为目标就叫做法语语言学,依此类推;普通语言学与此不同,它不以哪一个具体的语言为研究对象,而是以人类语言为研究对象,研究人类语言的普遍规律。个别语言学虽然研究的对象是某一具体的语言,但是由于人类语言具有许多共性,因此个别语言学的研究也要在普通语言学的理论指导下进行;个别语言学的深入研究可以为普通语言学的理论提供参数,普通语言学的理论是建立在具体语言学的基础上的。

普通语言学又可以分为共时语言学和历时语言学。共时语言学与历时语言学的区别在于研究的着眼点不同:共时语言学着眼于语言在某一个历史平面上的共时系统,而历时语言学着眼于语言系统内部的历史演变。共时语言学研究的是语言在某一个共时平面上的状态,这个共时平面被看做是相对稳定的、静态的、均匀分布的系统,忽略了正在发生的变化。但是任何一个共时的平面都是历史发展的结局,因此,语言学家在进行共时平面的描写时也要考虑历史的发展,即共时语言学背后往往有历时语言学的影子。历时语言学研究语言发展变化的轨迹以及发展变化的动因。历史轨迹是由无数个共时平面累积而成的,如果每一个共时平面的事实都清楚的话,那么描写历史变化的轨迹就是很容易的事了,可惜的是由于很多语言事实湮没在历史的烟尘里,后人很难看到它们的真实面貌,因此就需要语言学家运用智慧和技术手段来构拟这些发展脉络,并用合乎事物发展规律的理论模型来解释一些看起来像是例外的东西。历时语言学的发展也是为了解释共时系统中存在的现象,因此历时语言学与共时语言学既有区别又有联系。我们现在看到的某一个语言系统的面貌都是这个系统长期演变的结果,有时单纯地从共时的角度看,语言的系统性可能不是很整齐,如果了解语言历史演变的规律就很容易理解这种系统的缺位通常都是有原因的。透过历史我们可以看到语言演变的轨迹,从而发现语言发展变化的规律性。

理论语言学和应用语言学是一对概念。语言研究有不同的目标,有面向理论的研究,有面向应用的研究。面向理论的研究注重发现语言结构中的一般规律,注重语言符号内部的组织机制,注重揭示语言发展变化的动因,注重解释语言现象背后的各种因素;面向应用的研究是利用理论语言学已经取得的成果解决语言生活中的具体问题,譬如语言使用中的问题、语言学习中的问题、语言教学中的问题、语言信息处理中的问题、语言能力测试与语言水平测试问题等。理论语言学关注人类语言的普遍现象,关注语言与心智的关系,关注语言中的语义哲学问题,关注语言能力是什么以及我们是如何获得语言能力的;而应用语言学关注的是技术层面的问题,譬如说语言教学法的问题、词典编撰的问题、语言与社会的关系问题、方言与共同语的问题、语言政策的问题、语言信息加工技术的问题等。普通语言学、语言哲学等可以称为理论的语言学,计算语言学、神经语言学、教育语言学、法律语言学等可以称为应用的语言学。

微观语言学与宏观语言学是一对概念。微观与宏观的区别就在于研究的问题和研究的切入点有所不同。微观语言学研究语言中的具体问题,重视描写,通过细致入微的描写揭示某一具体语言内部的结构规律,比如语音的结构和系统、语法的范畴和手段、语义的系统等。宏观语言学与此相反,其研究对象是抽象的语言,目标是建构人类语言的系统模型,重视解释,通过建构人类语言的系统模型来阐释人类语言的工作机制。

二 语言学的基本任务

尽管语言学有不同的分支学科和不同的研究目的,我们还是可以概括出作为一般语言学的基本任务:

1. 研究语言自身的结构和功能;
2. 研究语言的发展变化;
3. 研究语言在社会中的地位和作用。

不管是具体语言学还是普通语言学,不管是微观语言学还是宏观语言学,不管是历时语言学还是共时语言学,不管是理论语言学还是应用语言学,大家都会研究语言自身的结构、研究语言各个组成部分的功能以及彼此之间的关系,研究语言的发展变化规律,寻找语言发展变化现象背后的动因,研究语言与社会的关系,研究语言在社会中的地位和作用。总之,语言学的基本任务与语言的属性是分不开的,即把语言作为符号系统来研究、把语言作为社会的交际工具来研究和把语言作为思维的工具来研究。

三 语言学与其他学科的关系

(一)语言学和认知科学

语言学是认知科学的一个重要组成部分。在认知科学的大背景下研究语言应该具有比较宏观的视野和更加技术化的操作。在语文学时代,语言研究完全属于人文科学的一部分,词源学、训诂学、音韵学、文字学都不涉及认知科学的任何领域。现代语言学已经有了很大的变化,除了传统的就语言而研究语言和为了语言而研究语言的做法外,很多研究者都具有双重视野:人文科学的视野与自然科学的视野。

语言学在学科交叉中产生了一些新的学科,如:心理语言学,认知语言学,神经语言学。这三个学科有交叉关系,但又不完全相同。心理语言学研究语言与思维的关系,具体地说心理语言学主要研究语言理解、语言发生、语言能力的发展等问题。认知语言学研究语言与心智的关系,语言是一种心理符号,它以特定的方式与人类的心智和人类生存的外部环境处于一种共生的状态中。而心智和人类生存的外部环境都与人类的认知能力有关。神经语言学研究的是语言与大脑机制的关系,目前这一学科主要关注的焦点是大脑分区与语言机能之间的对应关系。神经语言学是利用神经科学的方法和技术研究人类语言现象,试图揭示人的脑机能与语言机能之间的对应关系。

(二)语言学与信息科学

语言是人类的交际工具,从这个意义上说,语言是一套传递信息的符号系统。语言是信息的载体,因此关于语言是如何传递信息的,不同语言的人们彼此之间如何利用语言来互相交流思想和信息,智能化的机器如何能够与人类交换信息,人类在信息传递过程中如何最大限度地减少干扰、更有效地传递信息,等等,这样的一系列问题就给语言学家和信息工程师们提出了研究课题,于是就产生了一些研究领域,如:机器翻译技术、人工智能技术、语言信息处理技术、电子词典、声音通信与文字通信技术、网络与多媒体技术等。随着信息社会的逐渐成熟,语言学与信息科学的结合也会日臻成熟。

(三)语言学与物理学

语言不仅仅是人类社会的交际工具,它也是一种自然现象。语音与其他物理声音之间有相同之处,因此完全可能从物理的角度对语音进行研究。目前在应用语言学领域已经发展出比较成熟的分支学科——实验语音学。实验语音学就是利用物理学的方法和技术手段来解决语音分析中的问题,例如语音学中的音响分析、语音合成技术、声控技术、声音辨识技术等。

(四)语言学与医学

语言还是一种生理现象,因此语言学与生理学、医学也有关系。语言学家要研究人类的发音器官、听觉器官,语言学家要解释为什么同一个物理声音在不同的人听来就是不同的音,或者不同的物理声音在某些人那里听成相同的音,哪些区别是有意义的,哪些区别是没有意义的,为什么有些人丧失了部分语言能力,为什么有些人说话口吃,为什么有些人表达有障碍,等等。这样就产生了交叉性的学科,主要有病理语言学、语音矫治、失语症研究等。尽管目前的研究还比较幼稚,但是从语言入手来探索语言疾病的成因,从而找到行之有效的治疗方法不失为一种新的途径。

(五)语言学与教育学

有人认为人类的语言能力是先天的,有人认为人类的语言能力是后天的,不管怎么样,儿童学会母语、成人学会第二语言都有一个学习过程,人和人之间的个体差异也很明显,因此语言学与教育学也有不解之缘。语言教育学家要关心人们的语言发展过程,于是出现了儿童语言习得、第二语言习得这样的应用学科,相应地也就出现了语言学习理论的研究和语言教学理论的研究。

近年来,语言学习理论的研究有了长足的发展,儿童语言习得过程的研究、第二语言习得过程的研究已经为语言教育学提供了许多理论假说,也为揭示人类语言能力之谜奠定了实证的基础。

(六)语言学与其他人文科学

语言学源于人文科学,因此语言学与人文科学的传统学科关系密切。例如:语言考古、历史语言学、语言地理学、民族语言学、古典文献学等。利用语言学的研究成果进行历史研究、考古研究已经有很长的历史。例如我们可以通过研究北京话的形成过程从而揭示北京的移民历史,可以通过研究汉语和藏语的关系从而揭示汉民族与藏民族的渊源关系,也可以通过方言底层的研究了解方言区原始居民的民族成分和迁徙轨迹,从而印证一些民间传说的可靠程度,我们还可以根据语言类型分布发现语言与地理之间的关系。换句话说,历史学、民族学、民俗学、古典文献学、文学、考古学等学科领域都有语言学的渗透,语言学的应用领域已经远远超出了语言学本身。

(七)语言学与社会科学

语言学研究语言,而语言是人类社会的产物,因此语言学也要研究人类社会与语言的关系。从某种意义上说,语言学是一种哲学,语言学的认识论和方法论跟哲学的关系密不可分,因为语言学涉及我们怎么看待语言与人、语言与外部世界的关系等。例如认知语言学所关注的语言与心智的问题,已经超出了传统语言学关注的范围。关于心智的研究有很多角度:心理学、语言学、人类学、哲学以及计算机科学。我们必须回答:什么是推理?我们的经验如何起作用?概念系统是什么以及它们是如何组织的?是不是所有的人都用同样的概念系统?如果是,这个系统是什么?如果不是,人类思维的共同方式是什么?关于这些问题有不同的答案,传统的研究与最新的研究有不同的回答。拿推理来说,传统的观点认为推理是抽象的、不能具体化的,而新的观点则认为推理有具体的基础;传统的观点认为推理是命题的朴实而又基本的客观上的真与伪,而新的观点则认为推理是以想象为中心的隐喻、转喻和心理意象。

不管是传统的观点还是现在的观点,都同意范畴化是使我们的经验起作用的主要方式,因此范畴化的问题是认知语言学的核心问题。在范畴化的问题方面,原型和基层范畴的理论有很重要的地位。传统的观点被称为客观主义范式,他们认定理性的思维包括抽象符号和意义之间的运算,而意义客观地对应和注解外部世界,它独立于人的认知机制之外。而认知语言学的研究表明,人类的推理不是这样的:思维是具体的,思维是想象和抽象的结果,思维具有完型性,不是原子主义的,思维具有生态结构,概念结构可以用认知模型来刻画。这样的问题已经是哲学问题。

语言会在使用中产生变异,变异的原因是社会的分化。不同阶层的人、不同性别的人、不同年龄层的人、不同社会集团的人在使用同一种语言的时候会带有自身的特点。在研究这方面的问题时就会使用到社会学的研究成果和方法,从而形成了社会语言学。法律是用语言的形式来表述的,对法律条文的解释也只能依赖语言来进行,于是法律学中也离不开语言学问题。此外,语言与艺术、文化、美学、神秘科学等都有关系,这里不一一赘述了。

思考与练习

1. 从语言的自然属性、社会属性和心理属性三个方面谈谈语言的性质。
2. 人类语言和动物语言的根本区别是什么?
3. 什么是语言?什么是言语?两者之间的区别和联系是什么?
4. 如何理解语言的编码和解码过程?
5. 语言学的基本任务是什么?
6. 语言学有哪些主要的分支学科?它们各自的目标是什么?
7. 语言学与其他学科之间有哪些联系?请举例说明。
8. 语文学与语言学有什么区别?
9. 功能主义语言学与形式主义语言学最主要的分歧是什么?

第二章 语言与社会

第一节 语言与社会、文化

一 语言和社会的关系

从社会属性看,语言是人类最重要的交际工具,这是语言的本质属性之一。语言是交际工具,而人类是这种交际工具的使用者,因此语言和人类社会的关系也就是工具和工具使用者之间的关系。但是这个工具使用者不是一个个体,而是一个群体、一个社团,我们把这个人类群体或者社团称为人类社会。人类社会是在长期的历史演进过程中发展起来的,因此每一个社会群体都带有历史的烙印,每一个社会群体所使用的语言也都带有历史的烙印。

人类创造工具是希望它能更好地为自己服务,所以,在人类发展的历史长河中曾经有过无数的发明创造,比如火的发现使人类摆脱了寒冷,电灯的发明使人类摆脱了黑暗,各种机械的发明使人类摆脱了繁重的体力劳动,等等。但毫无疑问的是,人类最伟大的发明当是语言,语言使人类走上了文明之路,使人类彼此之间有了交流和沟通的工具,语言使人类的文化遗产得以承传。

(一)语言与社会共生共存

语言是人类在与自然世界的抗争中、在彼此交往的过程中、在人与人的劳动协作中应运而生的,因此,它是人类社会产生和发展的重要前提。恩格斯在《劳动在从猿到人转变过程中的作用》一文中说:"首先是劳动,然后是语言和劳动一起,成了两个最主要的推动力,在它们的影响下,猿的脑髓就逐渐地变成了人的脑髓。"人类社会的成长与语言的关系是显而易见的,如果没有语言,我们可能还在蒙昧中与大自然搏斗;如果没有语言,我们就不会了解我们的历史,不会有科学技术的进步,不会有航天飞机,不会有互联网,不会有克隆技术;如果没有语言,我们人类的生活状态不会是今天这个样子。语言自产生之日起就一直在为人类社会服务:语言记录着人类社会的历史,语言传承着人类社会的文化,语言帮助人们进行创造,语言帮助人们进行思想的交流。可以说我们的生活中一刻都离不开语言。人类历史发展到今天,语言为人类之间的有效沟通作出了巨大贡献,没有语言,人类社会的发展与进步都是不可想象的。因此,可以说,语言是人类社会产生、发展、进步的重要前提,人类社会是语言生存、发展的必要条件。

  人类在漫长的历史演进过程中,除语言外还发明了各种各样的交际工具,如信号灯、旗语、文字、交通标志、数学符号、绘画、音乐、手势、表情等,这些交际工具在人类交往、交流中也起到了重要作用,但是和语言相比,这些交际工具充当的不过是辅助工具的角色,其重要性是无法和语言相媲美的。比如,一个人在交际中使用再多、再丰富的手势语和表情,如果不通过语言做媒介也无法和对方进行很顺利的沟通,因为手势语带有个人特点,单位不明晰,表达的意思比较含糊,能够表达的意思也很有限。而如果使用语言来实现这样的交际意图就要省事和有效得多了。

  以我们目前所知道的,动物没有人类语言这样复杂的交际工具,动物也无法学会人类的语言,人与动物的重要区别之一就是人类有复杂的成系统的交际工具——语言。动物世界内部尽管也有一定的交际活动,但这种活动是有限的,其交际手段也是简单的、有限的,根本无法与人类语言相比。世界上一些科学家曾经做过种种实验,许多人也做过种种教动物学说话的努力,结果都证明动物是无法学会人类语言的。当然,我们不是鱼,我们无法知道鱼的语言;我们也不是鸟,我们也无法知道鸟的语言;我们也不是兽,我们不知道兽类彼此之间有没有类似人类语言的交际工具。

  人类社会是语言生存、发展的必要条件,一个人如果脱离社会,其语言能力就会逐渐丧失。语言与人类社会是相互依存、共同发展的,现在世界上任何一个人类社会形式无论大小都有自己的语言,例如英国人有英语、德国人有德语、西班牙人有西班牙语、阿拉伯人有阿拉伯语,等等。有些社会形式可能没有记录语言的文字,但作为社会交际工具的语言依然存在,比如中国的一些少数民族社群、美洲的一些印第安部落等,虽然没有记录本民族语言的书写符号系统,但是他们彼此之间进行交际的语言和我们的语言一样复杂和有效。也可以说,没有语言的社会是不存在的,没有语言的社会是不可想象的,语言伴随着人类社会的产生而产生,伴随着人类社会的发展而发展,也一定会伴随着人类社会的消亡而消亡。简言之,语言与人类社会共生共存。

(二)从称谓看语言与社会的关系

人类社会所有成员共同创造语言和使用语言,语言也为所有的社会成员服务。虽然人类社会在历史的发展过程中存在着阶级,但是语言是没有阶级性的。尽管我们发现不同的阶级在语言运用上会有各自的某些特征,但是这只是语言系统在个别参数上的变异,不会影响到语言的整个系统。我们以汉语称谓系统的变化为例来说明语言与社会的关系。"称谓"作为一个概念有两层含义:一个是它的指称义,一个是它的陈述义,指称意义上的"称谓"是名词,陈述意义上的"称谓"是动词。作为名词,"称谓"即事物的名称,任何事物都要有一个名称才好指称。当然,事物在刚刚诞生的时候是无名的,是人赋予它们名,也就是说,事物的称谓是人赋予的。但是它们不是哪一个人决定的,一个称谓形式必须能在一个社会集团中通用才算得上是一个合格的称谓。任何事物的名称都是约定俗成的。人与万物的关系是一种互动的关系。在人类还没有认识它们之前,万物就已经存在了,但对于人类来说它们是没有名称的,我们的祖先把这种情形叫做"混沌"。作为动词,"称谓"指的是人与事物的动态关系,它是一种行为,一种称呼行为。称是陈说,今天我们叫做"引称"或者"背称";呼是招呼,今天我们叫做"对称"或者"面称"。人们赋予事物名称,是为了陈说方便,也就是说,名就是为了称说方便才存在的。但是在人类社会的语言交际过程中我们会发现,问题不那么简单。有的事物虽然有名,却不是可以随便说的,而成了禁忌,比如在汉语社会,一些与性、死亡有关系的事物往往都是禁忌,要用委婉的方式来表达。禁忌和委婉的原因都源于社会规约和文化传统。称谓也一样,人类创造了称谓,同时也给称谓的使用设置了许多规矩。

自然的人生来是平等的,但是社会的人生来就有高低贵贱之分。为了区分这种高低贵贱人们创造了尊称和谦称。对地位比自己高的人用尊称,称自己或自己一方的人用谦称。人的高低贵贱是相对的,一个有阶级存在的社会会在许多方面体现出它的阶级性特征,如服饰的样式和颜色、车轿的马匹数或人数、房屋的高度和大小等。称谓也是其中的一种。例如处于社会等级最高峰的皇帝必须有一个特殊的称谓("孤家"、"寡人"、"朕")以示其与平民百姓的不同。因此称谓不仅仅是一个人的个体特征的标记,它有时还是一个人社会地位的标志。社会地位是相对的,因此在不同的交际场景中应该有不同的称谓形式。

> 九州之长入天子之国,曰牧。天子同姓,谓之叔父;异姓,谓之叔舅;于外曰侯,于其国曰君。其在东夷、北狄、西戎、南蛮,虽大,曰子。于内自称曰不谷,于外自称曰王老。庶方小侯入天子之国,曰某人,于外曰子,自称曰孤。(《礼记·曲礼下》)

人的身份和地位取决于以下一些因素:血统、职位、贫富、职业、性别。由此可见,称谓实际上不仅仅是个语言学问题,它还是个社会学问题。问题的复杂性表现在人是社会性动物,社会赋予人许多外在的东西,称谓作为一种语言现象和社会现象必须放在社会的大背景中去考察。称谓不单单是纯粹的语言符号,每一个称谓形式都包含着很丰富的文化内涵,打着清晰的社会烙印,它们从一个侧面反映了社会的生态环境和文化传统。社会是由一些共同的物质要素或文化要素而联系起来的人群,这个由人组成的群落是个有机体,它是有生命的,在这个由人组成的有机体中,每个个体都有自己的位置(社会分工与社会地位)。为了指明每个人在社会中的位置,人们发明了各种称谓形式。

社会群落的变迁会使该群落中的每个个体标记受到影响。从这个意义上说,称谓的复杂性和变异恰好可以反映出一个社会群落的生态状况。例如"地主"、"富农"1949年前后有不同的价值内涵,这是因为1949年前后中国的社会生态环境发生了巨大的变化;又比如"先生"、"小姐"这样的称谓形式在20世纪80年代发生了指认功能的变化,这种变化其实是一种循环,一种回归,但是60年代和80年代"先生"、"小姐"的功能性变异可以反映出中国社会从60年代到80年代的变化轨迹。到了21世纪,"小姐"这个称谓形式有了新的变化,它取得了特指意义,用来称呼那些从事色情行业的年轻女性,"小姐"变成了一个十分敏感的称谓形式。

"生态"本来指生物的生活习性和生存状态。提到"生态"这个概念,我们会联想到自然的生态环境。而我们在这里所说的"生态"指的是社会的生态环境。一个社会群落以什么样的面目出现,内部的组织结构如何,面临什么样的问题,等等,都可以从语言功能的变迁中得到反映。社会生态的面貌必然会反映在这个社会群落所使用的语言中。我们仍以汉语的称谓问题为例,一方面是为了说明汉语称谓的系统性与历时变化、社会发展变化有关,另一方面也是为了揭示语言与社会某些内在的、人文性的联系。这种内在的、人文性的联系是社会语言学的研究课题,它既可以为学习语言的人提供一个大的背景知识,又可以为使用这种语言的人提供一个了解自己、反观自省的机会。称谓与社会生态的关系我们可以概括为以下几个方面:第一,称谓是社会的产物,它带着社会的遗传基因。一个社会的形态必定会在称谓系统上留下烙印。第二,社会是称谓发育成长的温床,因此从称谓系统的发育成长过程中我们可以看到社会环境的变化。第三,社会不是一个匀质的凝固不动的集合体,它在不断地变化,而且不是匀速变化,常常会产生突变。社会的突变会使得一种语言称谓系统失去平衡,但是语言系统本身会自动调节,以达到新的平衡。第四,社会生态应该包括许多内容:历史事件、地理环境、社会形态、民族状况、文化传统等。其中与称谓关系密切的历史事件包括改朝换代、统一与分裂、移民、军事占领、国际往来(通使和通商)等;地理环境包括行政地理环境和自然地理环境,行政地理又与历史上的分分合合分不开;民族状况包括民族迁徙、定居、杂居、通婚等,尤其是民族通婚,势必会在亲属称谓的问题上留下烙印;文化传统包括很多内容,其中有些内容对称谓有不可忽视的影响,例如礼教传统、价值观念、文字、书籍、民风民俗等。

二 语言与民族、种族及国家的关系

(一)语言与民族、种族

民族是人们在历史上形成的稳定的共同体,它不属于阶级范畴,而是一定历史时期内存在的以共同的语言、地域、经济、文化等为标志的社会共同体。这是一般的定义,在现实社会中,同一个民族也可能使用不同的语言、居住于不同的地域、没有共同的经济生活,但是这只能是特例。民族不同于种族,种族这个概念在英语中对应不同的词:ethnic group、ethnogenesis、ethnos、race、species。种族的概念是一个人类学的概念,某一种族是指在体质形态上具有某些共同遗传特征的人群。如尼格罗人种(黑种人)、蒙古人种(黄种人)、高加索人种(白种人)等。种族这个概念也牵涉到某些文化或者政治范畴,诸如社会认同感以及民族主义等。种族应该理解为是一个具有共同遗传特征的模糊集合,或者是一个广义的家族。种族下面还可以分出不同的亚种。由此可见,种族涉及人类的起源以及人类繁衍的过程,但是种族跟语言不存在对应关系。同一种族的人不一定有共同的语言,不同种族的人也可以有相同的语言。

(二)语言与国家

国家是阶级统治机构,也是一个历史范畴,它不是从来就有的,而是阶级矛盾发展到不可调和的地步的产物,因此,国家是有阶级性的。恩格斯在《家庭、私有制和国家的起源》中说:"国家是社会在一定发展阶段上的产物;国家是表示:这个社会陷入了不可解决的自我矛盾,分裂为不可调和的对立面而又无力摆脱这些对立面。而为了使这些对立面,这些经济利益互相冲突的阶级,不致在无谓的斗争中把自己和社会消灭,就需要有一种表面上凌驾于社会之上的力量,这种力量应当缓和冲突,把冲突保持在'秩序'的范围以内;这种从社会中产生但又自居于社会之上并且日益同社会脱离的力量,就是国家。"国家不以语言为标志,一个国家可以只有一种语言,也可以有多种语言。例如新加坡有4种官方语言、加拿大有两种官方语言。中国是个多民族的国家,中国境内使用的语言除了汉语以外还有很多。有的国家只有一种语言,如日本、韩国;有的国家语言很多,如印度,法定的官方语言有18种,语言总数大约400种,其中17%的印度人可以讲两种以上的语言。印度的语言主要分为两大语系:南方流行的达罗毗荼语系是印度的土著语,操达罗毗荼语系语言的人口约占18%;北方是印欧语系中的印度雅利安语(印地语),是中亚人迁往印度河和恒河流域过程中吸收当地语言后形成的,讲印地语的人口在30%以上;除了这两大语系的语言之外,印度东北部还有属于汉藏语系的曼尼普尔语。

三 语言与文化的关系

什么是文化?学术界、知识界和大众各自有自己的理解。有人把文化理解为"人文教化",有人把文化理解为人类生存和繁衍的模式,有人把文化理解为知识的总和,有人把文化理解为文明的样式,还有人把文化理解为社会的风俗习惯,等等。《现代汉语词典》对"文化"的界定是这样的:

①人类在社会历史发展过程中所创造的物质财富和精神财富的总和,特指精神财富,如文学、艺术、教育、科学等。

②考古学用语,指同一个历史时期的不依分布地点为转移的遗迹、遗物的综合体。同样的工具、用具,同样的制造技术等,是同一种文化的特征,如仰韶文化、龙山文化。

③指运用文字的能力及一般知识:学习~|~水平。

我们这里的"文化"概念采用的是第一个义项,即"文化"是人类所创造的物质财富和精神财富的总和。这样来讨论语言与文化的关系就比较明确了。

语言与文化的关系是相当密切的。概括地说,语言是文化的载体,人类在社会历史发展过程中所创造的物质财富和精神财富都离不开语言。因为人类在历史发展中创造的很多物质财富都只能通过语言去寻觅其踪影了,人类在历史发展中创造的精神财富更是通过语言得以流传。例如我们看到殷商时期的甲骨文可以了解到先民们的精神生活、他们的信仰和迷信、他们的生产生活和战争以及他们的风俗习惯。很多属于文化范畴的物质财富和精神财富都已经成了历史,这些已成历史的东西是由语言来记录并传诸后世的。比如许多民族都有自己的创世神话,这些创世神话就是通过史诗的形式口耳相传保留至今的。

语言也不能脱离文化而独立存在,任何一种语言都是以那种语言所赖以生存的文化为基础的。正如美国人类学家萨丕尔所言,"语言的背后是有东西的。而且语言不能离开文化而存在"[①]。认知语言学认为,语言的结构受制于认知主体与外部世界的互动,所以人的身体经验会影响到语言的结构、语言的编码和解码过程。文化与认知有着千丝万缕的关系,因为说到底语言不能脱离自己的文化语境,也不能脱离自己的认知模式。

我们仍以语言中的称谓为例来说明语言与文化的关系。在不同的语言里,要完成相同的交际任务,所采用的语言手段和言语策略却可能大异其趣。比如同样是第二人称面称敬体:汉语采取的是语音的策略,把"你"[ni]变成"您"[nin];德语采用的是词汇策略,把第二人称 du 变成第三人称 Sie;日语采用的是词汇和语法双重策略,あなた(你)是不能随便用的,要在对方的称谓上采用敬语形式,比如姓名之后加上さま(表示尊敬),称谓往往要连带衔头一起说,同时,句子的动词要采取敬语形式;英语则根本不变代词的词形,采用助动词的策略来表达敬体。不同的语言系统有不同的交际准则,这种交际准则的背后是文化规则。同样是人称代词,阿拉伯语有 45 个,因为在阿拉伯语里,人称代词有单数、双数、多数的变化,每一个人称又有通称、阳性、阴性、在场、不在场的变化;在泰语中,人称代词没有数的变化,但有男女、尊卑的区别。在越南语中,人称代词又有新花样,人称形式要根据交际双方的关系和交际的场合来定,如女性对老师、哥哥姐姐、丈夫要自称 em(妹),对女老师要称 co(姑),对母亲要称 me(母),对爷爷要称 ong(翁),对奶奶要称 ba(婆),即用来自汉语的亲属称谓来充当人称代词的谦敬体形式。在学习汉语的时候,日本学生几乎从来不使用"你"或"您"这样的人称代词形式,而是用其他的称谓方式来代

[①] 参见萨丕尔《语言论》,商务印书馆,1985 年。

替,泰国学生和越南学生在选择人称代词时,总想找出一个相应的、符合身份的代词,而以英语为母语的人几乎从来不会用"您"这个词。这种种现象的背后都有文化的影子。

每个人都有一个名字。如果人也像其他事物一样只是有个名称,而且可以为所有的人称呼,那问题就单纯多了,人与人之间的交际也就省事多了。麻烦的是,虽然每个人都有名字,却不是每个人的名字都是可以随便叫的。中国人在提及尊长的时候要避免直接说出他们的名字,而古代则有"避讳制度":

> 礼,不讳嫌名。二名不偏讳。逮事父母,则讳王父母;不逮事父母,则不讳王父母。君所无私讳,大夫之所有公讳。《诗》、《书》不讳,临文不讳。庙中不讳。夫人之讳,虽质君之前,臣不讳也;妇讳不出门。大功小功不讳。入境而问禁,入国而问俗,入门而问讳。(《礼记·曲礼上》)

> 国君不名卿老世妇,大夫不名世臣侄娣,士不名家相长妾。君大夫之子,不敢自称曰"余小子";大夫士之子,不敢自称曰"嗣子某",不敢与世子同名。(《礼记·曲礼下》)

今天虽然没有明文规定要避讳,但是文化传承还在,对自己的父母、师长还是尽量避免直呼其名,否则就会被认为不敬或者失礼。"名讳"现象的存在,使得称谓现象变得错综复杂。一个人除了名之外还有字,例如诸葛亮字孔明,岳飞字鹏举;有的人还有地望,如韩愈被称为韩荆州;有的人还有官称,如杜甫被称为杜工部。除此之外,有的人还有绰号,例如宋江绰号叫及时雨;死后还有谥称,如诸葛亮谥称"忠武"(人称"武侯"),岳飞谥称"武穆"(人称"岳武穆")。活着和死后有不同的称谓,这也是中国传统礼仪制度的一部分。"祭王父曰皇祖考,王母曰皇祖妣。父曰皇考,母曰皇妣。夫曰皇辟。生曰父、曰母、曰妻,死曰考、曰妣、曰嫔。"(《礼记·曲礼下》)"妇称夫之父曰舅,称夫之母曰姑,姑舅在则曰君舅、君姑,没则曰先舅、先姑。"(《尔雅·释亲》)。"礼"毫无疑问应该属于文化的范畴。

第二节 语言变异与语言变体

一 语言变异与语言变体的概念

(一)语言变异

语言变异(variation)是指语言在不同的历史时期、不同的社会群体或不同地域中的变化和分化。语言是在社会的发展变化中产生的,它也会随着社会的发展变化而变化。汉语有数千年的历史,并且与其他语言有过长期的接触,汉语的一些语言成分被借到其他语言中,汉语中也融入了其他语言的成分,有时很难考证某一个词究竟出自哪里。今天汉语的许多方言中还可以看到其他语言的底层残留,这就是语言的时间变体。我们从汉语的一些亲属称谓中可以看到语言在时间中的变化。比如"爸爸"这样的亲属称谓,在先秦典籍中是见不到的,清人梁章钜引《正字通》考证说其源于夷语:"八八,巴巴,爸:《正字通》:夷语称老者为八八或巴巴,后人加父作爸字。吴人称父曰爸。《广雅》:'爸,父也。'"[①]可以说在现代汉语这个共时平面,称谓系统并不是一个匀质的、整齐的东西,古今同现、华夷共处是很平常的事情。也就是说,在现代汉语这个共时系统中,我们可以看到时间变体(例如不同历史阶段的称谓形式)。称谓系统在不断变化,任何一个共时平面所表现出来的系统性都既有历史的连续性,又有嬗变。古代汉语的称谓形式有的已经被淘汰了,有的仍然沿用至今,而有的在传承过程中所指已经有了变化。例如亲属称谓"哥"在现代汉语普通话中只用来指称"兄长",是弟弟、妹妹对年长于自己的同胞男性家庭成员的称呼(如果仅仅从共时平面上看,当然有泛化现象,可以泛化到同堂兄弟间、姑表兄弟间、姨表兄弟间幼对长的称呼,甚至泛化到异姓结拜兄弟间幼对长的称呼,后来干脆泛化为对陌生人的尊称),但在历史上,曾经存在过这样一段时

[①] 参见梁章钜《称谓录》,中华书局,1996年。

期,子称父为哥,母称子为哥,兄称弟为哥,父称子为哥,妻子称丈夫为哥……这些都可以证明"时间可以改变一切"这个著名论断。

社会的发展变化包括社会形态的变迁、社会角色的分工、社会群体的分化与融合、社会阶层的分化、社会群体彼此之间的接触等。社会形态的变迁包括社会形态的历史演变(如从奴隶社会到封建社会)、改朝换代(如从一个封建王朝到另一个封建王朝)、居住形态的变化(如从散居到群居、从乡村居住到城市居住)等。语言形式在不同历史阶段的变化、语言形式在不同人居环境中的变化就是社会形态变迁带来的语言变异。社会角色的分工指的是不同的性别、不同的职业等。社会群体的分化指的是在社会变迁中一个大的社会群体分化为若干个小的社会群体(如战国时期大一统的中国分化为一些小的诸侯国),社会群体的融合指的是一些小的社会群体融合为一个比较大的社会群体(如秦统一天下带来的是社会群体的融合)。社会阶层的分化指的是社会等级制度(例如印度的种姓制度,不同阶级的人民彼此不能通婚)或者类似于阶级的等级分化(例如贵族与平民、白领与蓝领、富人与穷人)。社会群体之间的接触指的是不同社会集团的人彼此之间的交流(贵族与平民之间、富人与穷人之间、城与城之间、国与国之间等等)。以上提到的种种社会变化都会带来语言的变异,有时各种变异原因交织在一起,形成复杂的变异现象。

当然,语言不仅仅会因社会原因而发生变化,它也会因地理的原因而发生变化。同一种语言在不同的地域可能会有一些差异,这些差异被认为是语言在不同地域的变异。

(二)语言变体

语言变异可以表现在语音上,也可以表现在词汇上,还可以表现在语法上。语言在社会或地域中的变异导致同一种语言在语音、词汇、语法方面的差异,这种差异(或者说是变异的结果)我们称为语言变体(variety)。

语言因社会原因而发生的变异叫做语言的社会变体(社会方言)。人类社会是由许多个大小不等的社群组成的,每个社群都有很多个体,他们都生活在一定的社会网络中,该网络的成员因此也具有共同的社会特征,表现在语言上则构成了社会方言。比如,我们通常说女性在交际时一般多使用委婉、含蓄的语句表达自己的意图,而男性则倾向于使用直接、命令型语句,这种现象在英语中存在,在日语中尤为突出,男女两性交际中使用的不同语言形式就是一种性别层面上的社会变体。社会变体中还有一些因社会、政治等因素形成的特殊的变体形式,这就是隐语和黑话,这些变体形式与使用者所从事的某些特殊行业或者特殊工作有关,比如新中国成立前,许多地下党人为保护组织彼此在联系时常常要使用暗号接头。大学也是一个特殊的小社会,也会有自己的社会方言。比如在某些高校,一些流行的隐语就属于大学的社会方言。例如"早恋"(早晨锻炼)、"去大使馆"(上厕所)、"特困生"(早晨第一节课就睡觉的学生)、"郁闷"(只是一种口头禅,不一定真的是心情不好)、"东东"(东西)、"花园"(周围坐满女生的座位)、"钓鱼"(男生追求女生)、"钓虾"(女生追求男生)、"偶像"(令人作呕的人)、"孔雀"(自作多情的人),等等。网络是个虚拟的社会,在网络这个虚拟社会中也存在着一种特殊的社会变体——网络语言。例如"聚会"(见面)、"拍砖"(提意见)、"顶"(支持)、"养眼"(好看)、"恐龙"(丑女人)、"青蛙"(丑男人)、"大虾"(网络高手)、"稀饭"(喜欢)、"BT"(变态)、"3X"(thanks)等。

语言因地理原因而发生的变异叫做语言的地域变体(地域方言)。不同地区的人群在地域上处于一个共同体中,因此在语言上会有一些共同的特征。这些有别于其他地域共同体的语言特征构成了语言的地域变体。语言的地域变体在语音、词汇和语法上表现都很明显。以汉语方言为例,同一个概念在不同的方言中可能有不同的变体形式,例如"母亲"就有"妈妈"(如北京)、"娘"(如济南)、"阿奶"(如温州)、"阿嫒"(如潮州)、"老母"(如广州)、"姆妈"(如扬州、苏州、长沙)、"妈爷"(如合肥)、"奶"(如建瓯)等不同的地域变体。地域变体也是在历史中形成的,因此地域变体也与社会的发展变化有关。社会的分裂或者融合对地域变体的形成有直接的影响:人口的迁徙,民族的融合、通婚、通商、战争等因素都会对地域变体的形成产生影响。

二 社会方言

社会方言(social dialect)是由语言的社会变异而形成的语言变体,它是由交际者年龄、性别、职业、阶层、宗教信仰、文化程度等社会因素造成的。社会方言是在全民共同语的基础上形成的异化形式。比如不同行业之间均有自己的行业用语,医生之间常用到"处方"、"X 光"、"脑 CT"、"造影"等术语,而语言学家则经常使用"音素"、"音位"、"语素"、"语言变体"等术语,这里,医生和语言学家的社会特征是由他们所从事的职业带来的。

(一)常见的几种社会方言

影响语言社会变异的因素很多,由这些因素导致的变异结果(社会方言)也就可以有很多。比如由于性别因素导致的语言变异就叫做语言的性别变体,由于年龄因素导致的语言变异就叫做语言的年龄变体,而由于社会分工不同导致的语言变异则叫做语言的职业变体,等等。

1.语言的性别变体

语言的性别变体指两性之间的语言差异。如在英语中,女性使用 lovely、sweet、nice、darling、cute、adorable、charming 等形容词的频率远远高于男性;在日语中,女性更多地使用敬语,有一些表达方式男性和女性存在着明显的区别。比如下面的对话意思相同,但是男性和女性之间差别明显:

男性之间的对话

男 A:ぼく(我)、いま中村君からおもしろい話を聞いたぜ。

男 B:ほう、そうかい(哦?是吗)。どんな話?

男 A:教えてやろうか(一般形式)。

男 B:うん(嗯)。

男 A:……君(第二人称疏远用法)に聞かせるのは、もったいないな。

男 B:いじわるだね。いいよ(语气词)。聞きたくなんかないよ(语气词)。

男 A:まあ、そう怒るな。教えてやるよ。あのね。

男 B:なんだ、早く言えよ。そんなにじらすものじゃないよ。

女性之间的对话

女 A：<u>あたし</u>（我）、いま中村<u>さん</u>からおもしろいお話を聞いた<u>わよ</u>。

女 B：<u>あら、そう</u>（啊，真的？）、どんなお話？

女 A：教えて<u>あげましょうか</u>（敬语形式）。

女 B：<u>ええ</u>（哎）。

女 A：……<u>あなた</u>（第二人称亲密用法）に聞かせるのは、もったいないな。

女 B：いじわるいね。いい<u>わ</u>（语气词）、聞きたくなんかない<u>わよ</u>（语气词）。

女 A：まあ、そう<u>怒らないで</u>。教えてあげるわよ。あのねェェ……

女 B：なによ、早く<u>おっしゃいな</u>。そんなにじらすものじゃなくってよ。

两段对话意思完全一样，但是两个男人之间的对话和两个女人之间的对话有很多细微的区别（画线部分），表现在称谓形式不同、语气词用法不同、敬体形式选择不同等方面。在日语中，有一些用语是女性专用的，男性一般不用，反之亦然。汉语性别之间的差异不是十分突出，但是也有一些例子。例如"女国音"的问题（俗称"咬舌子"，指北京的年轻女性在发 j、q、x 的时候往往带有一点舌尖音色彩），个别词语问题（如"人家"用于自称时只适用于女性或儿童）。

2.语言的年龄变体

语言的年龄变体指的是不同年龄段的人群之间的语言差异。例如汉语吴方言的上海话，老年人对"烟"和"衣"、"简"和"既"两类字的读音分得很清楚，而年轻人已经不分。又如北京话中"文"字开头部分的读音，老年人读为[w]的比例很高，而年轻人读为[v]的比例很高。当然这种变异还跟性别和受教育程度相互关联：女性读为[v]的比例高于男性，受教育程度高的人群读为[v]的比例高于受教育程度低的人群。

3. 语言的职业变体

语言的职业变体指的是不同行业之间的语言差异。应该说三百六十行，每一行都会有自己的行话，这种被称做"行话"的语言形式就是语言的职业变体。有些行话是行业之外的人不用甚至是听不懂的。例如"流通股"、"大盘"、"涨停板"对于证券行业的人来说每天都会用到，而对于不是股民的人来说就不甚了了。又比如"喷口儿"（发音吐字）、"开脸儿"（说书的对人物外形的描写）、"海青腿儿"（没有拜过师的艺人）、"空子"（外行）就是曲艺行的职业变体，圈外的人不一定听得明白。

4. 语言的阶级变体

语言的阶级变体指的是不同阶层的人群之间的语言差异。这里所说的阶级不是政治学意义上的阶级，而是指人类社会根据地位的高低、财富的多少、权力的分配等因素形成的各个阶层。不同阶层的人在语言风格和语言运用上会有自己的特点，这种带有本阶层特色的语言变异就属于语言的阶级变体。例如十月革命之前的俄国，在贵族的沙龙里流行说法语或者在俄语中夹杂法语，这在普通大众那里是没有的。当今中国已经消灭了政治学意义上的阶级，但是阶层依然存在，比如白领和蓝领的分别，知识阶层与非知识阶层的分别，富裕阶层与贫困阶层的分别，城市中原住居民与外来人口的区别（这种区别往往带有社会分层的意味，原住居民即所谓的"城里人"，外来人口大部分属于所谓的"乡下人"），等等。这些不同的阶层在语言风格和语言运用上都会有各自的特点。

（二）社会方言的复杂性

有些社会变体不单纯，可能同时包含几种不同的要素。例如"白领"和"蓝领"的分别，既包含了职业变体的成分，又包含了阶级变体的成分，还包含了年龄变体的成分。"白领"是舶来品，中国内地原本没有这个阶层，因此也没有这个称谓。根据零点市场调查公司1999年对中国11个城市5673名18岁以上居民所作的随机调查，大家对"白领"这个阶层的存在是认可的，尤其是在上海、厦门、广州等沿海城市认可的人数比例更高一些。表2—1是调查结果：

表 2—1

	北京	上海	武汉	南宁	厦门	沈阳	西安	大连	成都	郑州	广州
听说过	67	79.3	65.8	70.6	77.2	54.2	68.8	66	61.4	66.9	78.3
没听说	13.9	12.4	8.6	15.7	19	8.7	14.6	13.8	6	12.5	13.1

对于什么是白领阶层、哪些人属于白领阶层、白领阶层的人有什么特征等，在认识上却有比较大的分歧。大多数人从职业的角度来界定白领的范围，也有很多人从受教育程度和文化修养的角度来界定白领的范围，还有不少人是从收入水平的角度来界定，也有人从社会地位、背景、仪表、生活方式、年龄、性别等角度来界定。

白领和蓝领之间的语言差异是很明显的。例如白领阶层的词汇系统中掺杂着许多蓝领阶层的人士所不能理解也几乎不会用到的成分。白领的工作场所为办公室环境，接触外来事物、新鲜事物、现代化办公设备和网络技术的机会很多，因此在白领的词汇系统中，外来词语、技术性词语、网络语言的成分相当多。比如白领的词汇系统中有不少外语词，像 sorry（抱歉）、HUB（集线器）、IP address（IP 地址）、IT（互联网技术）、VIP（贵宾）、BOSS（老板）、CEO（执行总裁）、CFO（财务总监）等；还有一些与网络文化相关的词语，如"触网"、"网吧"、"网民"、"网恋"、"网龄"、"网友"、"潜水"、"灌水"、"菜鸟"、"电子名片"、"电子银行"、"三 D 动画"、"美眉"、"恐龙"、"大虾"、"斑竹"、"帖子"、"楼上"、"楼下"等。

在不同的社会群落中，称谓会随着整个社会群落价值观念的潮起潮落而增值或者贬值。一个称谓形式的升值或者贬值可以看出社会气候的冷暖变化。比如"老板"，这个称谓形式从 20 世纪 50 年代初开始贬值（新中国在对民族资本家进行改造的过程中，同时也改造了"老板"的社会位置，社会成员对"老板"这个称谓的体认从尊敬到轻蔑。因为只有资本家或者小业主才被称为"老板"，而资本家或小业主被认为是剥削者，是应该接受改造的；到了 20 世纪 60 年代干脆就成了专政的对象，那个时候如果有谁被称做"老板"，那绝不是对他表示尊敬）。如果说解放前"老板"是一个社会评价比较高的称谓的话，那么到了 20 世纪五六十年代，它的社会评价已经跌到了低谷。这个称谓走出低谷是 20 世纪 80 年代以后的事，这当然跟改革开放、国家以经济建设为中心这样的社会大气候有关。社会也可能赋予一个旧有的称谓形式新的值。比如"大姐"这个亲属称谓,在中国共产党党内从延安时期开始渐渐地被赋予了新的含义,只有少数几位领导者的夫人被尊称为"大姐",如周恩来的夫人邓颖超被尊称为"邓大姐"。再比如"先生"这个称谓形式,且不说它在历史上的变化,在今天通常是用来称呼男士的,但是少数一些德高望重的女士也可以称为先生,如"宋庆龄先生"。

三 地域方言

地域方言(regional dialect)是指同一民族语言在不同地域的变体,这种变体是同一语言分化的结果。比如汉语有北方方言、吴方言、闽方言、湘方言、赣方言、粤方言、客家方言七大地域方言。

(一)地域方言是有层次的

地域方言是语言的下位概念,是语言在地域上的不同分布,这种分布是有层次的。一种语言可以分化成若干种方言,一种方言可以再分成若干个次方言,次方言可以继续分化,分为一些土语群,由此构成了地域方言的树形层次。如图2-1所示:

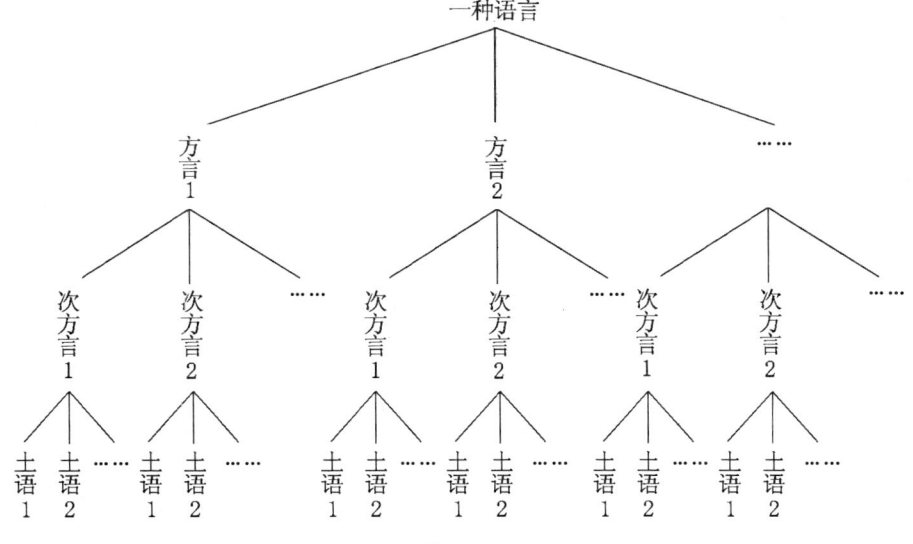

图 2-1

汉语的七大方言都可以分出一些次方言,次方言又可以分出一些土语群,不同土语之间按照家族相似性可以画出上面的谱系。相邻土语之间的相似性更多一些。其实土语下面还有更小的方言单位,称为方言片或者什么什么腔。例如汉语七大方言中通行地域最广的北方方言,下面分为东北华北次方言、西北次方言、西南次方言和江淮次方言。其中东北华北次方言又可以分出东北土语群、华北土语群,东北土语群又可以分为不同的方言片,华北土语群也可以分为许多方言片,依此类推。

(二)地域方言的确立

1.地域方言确定的前提条件

地域方言的确立一般要同时参考以下几个前提条件:第一,地域方言是在同一民族语言内部发生的;第二,地域方言所依托的社会是一个统一的社会;第三,地域方言是与标准语相对而言的;第四,地域方言之间一定是有差异的,这种差异或大或小,大到彼此无法通话,小到只是某些语音、词汇或者语法现象有些微差异。

2.地域方言确立的标准

地域方言间的差异有大有小,因此,确定方言、次方言的标准也不同,划分出来的方言层次也不完全一致。目前汉语在划分方言时主要考虑的是语音特点,次方言的划分除考虑语音特点外,词汇、语法特点也逐渐受到重视。比如北方方言的代表方言北京官话,古全浊声母今天全部清化,古塞音韵尾[-p][-t][-k]绝大部分地区已经消失,少数地区保留了喉塞音韵尾[-ʔ];吴方言古全浊声母今天全部保留,古塞音韵尾[-p][-t][-k]合并为[-ʔ];而粤方言古全浊声母的发展变化和北京官话一样全部清辅音化,但古塞音韵尾[-p][-t][-k]却仍保存着。根据不同的参数,我们可以画出一些同言线。比如在汉语中,我们可以根据是否保留入声调类、是否保留全浊声母、是否有塞音韵尾等划出方言与方言之间的界限。但是同言线有时会有交叉,因此方言的划界问题并不简单,有时需要人为地确定,除了参考同言线这个语言内部的因素外,还应该参考地理因素、社会因素、历史因素、行政区划因素等语言外因素。

(三)地域方言与标准语

地域方言主要是相对于标准语而言的。标准语通常是在某个有影响的地域方言的基础上发展起来的。比如：现代汉语的标准语是在北方方言的基础上发展起来的，以北京音为标准音；现代意大利语的标准语是在托斯坎宁方言的基础上发展起来的，以佛罗伦萨音为标准音；现代英语的标准语是在英格兰中部方言的基础上发展起来的，以伦敦音为标准音。

当然，标准语和基础方言之间还是有差距的。现代汉语的标准语的基础方言是北方方言，而北京话则是北方方言的代表，但北京话并不就等于普通话。我们引用一段北京话口语的材料，外地人听起来会很吃力：

> 你还别跟我<u>揣着明白装糊涂</u>。原本一<u>老实巴交</u>的人，现在学会<u>耍猫儿腻</u>了，<u>见天价</u>当街晃荡<u>打油飞</u>，时不时地整出点<u>汤儿事</u>，再不就是胡吃闷睡。你自个儿照照镜子去，好嘛，活得越大越<u>抽抽儿</u>，整个一<u>嘎杂子琉璃球</u>。成天<u>逮</u>谁跟谁扯皮不说吧，办事也没个准谱，交代你屁大点儿的事儿，你说你<u>放了我几回鹰</u>了？和着我那点儿唾沫星子全打了水漂儿了！你瞧你平时那个德行，样儿大了你！装得<u>人五人六儿</u>的，还挺像那么回事的。实际上满肚子的<u>幺蛾子</u>，除了整天游手好闲，要么就是鼓捣点儿<u>嘎七马八</u>的事儿出来。实在闲得发慌，也是跟那帮小混子<u>起哄架秧子</u>，<u>打联联</u>。走在街上看见个半老徐娘你都不错眼珠儿地盯着人家看。哪天遇上个满<u>不吝</u>的，给你一<u>板儿砖</u>，你就知道什么是<u>肝儿颤</u>了。

(四)地域方言与地域方言之间的关系

地域方言虽然是同一语言的地域变体，但变体与变体之间的关系并不简单。拿汉语来说，汉语的地域方言非常复杂，方言之间的远近亲疏关系并不一样。湘方言和赣方言之间的关系比较近，闽方言和粤方言之间的关系比较远。湘方言区的人与赣方言区的人在交流上不会存在很大的障碍，但是闽方言区和粤方言区的人在交流上却存在着很大的障碍。即使在闽方言内部，不同次方言区的人在交流上也有很大的困难。

方言特征经常被用来判断一个人家乡何处,我们通过不同的口音大致可以了解一个人生活的地域背景。举个例子来说,下面这段对话的地域特色就非常明显,我们可以大致推断对话人来自哪里:

男:今朝雅到阿拉吃萨么什啊?
女:随便!
男:吃火锅伐?
女:弗来赛,吃火锅面孔高头要长痘痘呃!
男:各么阿拉吃川菜?
女:昨末子刚刚吃过川菜,今朝又吃——
男:各么阿拉吃海鲜起? 呵呵——
女:海鲜弗好,吃了要肚皮卅呃!
男:各么弄刚吃萨?
女:随便!
男:阿拉现在做撒起奈??
女:才苦亦!
男:看电影好伐?? 老杜晨光么看电影了。
女:电影有啥好看呃,浪费辰光,看场电影一厄雅到才没了。
男:各么打保龄球,运动运动。
女:杜聂天厄打撒保龄球阿,伐吃列啊!
男:各么寻厄咖啡厅坐坐,吃点咖啡。
女:算了,雅到吃咖啡会得困伐着呃。
男:各么弄港组萨好奈?
女:才苦亦——

这是典型的吴方言,对话者应当来自吴语区,比如上海、苏州。

但是在对外汉语教学中,不同的口音往往会成为影响学生听力发展的障碍。因此在一定的阶段要特意安排学习者熟悉不同口音的"普通话",以增加学习者的适应能力和语言听辨能力。

四 双语或多语现象

双语现象(bilingualism)是指一个社会存在并通行两种语言。多语现象(multilingualism)指一个社会存在并通行两种以上的语言。有时为了指称方便,人们把两种(含两种)以上语言并存的现象统称为双语现象。比如加拿大就是一个英语与法语并存的双语国家,瑞士是德语、意大利语、法语并存的多语国家,比利时是法语、佛莱芒语、德语并存的多语国家,新加坡是华语、英语、马来语和泰米尔语并存的多语国家。除了双语或多语国家,还有一些地区也存在着双语或者多语现象,比如中国的延边地区汉语和朝鲜语并存,西藏地区汉语和藏语并存,内蒙古地区汉语和蒙古语并存,这些地区都是双语社会。新疆维吾尔自治区哈萨克自治州锡伯自治县汉语、维吾尔语、哈萨克语和锡伯语并存,成为多语社会。

双语或多语社会的形成有比较复杂的背景,但是人民杂居是最重要的因素。因为有了人民的杂居才有了语言的接触,才有双语或者多语现象的存在。世界上许多双语或者多语国家都是殖民地时代留下的结果,比如巴基斯坦通行英语和乌尔都语,因为巴基斯坦曾经是英国的殖民地。现在的巴基斯坦社会,政治、经济、教育、科学、新闻等社会公众领域使用英语,乌尔都语主要用于日常生活领域。

双语或者多语现象的存在往往会导致不同语言之间的竞争。有些语言社团会为了维护自己母语的法律地位而与其他语言社团发生冲突,如何确定哪一种语言是官方语言、学校教育使用哪一种语言、新闻出版使用哪一种语言、街市指示牌使用哪一种语言等问题都会出现。有时双语社会会发生分裂,比如加拿大的魁北克省是以法语为主的地区,一直有人主张要把魁北克省从加拿大中独立出来。为了解决这一矛盾,有些国家确立了几种官方语言,从理论上说它们都有相同的法律地位,但是语言之间有一种自然的竞争力,总会有一些语言在双语社会中渐渐地处于劣势,被另一种强势语言取代。如果两种语言势均力敌,在长期并存的过程中会互相渗透,导致部分融合或者完全融合。

即便没有发生一种语言取代另一种语言的现象或者两种语言融合的现象,并存的两种语言或者多种语言在功能上也会有所区别。比如在新加坡,英语是使用领域最多的四种官方语言之一,虽然新加坡的人口结构70%为华人,但是在政治、经济、文化、教育、新闻出版等重要领域还是以英语为主,华语、马来语、泰米尔语主要用于日常生活和大众文化等领域,这是因为英语已经几乎成了全球通用语。随着中国国际地位的提升,汉语和中国文化的影响力也在不断上升,现在新加坡的华人家庭中越来越多的人意识到学好华语的重要意义。

双语或多语社会可大可小,大可以大到一个国家或一个地区,小可以小到一个家庭。世界上大多数国家都是多种语言并存的,比如摩洛哥,阿拉伯语、英语、法语、西班牙语、意大利语、希腊语并存,但是也有一些语言种类比较单纯的国家,如日本、韩国。移民国家大多是多语社会,比如美国,除了英语以外,还有西班牙语、华语、意大利语等。不同语言社会的人们生活在同一个政治、经济和文化共同体中不可能各自独立而没有接触,一旦出现了两个不同语言社会的人共同生活的局面,比如来自英语社会的儿童和来自西班牙语社会的儿童要在同一所学校里读书,或者一对来自不同语言社会的情侣结成生活伴侣,或者来自不同语言社会的人在同一家公司工作,双语现象就会出现。一般情况下,双语现象是自然形成的,但是有时为了保护弱势语言,或者出于政治、经济、文化等方面的考虑,政府会出台一些语文政策,在双语社会实行双语教育。

思考与练习

1. 语言与社会之间有什么样的关系?
2. 语言与国家和民族之间有什么样的关系?
3. 举例说明语言与文化的关系。
4. 什么是社会方言?什么是地域方言?
5. 什么是双语现象?为什么会出现双语现象?

第三章 语言与认知

第一节 语言反映人类的认知

一 语言对应的三个方面

语言认知研究的历史可以追溯到很久以前,但是认知语言学的兴起却是最近几十年的事。语言的认知研究涉及的一个根本问题就是语言是什么以及语言以什么样的方式和结构存在的问题。关于语言是什么的问题不同的人有不同的看法,这些看法基本上可以区分为两大类:一类认为语言是一种客观现象,它独立于人的认识主体——心智之外,因此可以作为一个纯客观的研究对象来对待;另一类认为语言与人的心智有一种互相依存的关系,语言不是一种纯粹客观的现象,因此研究语言必须与语言所赖以存在的心智联系在一起。语言的认知研究就是语言学和心理学在理解人类概念结构方面的统合。人类的语言在结构上对应概念结构(the conceptual structure)、外部世界(the world)、知识系统(the knowledge system)等范畴。

(一)概念结构

概念结构是人类认知系统的基础,人类认识自身及世界离不开概念化的过程,而概念化的过程包含两个方面的能力:一是抽象能力,二是想象能力。儿童语言习得的证据可以说明这个过程确实是存在的。概念系统的外在表现形式就是语言,在人类语言发展进化的过程中,概念化是一个非常重要的认知过程。概念有它自身的结构方式,但是概念的存在和发展与语言的存在和发展是一种共生关系。

(二)外部世界

外部世界表现为实体以及它们的属性。外部世界是独立于人的主观认识之外的,但是对外部世界的描写和刻画离不开人的概念系统。人们总是用自己所熟悉的概念去理解和认知外部世界的实体。语言的形式和意义通过概念结构与外部世界建立起像似关系和映射关系。如图3—1所示:

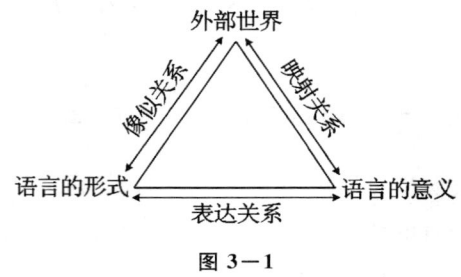

图3—1

(三)知识系统

知识系统是人类认知经验之和。人类的知识系统涉及人类对外部世界的分类,涉及人类对外部世界实体的认识,涉及人类对实体属性的认识以及实体与实体之间关系的认识。知识系统的表述离不开语言,而语言的表达和理解又必须依赖于知识系统的支持。

二 知识存在和发展的方式——范畴和范畴化

基于心理学的语言认知研究从基本的认知系统的视野着手来研究语言,其中关于感知、记忆、注意和推理的研究都有很长的历史。这方面的研究都以实验室实验或仪器探查为手段。传统的实验技术手段都比较落后,随着现代科技的发展,基于心理实验和脑神经的研究已经取得了新的进展,例如大脑扫描及脑成像技术,可以为语言的感知提供直接的证据,但是它们所能解决的语言学问题还很有限。而基于语言学的研究主要关注语言的形式类、语言中的意义、语言中形式和意义之间的操作等问题,在这些问题中,范畴和范畴化问题是形式类研究的核心。范畴就是知识存在的基本形式。认知语言学关注范畴是如何展现人类心智的这一基本问题的,也就是说,我们是如何对事物进行分类的。传统的关于范畴的理论是建立在共同属性的基础上的,这只是真相的一小部分。近年来的研究清楚地表明范畴化的问题远远比这个复杂。其中原型理论(prototype theory)发现人类的范畴化遵循一些基本的原则,这些原则已经大大超出了共同属性的范围。不仅如此,Langacker(1987)提到两种范畴化的概念:一是基于原型的范畴化(categorization by prototypes),一是基于图式的范畴化(categorization by schema)。

基于原型的范畴化可以这样表述:一个类当中有一个最典型的成员,它就是这个类的原型。该类中的其他成员根据它们与原型的相似程度跟原型具有相应的对应关系,这种相似程度是有层次的,有的成员与原型相似性多一些,有的成员与原型相似性少一些。比如"鸟"是一个范畴化了的概念,在这个范畴里有一些成员是典型成员,比如麻雀、画眉、喜鹊等,鸡、鸭、鹅等成员典型性就要差一些,而企鹅和鸵鸟就更不典型了。我们说麻雀类成员是"鸟"这个范畴的原型,鸡类成员是原型的外围成员,企鹅等成员则是范畴的边缘成员。

范畴化的理论在语言学中的应用可以解释很多现象。举例来说,现代汉语的介词"由"可以标引不同的语义角色:位移的起点、发展变化的源头、位移的路径、位移的经过点、判断的依据、致使结果事件的使因或者缘由、活动时间的责任承担者或者发端者。这些语义角色以源头(起点)为原型。此外还有一些语义角色则属于另外的范畴。如图3—2所示。

基于图式的范畴化理论与原型理论正好相反:图式是另外一个概念,一个图式可以涵盖该图式中的所有成员,图式是建立在所有成员的共同特征的基础上的,图式中的各个成员是不分层次的。根据图式理论,"鸟"的范畴化并没有什么典型成员,这个概念的形成是根据麻雀、画眉、喜鹊、鸡、鸭、鹅、企鹅、鸵鸟这些成员的共同特征抽绎出来的,各个成员的地位是平等的。上例中介词"由"所标引的各个语义角色可以找到它们之间的联系,但是角色之间是平列的。如图 3—3 所示。

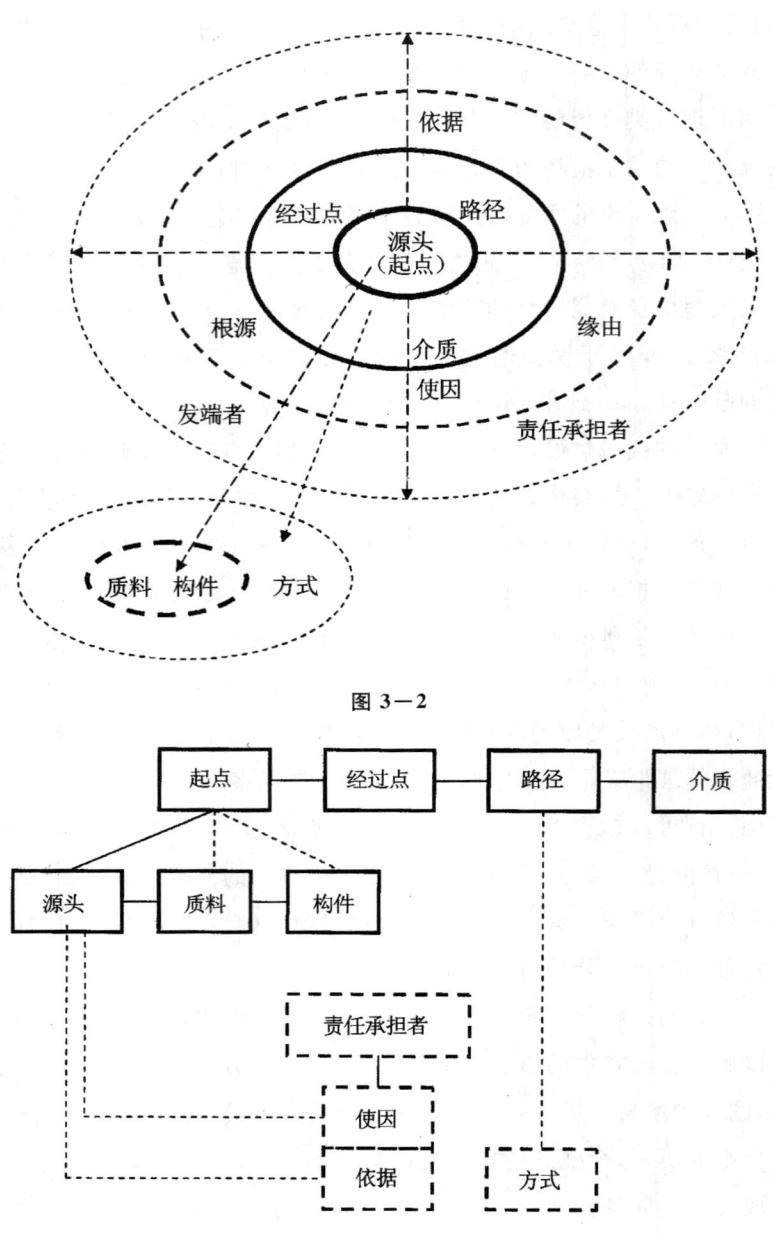

图 3—2

图 3—3

从亚里士多德到维特根斯坦后期的著作,范畴问题都被认为是没有什么问题的,它们被假定为一些抽象的容器,事物不是在范畴内就是在范畴外,当且仅当事物具有某些共同属性时,它们才被归为一类。认知语言学关心的是我们范畴化的过程,而这个问题涉及我们如何思维、如何活动以及是什么使我们成为人类。事实上,无论是具体的还是抽象的事物,没有人能提供全部的范畴。范畴化是人类经验和想象的结果:一方面来源于感知、行为活动以及文化的交互作用;一方面来源于隐喻、转喻以及心理印象等认知途径。对范畴本身的认识将会改变我们对世界的理解。

词类问题是范畴化问题的一个很好的例证。它涉及两个问题:一是词类是什么样的类,它本身的样态是什么样的;二是如何归纳或者分别词类。前者是范畴本身的问题,后者是我们的认识问题。理想的范畴应该是一个界限清楚的范畴,范畴内所有成员共同拥有某些普遍属性,他们与范畴外的成员形成鲜明的对立。

语言学不仅要研究语言的形式,还要研究语言的意义。要研究意义就必须知道意义在哪儿。认知语言学认为意义就在我们能够意识到的经验当中。内省的方法是找到意义之所在的必由之路,当然,内省应该有一些严密的限制。意义以特定的结构形式存在,意义与客观世界之间存在着映射关系。意义涉及认知域的范畴,比如空间、时间等意义范畴,每一个意义范畴都包含着一些次范畴。意义所指涉的认知域是一个层级系统,起始于一,终止于万物。

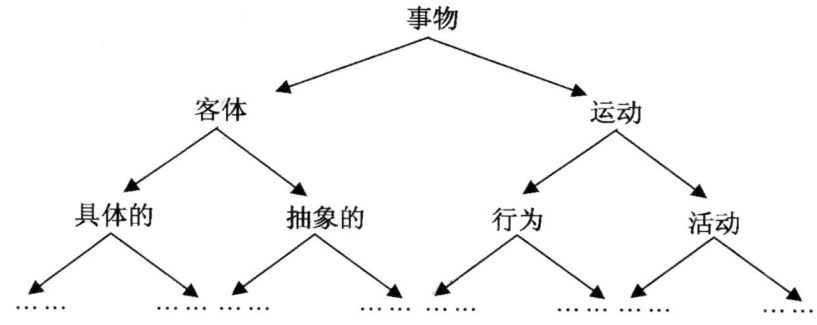

图 3—4

认知语言学关注意义中最基本的范畴，例如首先把事物分成客体(object)和运动(motion)两大范畴，客体涉及静态的事物，运动涉及动态的事物。客体又可以分为具体的(concrete object)和抽象的(abstract object)两个次范畴，运动又可以分为行为(behavior)和活动(activity)两个次范畴，依此类推。如图3—4所示。

每一个范畴都可以从不同的角度进行刻画，例如运动与场景相关，而场景又可以分为真实的场景(factive scene)和虚拟的场景(fictive scene)。运动通常可以分析为孤立的或连续的事件(event)，而事件又可以分析为事件的使因(cause)和结果(effect)。事件的使因可以用力(force)的分配来解释，例如力的动力来源(source)、方向(direction)和目标(target)。所以意义的认知研究应该涵盖以下一些内容：空间和时间(space and time)、场景和事件(scenes and events)、实体和过程(entities and processes)、运动和方位(motion and location)、动力和致使(force and causation)等。

意义的问题还涉及语义的记忆、概念的社会性、范畴的结构性、推断归纳、语境知识等方面。意义可以从形式的角度分析各级语义单位的形式属性，也可以从功能的角度研究意义的发展变化、意义的理解、意义与概念的关系、意义的心理结构、意义与形式之间的接口等。

第二节 认知语言学的基本假说

一 语法—意义与认知的关系

语法涉及形式和意义两个方面。认知语言学不认为语法是纯粹的形式问题，也不认为意义是基于真值和参照的，同时不承认有一个上帝真理、一个唯一的理解孰是孰非的正确途径。认知语言学可以为形式的分类提供分类学之外的解释，也可以为形式类的替换和变化提供动因上的解释。认知语言学不仅在宏观上建构语法的认知模型，而且在语法的微观层面上为解释许多语言问题提供了新的视点。下面所列举的是认知语言学的一些基本理论：

(一)构型结构/图式化（the configurational structure/schematization）

构型结构也就是图式化的系统，这个系统包括空间、时间或其他可以定性的语义域的图式结构或者几何描述，例如空间方位、指示系统、关联系统、时体标记、数量标记等。Talmy(2000)提到几种构型系统的图式范畴：

数态(plexity)。数是概念世界中非常重要的范畴，也是语言构型系统中一个非常重要的概念。传统语法范畴中的可数不可数、单数复数概念只是语言表层形式的问题，它只涉及客观世界中具体物象(figure)的变化，而不涉及客观世界中具体事件(event)的变化。数态对于物象来说有单数、双数和多数之分(双数和多数在某些语言中合称为复数)，数态对于事件要素(如动作行为)来说有单纯和复杂之分。例如：

他在台上跳（多次复杂运动）

他跳在台上（一次单纯运动）

这种数态的变化是图式化了的。对于汉语来说，物象的单数和多数不会在语法层面表现出来，但是事件的数态会在语法层面表现出来。上例就是根据介词结构的不同句法位置来区分意义的。

界态(boundedness)。界态是另一个与构型系统有关的概念，只分为有界(bounded)和无界(unbounded)两个下位概念。一个有界的事物在普通的认知层面是可切割的，切割之后变为不同的组成单位，例如"桌子"可以切割，但是切割之后从概念上说已经不是"桌子"了；又如"吃"也可以切割为不同的动作过程，但是切割之后就变成了"张嘴——放入食物——咀嚼——吞咽"等界限分明的系列过程；一个无界的事物是不可切割的，其内部的同质性决定了它不能切割为不同的单位，例如"水"，无论怎么切割，切割之后的各个部分性质不变；又如"倒(dǎo)"虽然可以放慢镜头，但是找不到分界点，"倒"从开始到结束，性质没有发生改变。"吃了半个小时"说的是事件过程持续了半个小时，而"倒了半个小时"说的是事件结束之后持续了半个小时。这种不对称是由行为动作的界态不同造成的。

分割态(devidedness)。分割指的是数量的内部分割。分割涉及连续(continuous)和离散(discrete)的概念。一个连续的事物找不到内部的分野,它是均质的,在这一点上连续的概念涵盖了无界的概念。"水"的界态是无界的,分割态是连续的。相反,一个离散的事物可以找到内部分野,它不是均质的,例如"唱",它是有过程的,也是有间歇和停顿的。并不是说所有连续的事物都是无界的,例如"木材"是一个连续的概念,但它是有界的。分割态的不同会影响到语言理解的图式。例如:

这双鞋穿了十分钟(有歧义,"穿"可能是连续的,也可能是离散的)

这双鞋穿了十年(没有歧义,"穿"肯定是离散的)

Talmy认为分割态是一个梯度概念,连续和离散是可以分为不同等级的,这里不详细说了。

数量的配置(the disposition of a quantity)。以上所说的数态、界态和分割态在认知层面上是有交叉的。比如数态范畴中离散/连续范畴与有界/无界范畴的交叉(如图3—5所示):

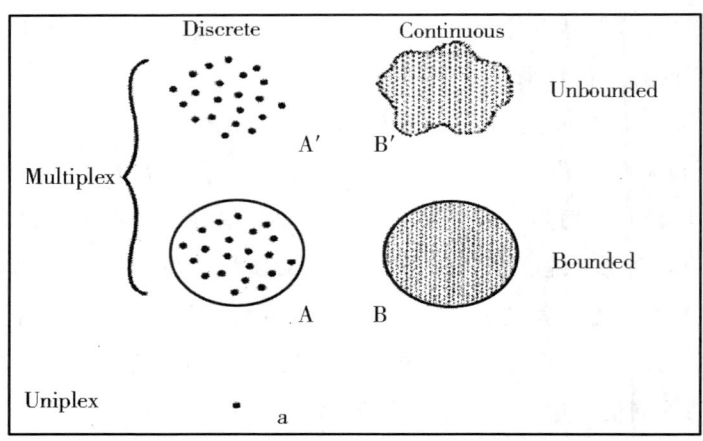

图3—5

延伸的分级(degree of extension)。在图3—6中,有关离散范畴的纵向图式分派,我们可以看到有不同的延伸形式:点、有界延伸和无界延伸。

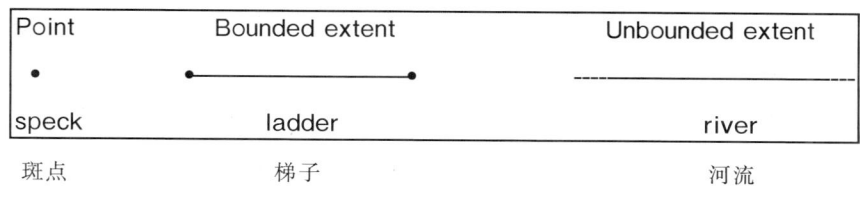

图 3－6

分布型式(pattern of distribution)。时间中的行动、空间中的事物的分布型式既可以用语法手段来指别,也可以用词汇手段来指别。事物和行动都有不同的分布态,例如时间中的行动图式有以下几种,如图 3－7：

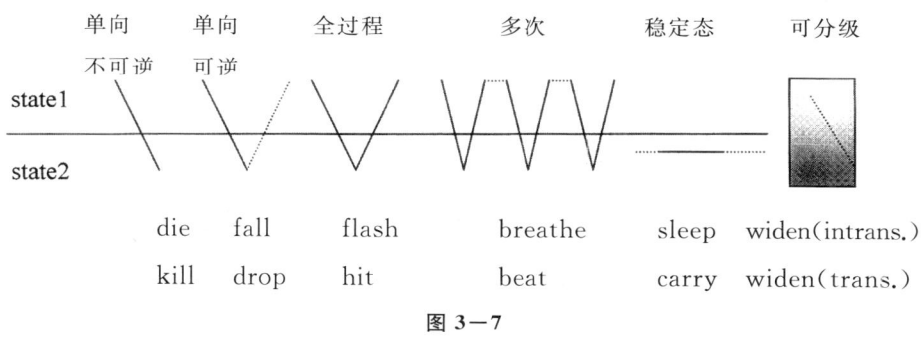

图 3－7

轴对称(axiality)。成对儿的形容词(如 well/sick)在和程度副词(如 slightly/almost)共现的时候,语法形式上常常有差异,表现出不对称的现象。例如：

$$\begin{cases} \text{He's slightly sick/past the border.} \\ \text{He's slightly } * \text{ well/} * \text{ at the border.} \end{cases}$$

$$\begin{cases} \text{He's almost well/at the border.} \\ \text{He's almost ? sick/? past the border.} \end{cases}$$

场景分配(scene partitioning)。主和客、参与者的数量、参与者之间的关系、内部投射、外部投射等都与场景分配有关系。以动词为例："会见"包含主和客两个成员,"商量"也必须包含主和客两个成员,同时还要有一个相关的话题;"生气"这个动词我们不知道有多少参与者,但是"聚会"这个动词涉及的参与者一定大于二;"会见"双方的关系是平等的,而"接见"和"晋见"参与者之间的关系是不平等的;"会谈"涉及的两个参与者是互动的,但是"参观"涉及的两个参与者却是单向的。场景的分配与我们对事物和行为的认识有密切的关系。我们在描述一个事件的时候总会关注到事件的参与者,这是很好理解的。

构型结构还包括视点(位置、距离、状态、方向、视角)问题。例如:

小张在树林里发现一条蛇。(小张和蛇都在树林里)

小张在书包里发现一条蛇。(蛇在书包里,小张不在书包里)

小张在飞机里发现一个小岛。(小张在飞机里,小岛不在飞机里)

(二)注意力分布(distribution of attentions)

注意力的分布也是图式系统的问题。有三个因素影响到注意力的分布:第一个是注意力的强度。注意力的强度可以分级,注意力强度最高的成分为凸显部分。注意力的强度安排跟背景/前景有关。第二个是注意力的型式。例如注意力的焦点、注意力的视窗、注意力的层次等。第三个因素是注意力的匹配,即注意力型式的某一部分跟参照场景中某一区域的匹配。例如同一个事件或事实,在表达上可以有不同的说法,这些不同的说法反映的是注意力分布的差异:

臣屡战屡败。(注意力的焦点在"败"上)

臣屡败屡战。(注意力的焦点在"战"上)

老张工作很努力,但成绩不是很好。(焦点在"成绩不是很好"上)

老张成绩不是很好,但工作很努力。(焦点在"工作很努力"上)

(三)认知的物力论偏向(a cognitive bias toward dynamism)

物力论是以力及其相互关系来解释宇宙的,在人类的认知活动中,用力以及力与力的相互关系来构建语言世界和外部世界的倾向是很明显的。虚拟的运动可以解释为源域(the source domain)到目标域(the target domain)的映射,目标域是静止的;反之,假定源域是静止的,运动为目标域到源域的映射,那么这种映射可以理解为认知的静力论(staticism)倾向。源域是真实的,映

射的目标域是虚拟的。例如:

　　爱情是一个旅程。

　　婚姻是枷锁。

　　社会是一个大熔炉。

X 是 Y,这是一个由源域映射到目标域的映射模式,其中 X 为源域,Y 为目标域。运动的方向是 X→Y。由于有了这种虚拟的认知方式,有了诸如由 X 映射到 Y 这样的物力论倾向,我们才可以用有限的概念范畴涵盖更多的概念范畴。

(四)知识结构(the structure of knowledge)

我们的知识是以什么样的结构方式存在的?语言如何利用知识和受制于知识?我们的知识是如何得来的?这些都是认知语言学要回答的问题。比如说我们关于空间的知识,来源于我们生活的环境,空间的概念、参照系、空间关系的表达都依赖于我们的知识。例如:

　　我们在火车上认识的。(真实空间,参与者在场)

　　我们在家长会上认识的。(隐喻空间,参与者在场)

　　我们在网上认识的。(虚拟空间,参与者部分在场)

　　我们在书上认识的。(隐喻空间,参与者不同时在场)

尽管属于不同类型的空间概念,但是我们依然可以毫无障碍地表达和理解,这说明我们的知识在起作用。那么,知识究竟是以什么样的结构方式存在的呢?认知语言学认为知识可以分为科学理论(scientific theories)和大众理论(folk theories)两类,它们都是按照一定的层级有组织地存在的。和语言关系密切的往往是大众理论。例如根据科学理论我们都知道是地球围绕太阳旋转,但是语言表达中仍然有这样的句子:"太阳东升西落。"我们居住的地球成了静止的参照物。知识来源于我们的生活经验。例如:

　　连女孩子都不哭

　　连男孩子都不哭

根据我们的知识,接受和理解"连女孩子都不哭"不存在障碍;但是"连男孩子都不哭"却和我们的知识相距甚远。

(五) 概念结构(the concept structure)

认知语言学把概念结构作为研究课题,因为概念与语义有密切联系。概念是按照一定的逻辑结构存在的,概念是人类认识世界的结果,又是人类进行理性思维和推理的基础。语言当然离不开概念,了解概念当然也不能离开语言。但是概念系统是如何构造的,我们不是很清楚。概念属于知性的范畴,知性和语言、世界是互相依存的三个领域,它们各有各的属性特征。世界独立于人的认识主体之外,但是知性和语言都是认知主体的不可分割的一部分。认知语言学主要研究概念属性的外在表现,从语言的视角研究概念的形式特性,从功能的角度研究句法结构从而了解概念的结构。

(六) 实与虚(the factive and fictive aspects)

"眼见为实,心想为虚"。认知语言学认为虚拟的认知现象比真实的认知现象更为普遍。实与虚是现实世界的概念,在语言世界里,我们无法对外部世界做真假判断,但是我们可以判断什么样的表达是虚拟的,什么样的表达是真实的。例如:

　　虚拟的:时间是一条河。
　　真实的:时间不是一条河。

实与虚的问题涉及外部世界:同一个客体的两个不同的表述,我们会把更加接近真实的那个表述确定为"真实的"[①];把不那么接近真实的表述确定为"虚拟的"。认知语言学的真实只是说在认知评价里实在性更多一些,而不涉及现实的、客观的真实。

二　认知语言学的研究取向:
语言—世界—知性(Language-World-Ception)

认知语言学的研究取向是三元论的。前面说过,认知语言学的基本问题

---

① 这里的"真实"用的是 veridical,而不是 true。

是人类语言与心智的关系问题,而在认知语言学的理论框架中,语言、世界和知性的关系是不能回避的。语言从自然属性上说是一套符号系统,从社会属性上说是人们用来交际的工具,从心理属性上说是人们的思维工具。所以语言不单纯,它既是一种自然现象又是一种社会现象,语言的存在与知性的主体密不可分。世界是一种客观存在,但是世界的存在方式会影响到人的知性,也会影响到人的语言结构。人是客观世界的产物,人的经验和知识来自于人类对客观世界的感知和认识。所谓知性(ception)涵盖了心智概念的两个方面:一是感知(perception),一是概念(conception),这同时也等于说涵盖了所有的认知现象。感知和概念也是不可分割的,概念的存在和概念的结构都是建立在人们对世界感知的基础上的。认知语言学除了关心语言本身的问题以外,还关心跟语言密切相关的外部世界和内部世界(知性)的问题。

三 认知语言学的理论模型

(一)原型理论

原型(prototype)是一个范畴的典型成员,范畴的其他元素由于与典型成员的可以被感知到的相似性而被吸收到这个范畴中成为该范畴的成员;由于每个成员与典型成员之间的相似程度不同,因此成员是可以分为不同等级的。原型理论在处理分类的问题时解释能力很强。作为原型的典型成员是范畴类的最好的样本,而其他样本在样本资格上是可以排出次序来的。在信息加工心理学的影响下,有人在实验中把原型效应与心理表征联系在一起,认为原型等于心理表征阐释:范畴在心智层面上表现为原型(即最好样本)。其他元素的成员等级取决于它们与原型的相似度。这里至少可以有两种解释:一种解释即原型是一种抽象、一种图式、一个特征集束;另一个解释即原型是一个好样本、一个典型例子。

(二)标记论

标记论(markedness)是认知语言学的另一个理论基础。在语言中,一些形态范畴是有标记的,如英语里的复数用语素-s 来标记;而另外一些形态范畴是没有标记的,如英语里的单数。这样,在"数"这个范畴上英语就表现出一种不对称。标记论研究的就是语言范畴中特定的不对称形式。语言形态范畴上的不对称有好多表现形式,因此标记论可以解释很多语言现象。

(三)范畴化理论

前面说过范畴化的理论有两种:一种是基于原型的范畴化理论,一种是基于图式的范畴化理论。范畴化的理论是认知语言学的重要基础。范畴化(categorization)是一个动态的概念,它是人类认知活动的一种过程,它指的是"人类在歧异的现实中看到相似性,并据以将可分辨的不同事物处理为相同的,由此对世界万物进行分类,进而形成概念的过程和能力"[①]。语言的范畴化有两重含义:一是语言使用者对客观世界进行分类,一是语言学家对语言本身进行分类。人们对客观世界的认识是以范畴为基础的,范畴反映了人类心智活动的各个层面,所以范畴化的过程本身就是人们认识外部世界的过程。原型理论和家族相似性理论都是用来解释范畴化问题的。在范畴化问题上原型理论和家族相似性理论实际上代表了两种认知模式。范畴化的问题几乎涉及认知语言学的所有理论,包括我们下面还要谈到的意象图式理论和隐喻理论。

(四)意象图式理论

意象图式(image schema)理论是认知语言学的另外一个重要的理论基础。这个理论包含两个重要内容:一是意象,一是图式。意象在认知语言学中有不同的互不相干的意义,指称互不相干的现象。Langacker(1987)的意象概念是为描写语义结构以及与语义相关的句法结构而提出的,他区分了不同的层次,意象经常用做隐喻(或象征语言)的代名词,Langacker 不取这种用法;作为感性意义出现的意象还用来指那些可以限定的感觉印象、视觉印象和听

[①] 参见张敏《认知语言学与汉语名词短语》,中国社会科学出版社,1998 年。

觉印象等,他也不取这种用法;langacker 在使用意象(image,imagery)这个概念时是把它跟我们的认知能力联系在一起的。例如我们可以用不同的意象构建相同的客观场景:

(a) The clock is on the table.

(b) The clock is lying on the table.

(c) The clock is resting on the table.

(d) The table is supporting the clock.

为了解决意象和场景的认知问题,Langacker 采用了一些另外的概念,比如:注意(attention)、焦点调整(focal adjustment)、视角(perspective)、视点(viewpoint)、基底—侧面(base-profile)、图形—背景(figure-ground)、辖域(scope)、射体—地标(trajector-landmark)、凸显(salience)、抽象(abstraction)等。语言的表达和理解就是靠这些概念来分析的。这些概念基本上包含了外部世界的各种关系:空间、动觉和方式,这就是意象。我们的认知主体大脑通过意象联想建立起一个关于外部世界的投射世界(projection world),形成系统的概念,并在概念之间建立起逻辑联系。这是我们的认知能力,这个能力来源于我们的经验,因此认知语言学被称为经验主义的语言学。

图式是与意象相关的一个概念,所以在认知语言学的著作里常常使用意象图式这个术语。简单地说,图式就是结构化了的意象。在认知系统中,除了通过意象建立起来的基本范畴外,我们对范畴之间的关系的认识形成稳固的模式,这些稳固的模式可以用具体的意象范畴来隐喻抽象的意象范畴,这个过程就是图式化的过程。这是人类认知系统中联系抽象关系与具体意象的组织结构,其形成过程有赖于人类的经验和知识的积累。也就是说,我们对世界各种复杂关系的认识都肇始于我们自身的生活经验,例如我们对空间的认识肇始于我们的身体与空间世界的互动关系。语言表达一定会反映这种认知倾向。Heine(1997)等对大洋洲土著语言及非洲语言的类型学研究表明:"前"、"后"、"上"、"下"、"里"等基本方位概念的认识起源于"身体部位"。表3—1的统计数字很有意思:

表 3—1

方位概念	身体部位	非洲诸语言	大洋洲诸语言
上	头	87%	61%
	面	4.3%	14.6%
	肩	4.3%	10%
	发		7.3%
	额头		7.3%
	背	4.3%	
下	臀部/肛门	84.6%	
	足/腿	15.6%	55.6%
前	面	52.8%	72.1%
	眼睛	15.7%	
	胸	6.7%	11.8%
	额头	8.9%	2.9%
	口	6.7%	
	头	6.7%	
	肚子		7.3%
后	背	77.7%	95%
里	肚子	92.1%	17.7%

反观汉语,身体部位与我们基本的方位概念也是有关系的:

头:头里、头前、头几排(空间的"前")

首:首位(空间的"前")、首先(时间的"前")

背:背后、背面、背阴(空间的"后")

目:目前/眼前(空间和时间的"前")

汉语里的"左"和"右"原本就是左手(𠂇)和右手(𠂇)。认知域的转移是有规律的,比如从身体部位到空间概念的转移有四个阶段:人类身体畛域、生命体畛域、物体相关畛域、物体无关畛域。这四个阶段越来越抽象,但是都离不开认知经验的某种固定模式——图式。Lakoff 和 Johnson(1980)认为在身体经验的基础上建立起来的孕于身体的认知图式是先于概念而存在的。例如路径图式、容器图式、部分—整体图式、中心—边缘图式、系联图式等都源于我们的身体经验,独立于我们的空间概念。

(五)隐喻和转喻

隐喻(metaphor)是一种重要的认知模式,可以这么说,没有隐喻,我们就无法表达某些概念。语言中的不同概念范畴之间通过隐喻机制建立起联系。Lakoff 在讨论原型理论的时候提到,"人类的范畴化基本上是人类经验和想象的事情,一方面是感知、动觉活动和文化,另一方面就是隐喻、转喻和心理意象";他又说,人类的推理也同样依赖这些要素。[1] 隐喻过程是在不同的认知域中建立联系,而源域(source domain)和目标域(target domain)之间的连接是基于一种相似性。例如:

空间域 ——————→ 时间域
(源域)　　　　　(目标域)

Lakoff 和 Johnson 把隐喻分为三类:结构隐喻、方位隐喻和实体隐喻。[2] "时间就是金钱"是结构隐喻,它是以一种概念结构来构造另一种概念结构,"时间"和"金钱"在概念结构上具有相似性,我们可以说"花时间"、"花钱",也可以说"浪费时间"、"浪费金钱";"情绪高"、"情绪低"是方位隐喻,在这里我们利用属于空间概念的"高"、"低"来隐喻情绪这样抽象的概念;"孩子们在书本中汲取知识"是实体隐喻,在这里我们把抽象的概念"知识"隐喻为实体,并把一种实体"孩子们"隐喻为另一种实体——容器,因为只有容器才会"汲取"。隐喻总是用经验中离我们较近的事物作为源域,用它们来表达经验中离我们较远的事物。我们的身体部位是离我们最近的事物,因此最容易成为隐喻的本体,例如:

---

[1] Lakoff, George, *Women, Fire and Dangerous Things: What Categories Reveal about the Mind*, The University of Chicago Press, 1987.
[2] Lakoff, George & Mark Johnson, *Metaphors We Live By*, The University of Chicago Press, 1980.

本体	喻体
手	生手
脚	山脚
腰	山腰
头	笔头
腿	桌子腿
眼	泉眼
耳	耳房
口	路口

转喻（metonymy）则不是在两个概念领域中建立联系，而是利用事物的多重属性凸显其中最容易记忆和理解的一个，例如我们用"大鼻子"来指代俄国人，因为大鼻子是外显的容易记忆的属性。转喻也是重要的认知基础，它也同样是以我们自身的经验为基础的。隐喻是一个认知域在另一个认知域中的整体投射，而转喻是用一个认知域中凸显的属性来代替另一个认知域的事物。

（六）家族相似性理论

家族相似性（family resemblance）理论说的是在某一个范畴中成员与成员之间有关系，它们靠某种相似的属性成为这个范畴中的成员，但是可能该范畴中的所有成员不一定拥有任何共同的属性，尽管这些共同的属性是用来定义这个范畴的。就像家族成员一样，成员和成员之间可能有某些相似性，而全体家族成员却可能找不到一个共同的属性特征。这一理论可以用来解释分类的问题，如利用相似性理论来解释词类范畴的问题就是这一理论的具体运用。[①] 范畴问题是认知语言学的一个核心问题，因此家族相似性理论与原型理论、意象图式理论、典型性等级理论等构成了认知语言学范畴化理论的基础。

（七）像似性动因假说

像似性（iconicity）有人翻译为临摹性，说的是语言成分之间的距离反映

---

① 参见袁毓林《词类范畴的家庭相似性》，《中国社会科学》1995年第1期。

了所表达的概念成分之间的距离。换句话说,语言的表层形式在编码时距离越近,它所反映的概念(语义)成分也就越近。这就是语言形式对意义的临摹。这一假说可以用来解释语序排列的前后顺序问题,而且这一假说也得到了语言类型学的有力支持。张敏对汉语名词短语的研究是一个很好的例子。[①]"我爸爸"这个短语中,"我"与"爸爸"在现实世界中的语义关系近,所以可以不加"的",而"我的狗"这个短语中的"我"和"狗"在现实中的语义关系比较远,所以在编码时应该加上"的"。像似性动因假说完全是建立在经验主义的基础上的。像似性的问题是认知语言学的另一个主要理论基础,尽管这个问题并不是认知语言学家提出来的。像似性与任意性是针锋相对的,它指的是名与实之间的可论证性,即理据性。

(八)可触知性及其他

世界上的事物纷纭复杂,但是并不是一团乱麻,而是有章可循的,可以用有限的范畴来概括的。笼统地说,事物可以分为具体和抽象两类,但是如果要细分下去,其间的差别又是无法说完的。可触知性(palpability)[②]是我们衡量事物外在属性的一个刻度。可触知性有四个层次:完全具体的层次、半具体的层次、半抽象的层次、完全抽象的层次。

可触知性是一个梯度参数,与可触知性相关的参数有:(1)可触知性参数(the parameter of palpability),(2)透明度参数(the parameter of clarity),(3)强度参数(the parameter of intensity),(4)实体的显性程度(the ostension of an entity),(5)客观性参数(the parameter of objectivity),(6)定位化的梯度参数(the gradient parameter of localization),(7)可指认性的梯度参数(the gradient parameter of identificability),(8)内容/结构参数(the content/structure parameter),(9)几何形式(the type-of-geometry),(10)意识可及性的梯度参数(the gradient parameter of accessibility to consciousness),(11)确定

---

① 参见张敏《认知语言学与汉语名词短语》,中国社会科学出版社,1998年。
② Talmy, Leonard, *Toward a Cognitive Semantics*, Vol.I, The MIT Press, 2000.

性参数(the parameter of certainty)、(12)可激活性参数(the parameter of actionability)、(13)刺激依赖性的梯度参数(the gradient parameter of stimulus dependence)等。这些参数在我们的认知加工过程中都是可以计算的。它们牵连语义认知的许多方面,也牵涉到我们的大脑以及大脑的认知机制。

大脑是一个黑箱,我们无法直接观察大脑是怎么工作的。我们只能通过信号输入和信号输出来推测人们语言解码和编码的过程。现代的医学扫描和计算机模拟手段为我们进一步了解大脑提供了新的途径,虽然有一些激动人心的发现,但是离真正了解我们的大脑、了解我们的心智、了解我们的认知过程还有很远的路要走。

人类的认知能力包括很多内容,如:数学能力、逻辑推理能力、音乐和绘画能力、社会关系协调能力等,语言能力是其中最重要的能力之一。但是,把语言能力与其他认知能力对等看待还是认为语言能力与其他认知能力不同,语言学家在看法上却存在着分歧。一些语言学家认为,语言能力与其他认知能力没有什么不同,语言能力也不是天生就有的,它与人类的其他认知能力是同步发展的,我们可以通过概念化的过程来证明这一点,如认知语言学家就认为我们的概念来源于我们的身体经验,来源于我们的大脑与外部世界的互动。而另外一些语言学家则认为语言能力与人类其他的认知能力是不同的:第一,语言能力是人人都有的,每个人都至少可以学会一种语言,能够听懂别人的话,能够用语言表达自己的思想,而数学、艺术、社会协调能力却不是人人都有的;第二,儿童在4至6岁的时候已经能够熟练地掌握至少一种语言,他们的父母根本不知道他们是怎么学会的;第三,种种迹象表明,儿童习得语言的过程有许多我们不知道的秘密,一个4岁的孩子所具有的句法知识和语义知识是令人吃惊的,而一个成年人尽其一生的时间去学一门外语也不一定有4岁孩子学得那么好;第四,语言是一个开放的系统,语言能力涉及我们的生活经验以及我们前辈的生活经验,而数学能力、逻辑推理能力、绘画或者音乐能力跟我们的天赋关系更密切,它们所涉及的面比语言狭窄得多。孰是孰非我们在这里不作评论,但这种争论至少给我们提出一个问题:语言作为一种认知现象与其他的认知现象到底有什么不同?有疑问人们才会进一步地去探索,科学才能向前推进。

我们的认知能力与我们的大脑机能有着十分密切的关系。当我们说一个人不够聪明的时候,可以说他"没有脑子"或者"脑子进水了";当我们挖苦一个人笨的时候,我们骂他是"猪脑子"。我们这样说是基于这样一种认识:一个人是不是够聪明、是不是很有能力与他的大脑发达程度有关系,猪之所以没有人的认知能力是因为猪的大脑与人不同。因此,要想了解语言的奥秘必须了解人类的大脑。

第三节　人类大脑的模块与机能

大脑是一个非常复杂的身体器官,它是神经系统的控制中心。大脑位于头骨下面,由上百亿个神经细胞(神经元)组成,这些神经细胞由数十亿个纤维束连接起来。大脑的表面称为"皮质"(cortex),也被称为"灰色物质",由数十亿个神经元组成,看起来就像是一颗去了壳的核桃,上面布满了沟回(如图3—8)。在大脑皮质的下面是白色物质,由连接神经元的纤维束组成。大脑皮质是我们身体行为的支配者,它负责接收由感知器官传递过来的信息。它也是我们的记忆存储器,是我们的心智赖以存在的基础。我们的语法知识和语言能力与大脑皮质关系密切。

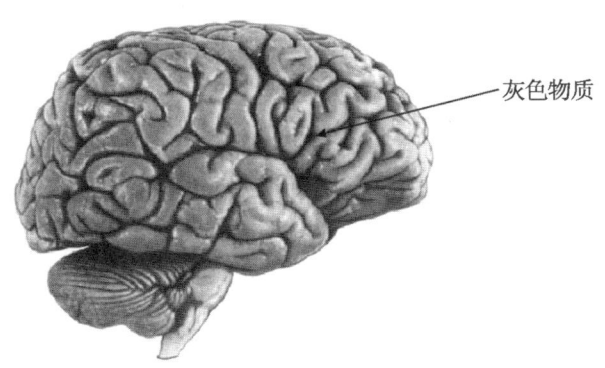

图 3—8

大脑分为左右两个半球，左右两个半球由大约20亿个神经纤维连接起来，构成一个网络结构。一般的说法是，左半球专司抽象思维，右半球专司形象思维。还有一种观念认为大脑的两个半球跟我们的左右手也有关系：右利手的人左脑比较发达，左利手的人（左撇子）右脑比较发达。19世纪中叶，科学家们推断大脑的某一部位与特定的能力相联系。这种想法推进了大脑分区和定位理论的研究。一些科学家相信，大脑的不同区域分别负担着不同的认知功能。1864年，保罗·布罗卡（Paul Broca）证明了大脑左侧与语言的关系。他通过对八个大脑受损伤的患者进行医学观察，发现大脑左半球前叶部分损伤会导致失语症，这个部分被称为布罗卡区（Broca's area）。现在，布罗卡区域受损的患者被称为布罗卡失语症患者。失语症是神经学术语，由于大脑损伤而导致的言语障碍称为失语症，不同大脑区域损伤可以导致不同类型的失语现象。1874年，卡尔·维尔尼克（Carl Vernicke）报告了另外一类失语症，这类失语症是大脑左半球后丘脑损伤造成的。大脑的这一个区域后来被称为维尔尼克区（Vernicke's area）。

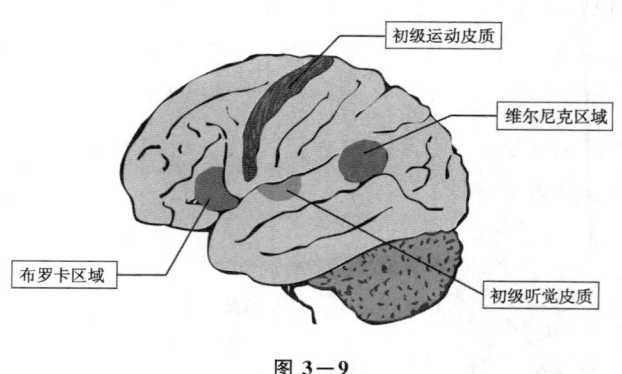

图 3—9

布罗卡失语症患者的表现是言语功能障碍，他要费力地选择词语，词与词之间停顿时间很长，在词序和功能词上也会发生困难，而语言理解方面除了对复杂句式和歧义句的理解有困难外未见异常。维尔尼克失语症与布罗卡失语症表现不同，患者的话语可以很流利，语调和发音都很好，但是有很多句法错误，经常说出一些谁也听不懂的话或者没有意义的话，在语言理解方面也有问题。

大脑可以分成不同的模块区域，每个区域有不同的结构和功能。表3-2可以大致说明这些模块在功能上的分工：

表 3-2

区域	脑叶	功能
听觉相关区域	颞叶	区分声音的意义；处理听觉信息
听觉皮质	颞叶	辨别音质
运动相关皮质	前叶	肢体和双唇运动协调
前额叶皮质	前叶	高度思维和情绪控制
初级运动皮质	头顶	所有自主动作的初始
初级躯体感知皮质	头顶	接收身体的触觉信息；对触觉信息自主反应的控制
感知相关皮质	头顶/脑岛	处理多重身体知觉（触觉、嗅觉、味觉）
言语中枢（布罗卡区）	前叶	言语生成和发音；控制嘴的运动
视觉相关区域	枕骨	识别眼睛和视觉皮质接收的信息
视觉皮质	枕骨	接收眼睛的视觉信息
维尔尼克区	颞叶	语言理解；处理听觉相关区域和听觉皮质接收的听觉信号

对大脑分区的研究建立起大脑模块理论。科学家试图用实验来证明大脑不同区域的不同功能。与语言有关的研究主要集中在言语障碍研究方面，例如对失语症的研究、对阅读功能障碍的研究、对文字功能障碍的研究、对口吃现象的研究等。在科学史上，有时偶然事件也会对科学研究带来极大的影响。1848年9月的一天，一个名叫菲尼斯·盖吉的筑路队工头出了事故，一根四英尺长的铁棍穿透了他的大脑。尽管在他的大脑中留下了一个空洞，但是他说话和理解语言的能力并未受到明显影响。但是他的性格发生了变化，他的性行为和制订计划的能力发生了改变。130年之后，神经科学家们对盖吉的大脑进行了重构：他们利用神经影像技术和计算机程序显示出盖吉的大脑，负责行为的区域和语言的区域均未受损，受伤的位置在前叶大脑皮层。对儿童

脑损伤患者的观察研究发现人类大脑左半球的语言定位倾向是一个很早就开始了的过程,然而在语言能力发展初期,右半球也有一些作用。对大脑不同半球损伤的儿童进行研究发现,两个半球呈现出不同的认知能力。那些左半球受伤的儿童在语言习得和运用方面呈现出严重缺陷,他们组词和造句的能力严重受损。

失语症和语言障碍的研究对于了解语言与大脑的关系非常有帮助,现代科学和技术手段的进步有可能为我们进一步了解语言和大脑的关系打开新的窗口。大脑的多层扫描技术[①]、计算机模拟技术都是很有前途的研究领域。

第四节 语言能力和语言习得

一 儿童语言能力的成长

语言学家和心理学家对儿童语言能力的成长问题都非常关心。儿童的语言能力是如何发展起来的?发展过程经过了哪些阶段?有哪些因素会影响儿童语言的成长?为什么有的儿童语言能力发展得比较早,有的儿童语言能力发展得比较晚?儿童语言能力的发展有没有关键期?为什么过了语言能力发

---

① 对大脑语言功能的直接观察主要有两种技术:一种技术叫做 Functional Magnetic Resonance Imaging(功能性磁共振成像技术,简称 FMRI),另一种叫做 Positron Emission Tomography(阳电子发射断层成像技术,简称 PET)。这两种成像技术的基本原理都是动态地观察人们在说话、思考、阅读和听到词汇和语言时的大脑变化状态。FMRI 是对医学领域使用的核磁共振技术(NMR)的改进,两者在原理上是一样的。人体内大部分是脂肪和水分,其中大约有 63% 的氢原子,化学家可以通过核磁共振技术观察在不同分子中的氢原子。原子核被想象为是一个可旋转的螺旋体,可以上下运动,在核磁共振状态下,含有氢原子的分子样本被击中时会发出特殊频率的镭射波,频率的改变可以说明大脑中分子被激活和排列的状态,由此我们可以动态地观察在言语活动中大脑不同区域在进行不同语言任务测试时的变化。FMRI 被用来观察大脑被激活部分的血流状况,被激活的部分因为需要更多的氧气而使血流量上升。实验发现,当被试接受不同词类的刺激时,大脑中被激活的部分不同。PET 技术是另外一种大脑成像方式。阳电子是与电子类似的次原子微粒,带有正电荷,研究者把次原子植入患者体内使之成为阳电子发射源,因为正常情况下人体不能发射阳电子,因此被植入的次原子很容易被发现。阳电子会与附近的电子发生碰撞,产生两个高能的伽马电波和一个高频的电磁波。记录仪会记录下伽马电波,并指示出电波的来源。对于大脑成像来说,最有用处的物质是葡萄糖。大脑被激活的区域葡萄糖的利用水平更高,也会有更高的阳电子信号。

展的特定期再学习一门外语就比较困难了？大脑两个半球的分工对儿童语言能力的成长有什么影响？

儿童语言能力的发展与大脑的发展是同步进行的，大脑不同区域对语言能力的发展作用不同，因此，如果在语言能力发展的关键时期大脑受损，一定会大大影响语言能力的发展。由于儿童的语言能力发展开始得很早，所以语言能力的发展有赖于大脑的正常发展；反过来，早期语言能力的爆发性发展也会有助于大脑的发展。人类语言能力的发展有一个关键期。

学说话是一件非常好玩儿的事。在正常环境下，婴儿从出生那一刻起（甚至在妈妈肚子里的时候）就开始与语言有接触，大人会不断地跟他说话，大人彼此之间说话对他来说也是一种言语刺激。现代的胎教观念使得婴儿在母腹中就有机会接触到音乐和言语刺激。这是婴儿语言能力发展的开始。婴儿一出生就会哭了，婴儿的哭叫虽然不是语言，但是可以起到社会交际的作用。有经验的妈妈听到婴儿的哭声可以知道孩子饿了、冷了、热了、不舒服了还是寂寞了。可以说，婴儿学习说话是以学习啼哭为前奏的，儿童语言能力的真正发展在8个月到24个月之间，有的孩子8个月的时候已经开始牙牙学语，有的孩子要晚一些，其间的个体差异比较大。婴儿语言能力的发展是有阶段性的：最初是啼哭阶段，婴儿用啼哭的音强、频率和音长来表达不同的意思；婴儿出生大约两个月，他开始用轻轻的"咕咕"（cooing）声来表达他的满足感，这个过程大约要持续到孩子6个月大的时候；接下来婴儿就开始进入牙牙学语阶段（babbling stage）了，这时候孩子的语音能力会爆发性地发展，他会发出一连串辅音与元音结合的音丛（clusters）。有的心理语言学家还把这个阶段分为边缘性学语（marginal babbling）阶段和典型的学语（canonical babbling）阶段。典型的学语阶段大约在8个月的时候，此时他的发音已经接近母语的音节了。在婴儿牙牙学语的初期，他的发音仿佛是在做语音游戏，他发出来的辅音或者元音既有母语的语音成分，也有其他语言的语音成分（这些语音成分在他长大以后可能再也发不出来）。8个月大的婴儿的牙牙学语在节奏、重音和韵律上已经开始向他的母语靠近。牙牙学语阶段的某一天，婴儿开始发出第一个单词，他开始意识到某一个固定的发音与某一个具体的事物相联系。可见儿童语言能力的发展始于儿童对客观世界的感知。当他开始注意到某些特定的声音与某些特定的事物有固定的联系时，儿童的语言意识就开始被唤醒了。他开始学习把声音、事物与周围的环境联系起来。当然，婴儿最先学会的音节都是最容易发音的，如 mama、dada、baba，最先学会的单词一般是"妈妈"和"爸爸"，中国儿童最早学会的单词是 mama 或者 baba（都是双唇辅音＋中元音，是最容易发出来的音），这个单词既可以指称"妈妈"，又可以指称"爸爸"。

孩子学习说话的初期常常是自言自语的，儿童心理学家皮亚杰把这种现象称为"自我中心的言语"。经过一段时间的单词句以后，儿童开始学会词与词的组合，开始学会词语的替换，开始学会比较复杂的句子。在这个过程中有两个现象值得一提：一个是孩子在学语阶段有孩子自己的语音、自己的词汇和自己的语法，大人们也会用孩子的语言形式（baby talk）与孩子对话。比如把羊称为"羊羊"，把车称为"车车"，把吃饭称为"饭饭"，把睡觉称为"觉觉"，把小便称为"哗哗"等。另一个是儿童语言能力的发展跟儿童认知能力的发展同步进行。在儿童的概念里，"牛"和"羊"可能属于同一个概念范畴，这种现象叫做"过度概括"（overgeneralization）。一个说英语的儿童在说 doggie（狗狗）的时候可能不仅指称狗这一种动物，也包括猫或者牛羊猪马等其他的动物。但是儿童用词并不是随意的和盲目的，他所用的词与这个词所指称的事物之间有一种合理的联系。儿童在 1 岁半到 2 岁半的时候，长于独词句的句子开始大量出现，句子的多样性和复杂性也在增加。当儿童的话语超越了独词句阶段以后，他便开始了对语言结构的获得。当然儿童之间个体差异还是很大的，这里讲的是一般情况。大约到了 6 岁的时候，儿童的词汇已经可以达到 14000 个（平均水平），语法结构能力也基本上成型，基本上可以熟练地运用自己的母语了。

儿童语言的语法能力是渐渐成熟的。独词句阶段，句子的功能要靠语境来帮助完成。例如当孩子说"糖——"的时候，可能是在给一个事物命名（"那是糖。"），也可能是在提出请求（"我要糖！"），还可能是在发出疑问（"那是糖吗？"）。当孩子从独词句发展为动词和名词组合的时候，他的语法能力已经有了质的变化,例如"要糖——",句子的意思就明确多了。人称代词"我"是比较晚些时候才学会的,在很长一段时间里,孩子会自称"宝宝"或者自己的乳名,这取决于家里人如何称呼他。他会说"宝宝要糖糖"或者"蓬蓬要糖糖"。语言学家会根据句子的长度来衡量儿童语法能力处于什么样的阶段,如独词句阶段、双词句阶段、三词句阶段等。双词句和三词句已经开始有语序的问题。孩子的语言能力在发展中会出现很多有趣的创造。例如下面的话语是一个两岁的女孩儿和妈妈的对话[①]:

  Child:Somebody's at the door.

  Mother:There's nobody at the door.

  Child:There is *yesbody* at the door.

"yesbody"是孩子自己创造出来的词,是一种仿造词。孩子还可以利用类推创造出新的用法,如:

  妈妈:宝宝还要听妈妈唱歌吗?

  宝宝:不听了,宝宝听饱了。

"听饱了"是根据"吃饱了"类推出来的。儿童的说话能力和语言理解能力是同步发展的,对于孩子来说,双关语和隐喻都是比较困难的。他先学会理解一些声音,学会辨认一些声音与另外一些声音的区别,然后学会理解一些词汇,理解一些句子,理解一些语篇,理解说话人的语调和说话人的态度,甚至理解言外之意。

  儿童的语言能力是先天具有的还是后天习得的?这个问题在语言学界是有争议的:形式语言学家认为儿童的语言能力是天赋的,语言系统也是一个自足的系统,正是因为在我们人类的大脑中先天地存在一个被称为 LAD(语言获得装置)的东西,所以孩子才会在很短的时间内学会自己的母语。与此相对,功能主义语言学家认为语言能力不是天赋的,也根本不存在什么语言获得装置,语言能力与其他认知能力一样是在人与外部世界的互动中学会和发展

---

  ① 此例出自 Reich 的 *Language Development*,Prince-Hall,1986。转引自 Thomas Scovel 的 *Psycholinguistics*,Oxford University Press,1998。

起来的。

二 语言习得

无论从哪个角度看,语言都是一个非常复杂的系统,但是一个6岁的儿童就已经掌握了非常多的词汇和非常复杂的语法系统,尽管他并没有关于语法的概念和知识,但是他已经完全可以造出完整的合乎语法的句子,可以使用疑问句、祈使句甚至反问句,可以正确使用代词,等等。一个成年人学习另外一门语言,所花的时间和精力可能远远超过一个6岁的儿童,而他对母语之外的另一门语言的熟练程度远不及自己的母语。这到底是为什么?儿童在习得母语的时候,没有人教给他语法规则,儿童是如何既快又好地掌握这么复杂的语言系统的?母语的习得与第二语言的习得究竟有什么不同?

(一)第一语言习得
1.第一语言习得理论概说

早期的语言习得理论主要受到心理学中行为主义的影响,他们把语言看成是一种可以直接观察的行为,儿童学习语言是通过模仿、强化、类推以及联系的过程完成的。但是有许多证据表明,儿童早期的词汇和句子并不是简单地模仿成人的话语。例如下面的言语片段就是2至3岁儿童造出来的:

  a my pencil
  two foot
  what the boy hit?
  other one pants
  Mommy get it my ladder
  cowboy did fighting me[①]

成人对儿童语言的强化并不能改变儿童语言习得的过程。成年人会纠正

---

① 引自 Victoria Fromkin 等人编著的《语言导论》(*An Inrtoduction to Language*)第七版,北京大学出版社,2004年。

儿童的语法错误,并把正确的语法强加给他,但是下面的例子可以说明儿童语言习得是不受成人左右的:

  Child: Nobody don't like me.

  Mother: No, say "Nobody likes me."

  Child: Nobody don't like me.

   (如是重复8遍)

  Mother: Now, listen carefully, say "Nobody likes me."

  Child: Oh, nobody don't likes me.[①]

儿童很早就具有了类推的能力,很多儿童语言习得的语法错误都是类推的结果,例如英语动词的不规则变化:

go	goed(went)
sleep	sleeped(slept)
speak	speaked(spoke)
keep	keeped(kept)
cut	cuted(cut)

模仿、强化和类推理论不能很好地解释儿童语言发展的过程,因为它们是建立在这样一个假设上的:儿童习得的是一些句子或者说形式,而不是语法规则。行为主义过分地强调了环境的影响,强调外部输入,忽视了儿童内在语法能力的成长。所以乔姆斯基认为:"语言学习不是儿童所做的什么事情,而是儿童碰巧被放到了一个合适的环境中,正如同儿童身体的成长和成熟一样,都是按照既定的方式进行的,只要提供给他适当的营养和环境刺激就行。"[②]语言习得过程是一个创造性的过程。儿童在语言习得过程中并没有谁给他灌输明确的语法规则,也没有谁引导或者纠正他们,然而他们却从语言中自己汲取了语法规则。儿童在不同的语言环境中和不同的社会文化环境中习得了不同

---

  ① 引自 Victoria Fromkin 等人编著的《语言导论》(*An Inrtoduction to Language*)第七版,北京大学出版社,2004年。

  ② N.Chomsky(1988), *Language and Problems of Knowledge: The Managua Lectures*. Cambridge, MA, MIT Press.

的语言,但是他们习得语言的发展阶段却是相似的,带有普遍性的。这些因素使得一些语言学家相信儿童生下来就配备好了一些语言习得装置,使得他可以很轻易地学会自己的语言。在这样的理念下,他们相信存在着一个叫做普遍语法(Universal Grammar)的东西,这个普遍语法具有先天性或者叫遗传特性,这种假设叫做先天性假说。

2.第一语言习得研究的几个方面

第一语言习得的研究分为几个部分:语音的习得、词义的习得、构词法的习得和句法的习得。具体的研究方法是通过观察、分析、对比、概括,找到儿童语言习得在不同发展阶段的普遍特征,并由此推断儿童语言习得的内在机制。

(1)语音习得。对于成年人来说,每个人都有一个自己母语的语音系统,在成年人的语音系统中,每个音都是范畴化了的。但是对于儿童来说,语音系统是慢慢地固定下来的,开始的时候他所能发的音是有限的。雅可布逊认为儿童开始学会的一些声音是全世界所有语言共有的声音,不管儿童听到的是什么声音,渐渐地,儿童开始学会他自己母语特有的一些语音。比如说,大多数语言都有[p,s]这样的声音,但是[θ]却是一个比较少见的音。又如[b,m,d,k]在很多语言中都是很常见的音,因此在儿童语音习得早期应该是可以发现的。由于发音难易程度不同的缘故,语音习得也是有序的:从发音方法上看,最先学会的是鼻音,其次是滑音、塞音、流音、擦音;从发音部位上看,首先学会的是唇音,然后是齿音、颚音、齿龈音等。语音习得的早期阶段,儿童可能不会去分清辅音和浊辅音,尽管他们可以意识到这种区别。对于在汉语普通话环境中成长的儿童来说,他可能根本没有机会区分清辅音和浊辅音,因为普通话的音位系统同部位的清辅音和浊辅音大多没有区别意义的作用,在语音习得的发展过程中不会固化为不同的音位,例如[b]和[p]、[d]和[t]、[g]和[k]。

(2)词义习得。儿童词汇习得也是一个很有趣的问题。儿童语言能力发展到一定阶段,他开始学会把一些语音形式和具体的实物对应起来,而这个过程起始于给事物命名。有一天孩子忽然发现每一个事物都有一个名称,而当自己说出这些名称的时候,身边的大人会有不同的反应。当孩子第一次学会说 mama 的时候,父母的兴奋是可想而知的,这种兴奋会鼓励孩子不停地重复这两个音节。开始的时候他把爸爸、妈妈甚至爷爷、奶奶都称为 mama,这时候大人们会纠正他。孩子就是在这样的环境里学会了区分不同的事物,然后他就开始学习给不同的事物命名。他可能把狗称为"汪汪",把猫称为"喵喵"。接着,儿童会超越对客观实物的认知,学会把"汪汪"和"喵喵"与图画书里的狗和猫对应起来,他的认知能力得到进一步发展。当然,儿童最早学会的词语都是与他的生活经验密切相关的。一旦他发现了某些声音与某些具体事物有神奇的联系,他会不断地拓展新的领域。我们还注意到,在儿童习得词义的过程中,免不了出现缩小词义或者扩大词义的现象,有一阶段他会把四条腿的毛茸茸的动物都叫做"汪汪",或者当他学会识别"袜袜"的时候,他会把手套也称为"袜袜"。有时他会把"宝宝"当做是自己专有的名字,不知道"宝宝"可以指称所有的孩子。当他学会"跳"这个动词时,所能联系的意义仅限于孩子在床上跟妈妈所做的游戏,他不会知道"跳舞"的"跳"、"跳墙"的"跳"、"跳井"的"跳"、"跳水"的"跳"、"跳槽"的"跳",因为在他生活的世界里,这些词义要到他长大以后才会遇到。

(3)构词法习得。儿童对构词法的习得已经进入到对规则的发现了。儿童在构词法习得的过程中会发生过度泛化的错误,如英语的不规则动词和不规则名词:

    bringed,goed,drawed,runned
    foots,sheeps,childs,mouses

这一类泛化的错误告诉我们:儿童在语言习得的过程中自己会发现规则,如果儿童习得语言的过程只是模仿的话,那么他就不会出现此类错误。对于母语是汉语的儿童来说,由于汉语没有印欧语那样发达的形态变化,所以构词法与句法往往没有明显的分野。比如,我们听到 3 岁儿童说出一些自创的复合词:

    火车人(火车司机) 汽车人(汽车司机) 飞机人(飞行员)

(4)句法习得。有一些学者对汉语儿童进行了句法习得过程的观察和研究,如李宇明、周国光、孔令达等。李宇明研究了儿童问句的发展过程,周国光观察了儿童联合结构、双宾语结构的习得过程,孔令达观察了述宾结构、述补结构的习得过程,都取得了令人瞩目的成果。例如孔令达等人根据各种语义角色始现的时间排出一个儿童语言中体词性宾语语义成分发展的序列①:

受事＞ 处所＞ 结果、与事＞ 系事、对象、工具、材料、内容、施事＞ 角色＞ 方式

构词法和句法的习得已经不仅仅是语言习得的初级阶段,在这里,我们可以观察到许多有趣的现象,语言学的许多理论假设可以通过儿童语言习得的研究得到证实或者证伪。

第一语言习得的过程是一个尚未完全揭开面纱的秘密,但是有两点结论可以确认:第一个结论是儿童的第一语言习得是他们自己完成的;第二个结论是儿童的第一语言习得是有规律可循的。同时有两个问题:第一个问题是儿童是怎么学会说话的？第二个问题是为什么第一语言习得过程中有些方面发展得很快,有些方面发展得比较慢,这种不均衡的发展意味着什么？有问题才会产生解决这些问题的动力。在这方面已经有人做过一些研究,但是语言习得的研究毕竟历史还比较短,有些问题迄今为止没有公认的答案。

(二)第二语言习得

1.第二语言习得的研究范围

学习掌握母语之外的任何一种语言的过程就是第二语言习得过程。Ellis 在《第二语言习得研究》②中介绍了第二语言习得的研究目标、研究方法,列举了第二语言习得研究中所存在的一些问题,其中包括学习者的错误、学习者第二语言能力发展的模式、学习者的外部环境、学习者的内部因素、学习者的个体差异对第二语言习得过程的影响等。可见,第二语言习得研究的范围是比较广泛的,概括地说有三大部分:一是习得过程的研究,二是学习者中介语系统的研究,三是习得与认知的研究。这些研究所涉及的问题包括学习者的偏误分析、学习者目的语语言能力的发展(语音系统的发展、语法系统的发展、词

---

① 参见孔令达、丁凌云《儿童语言中体词性宾语语义成分的发展和相关问题的讨论》,《语言文字应用》2002 年第 4 期。

② Ellis,Rod(1994),*The Study of Second Language Acquisition*,Oxford University Press.

汇系统的发展、文字系统的发展、语言应用能力的发展、分技能语言能力的发展等)、影响第二语言习得效果的外部因素、语言项目的习得顺序、学习者学习策略研究、学习者的学习动机对第二语言习得效果的影响、学习者的焦虑对第二语言习得效果的影响、文化差异对第二语言习得效果的影响、母语的迁移作用对第二语言习得的影响等。

2.第二语言习得与第一语言习得的关系

第二语言教学主要研究四个方面的问题：教什么(语言本体)、怎么教(教学法)、怎么学(习得过程)、用什么教(工具和手段)。其中怎么学所涉及的问题就是第二语言习得的过程。

第二语言习得与第一语言习得不同。第二语言学习者已经有了关于世界的知识和自己母语的知识，可以运用自己的母语进行交际，学习者的认知能力也已经相当成熟。按理说第二语言习得应该比第一语言习得容易得多，然而事实正好相反，第二语言习得对于学习者来说面临着许多挑战，由于母语的负迁移作用，第二语言习得的学习者会有很多偏误，学习者第二语言习得的成绩远远不如他的第一语言习得。无论是天才还是普通人，只要是正常人都可以成功地完成第一语言习得的过程，但是第二语言习得情况则很不同：有的人表现出很高的语言天赋，有的人则毫无希望。有人可以在几年时间内学会几门外语，而有人学习外语十几年，结果是无功而终。学习者的年龄、性别、天赋、学习动机、第一语言的情况、语言环境、学习其他语言的经验、学习环境、教材和教师等因素都会影响到第二语言习得的结果。从这个意义上说，第二语言习得与第一语言习得是不同的。

但是也不能说第二语言习得与第一语言习得一点相似性都没有。无论是第一语言习得还是第二语言习得都不是一蹴而就的，都要经过不同的阶段，第二语言学习者在习得目的语语法的时候也跟儿童习得母语一样，会经过一个类推的阶段和语法规则过度泛化的阶段。

语言习得是一种在大脑支配下的认知行为。第一语言习得往往是非自觉的认知行为，而第二语言习得大多数情况下是一种自觉的认知行为。为了区分这两种不同的语言认知行为，有人主张第一语言习得称"习得"，第二语言习得称"学习",以此来彰显非自觉认知行为与自觉认知行为的不同。我们认为没有必要特意对"习得"和"学习"这两个概念加以区分,因为习得也好,学习也好,都是大脑认知机能的具体体现,都可以反映出语言和大脑之间的关系。

3. 偏误分析:第二语言习得研究举例之一

第二语言学习者也会有偏误,但是其偏误类型与第一语言习得不同。第二语言学习者在使用目的语的时候所说出来的一段话语、写出来的一段篇章称为中介语(interlanguage),这是第二语言习得过程中接近于目的语的语言现象。第二语言学习者根据自己的经验所得到的关于目的语的语法规则称为中介语语法(interlanguage grammar)。我们以欧美学习者的汉语中介语现象为例,来看一下介词习得的一些偏误现象,从中可以窥见中介语语法的一些特征。我们发现,欧美学习者汉语介词习得方面的偏误主要有这样一些类型[①]:

(1)介词冗余。对于欧美学习者来说,过度使用介词是一个突出的问题,很多不需要介词的地方都给加上了介词,尤其是"在"被过度使用的例子比比皆是。例如:

  在北京城里情况很热闹。(英)

  在冬天的时候气温十七度差不多。(英)

  在炉子里的木头很香。(德)

  在北京有很多名胜古迹:故宫,香山,北海等。(俄)

  在客厅旁边有厨房(法)

(2)框式介词缺少呼应词语。汉语存在一种被称为框式介词的结构形式,如"在……上"、"在……里"、"在……中"、"在……内"、"在……下"、"从……上"、"从……中"、"从……里"等表达空间方位的介词结构,在这些框式结构中,介词的宾语是一个由名词加上方位词构成的方位结构。现代汉语在有些语法条件下,介词可以直接带名词宾语,不需要方位词参与,如"我在礼堂等你";而在另外一些语法条件下,介词的宾语必须是一个方位结构,如"在黑板上写字"。命名性处所词不需要加方位词,可以直接做介词"在"的宾语,而普

---

① 参见崔希亮《欧美学生汉语介词习得的特点及偏误分析》,《世界汉语教学》2005年第3期。

通名词必须以方位结构的形式出现在"在"的后边。在欧美学习者的中介语中我们发现以下一些偏误现象(括号里的方位词是我们加上的):

我们在火车(上)坐着两三个小时。(英)

他的眼镜跌倒在海(里)。(法)

大理的三塔天气晴的时候能在湖水(中)反射出来。(德)

其实退休金是从年轻人的工资(中)扣来的。(法)

突然我听见了轰隆声,就觉得我从船(上)飞出去。(俄)

(3)介词出现的位置不当。从语法位置上看,现代汉语的介词有两类:一类介词只能出现在谓语主要动词之前,如"把"、"被"、"比"、"跟"、"从"、"朝"、"对"等;还有一类既能出现在主要动词之前,又能出现在主要动词之后,如"在"、"于"、"给"、"与"、"向"、"往"等。如果把第一类介词放在了动词之后,那就是比较明显的错误,是容易判断的;但是问题常常出在第二类上,比如"在",什么时候应该出现在前面、什么时候应该出现在后面、不同的位置在意义上有什么不同等,常常困扰着学习者。我们看下面的例子(括号中的句子是修改过的):

可是《圣经》常常说:"别怕我在跟你一起(我跟你在一起)。"(英)

我想学习汉语在北京语言学院(在北京语言学院学习汉语)。(俄)

他的父亲是一个牧民在一个小村子(在一个小村子是一个牧民)。(西)

我只用三分钟从宿舍到教学楼(从宿舍到教学楼只用三分钟)。(俄)

以前我听说长城能看到从宇宙(从宇宙能看到长城)。(俄)

介词出现位置不当的例子很多,从总体上看,印欧语背景的学生在初级阶段喜欢把介词结构放在主要动词的后边,这大概是由于受了母语的影响。有时介词的位置会跟其他的偏误纠缠在一起,形成复合型偏误。

(4)结构不完整。另外一种偏误类型就是结构不完整。介词不能单独充当句子成分,介词结构不能单独成句(除非作为标题)。下面的例子或者有介词没有宾语,或者有宾语没有动词。我们知道介词结构在句子中的作用是做状语或者做补语,它们都不是核心成分,状语是动词的状语,补语是动词的补语,核心成分是动词。

所以如果丈夫或者妻子死了,别人就在一个人住在。(介词没有宾语)(法)

另外,在树林里,谈恋爱的人在树丛的遮蔽下。(没有谓语动词)(法)

(5)词语搭配问题。词语搭配是典型的偏误形式,而且是具有广泛意义的偏误形式,无论什么语言背景的人,都会在词语搭配上犯错误,即使是说母语的人,也会犯词语搭配方面的错误(括号中的词是我们加上去的)。

因为他们的势力根据(盘踞)在东北。(英)

可是忽然我们看(到)一个男人,他向我们的船游泳(游来)。(法)

(6)介词混用。介词混用是比较常见的偏误类型,虽然不同的学习者混用的介词项目不同,但是基本上可以看出混用主要集中在一些意义上有联系的介词之间。例如:

我在(到)那去接你,行不行?(德)

小妖精们给(让)他了解她们的生活。(英)

他结束以后我给(跟)他打了个招呼。(西)

他好多次给(跟)我们说对不起。(俄)

来北京以后我发现了北京的天气比(跟)莫斯科的不一样。(俄)

我母亲的脾气比(跟)父亲的相反。(法)

我们对(就)过圣诞节的事儿一起讨论了两个小时。(俄)

4.语言项目习得顺序:第二语言习得研究举例之二

偏误分析只是第二语言习得研究的一个方面,我们再以一个个案来说明第二语言习得研究的另外一个侧面——语言项目习得顺序的研究。施家炜选择了22个现代汉语常用句式,考察第二语言学习者对这些常用句式的习得顺序。[①]

(1)预期假设。研究者就22个句式提出10项预期假设:

①留学生22类现代汉语句式的习得存在一定的顺序;

---

① 参见施家炜《外国留学生22类现代汉语句式的习得顺序研究》,《世界汉语教学》1998年第4期。

②不同的语料收集手段、语料处理手段或研究方法会得出一致的顺序;

③母语背景、性别、水平等级不同的学习者在习得汉语时会表现出一致的习得顺序;

④不同母语背景的第二语言学习者在习得阶段和习得速度上表现出差异;

⑤第二语言学习者主观意识中也存有一定的习得顺序,且与客观表现出的习得顺序一致,母语背景、性别、水平等级等因素对此一致性不构成显著影响;

⑥第二语言学习者的主、客观习得顺序进一步体现为一定的习得等级;

⑦第二语言学习者主、客观习得等级与对外汉语教学所用的语法等级大纲一致;

⑧儿童第一语言习得也在主观和客观上表现出一定顺序,且不同性别、水平等级的儿童顺序一致;

⑨儿童第一语言习得的主、客观顺序一致,性别与水平等级不对此构成显著影响;

⑩儿童第一语言习得与留学生第二语言习得的主客观顺序一致。

(2)外国留学生汉语第二语言习得顺序理论假说。研究者通过语料库调查、追踪调查、问卷调查和统计分析得出"外国留学生汉语第二语言习得顺序理论假说":

①外国留学生现代汉语句式的习得存在一定的顺序,母语背景对习得顺序不构成显著影响;

②不同的语料收集手段、语料处理手段或研究方法会得出一致的习得顺序;

③性别、水平等级不同的外国留学生在习得汉语时会表现出一致的习得顺序,体现出第二语言习得的共性;

④不同母语背景的外国留学生在习得阶段和习得速度上表现出差异,体现了第二语言习得的学习者群体差异或特性;

⑤汉语二语习得过程中,外国留学生主观意识中也存有一定的习得顺序,

该主观习得顺序与客观习得顺序一致,母语背景、性别、水平等级等因素对此一致性不构成显著影响;

⑥汉语第二语言学习者的主、客观习得顺序进一步体现为一定的习得等级;

⑦汉语第二语言学习者的主、客观习得等级与教学用语法等级大纲并不一定一致(尤其是客观习得等级),相比之下,主观习得等级受教学等级影响较大;

⑧儿童汉语习得也在主、客观上表现出一定顺序,不同性别、水平等级的儿童客观习得顺序一致,但水平等级对主观顺序有一定影响,性别对此无显著影响;

⑨儿童第一语言习得的主、客观顺序并不一致,且性别与水平等级对此可能构成一定影响;

⑩儿童汉语第一语言习得与留学生汉语第二语言习得的客观顺序一致,但主观顺序并不一致。

思考与练习

1. 语言和大脑的关系有哪些问题需要我们进一步探索?

2. 既然大脑是一个黑箱,我们有没有可能了解到大脑活动的过程?用什么办法?

3. 儿童语言能力的成长过程说明了什么?从中可以看出语言和大脑的哪些联系?

4. 认知语言学对于我们了解语言和大脑的关系有没有帮助?

5. 第一语言习得和第二语言习得有什么联系和区别?

第四章 语音

第一节 语音和语音研究

一 语音的性质

语音的性质是什么？也就是说，语音是一种什么样的东西？首先，语音是一种生理现象，因为语音的产生和感知有一个复杂的生理过程；其次，语音是一种物理现象，因为语音的声波同其他物理声音一样，也是由物体的振动产生的，声波的传递也与其他物理声音一样，要有相应的媒介；第三，语音又不纯粹是一种物理声音，纯粹的物理声音可能没有信息内容，但是语音是有意义的，语音的感知涉及心理过程。根据以上分析，我们说语音有以下特点：(1)语音是人的发音器官所发出来的声音；(2)语音是有意义的物理声音；(3)语音与其他物理声音不同，语音是可分析的，语音的感知有语言使用者的社会心理为基础。

并不是所有的由人的发音器官发出来的声音都是语音，比如咳嗽也是由人的发音器官发出的声音，打呼噜也是由人的发音器官发出的声音，但是它们都不是语音，因为它们没有意义。所以说语音是人的发音器官发出来的、负载一定意义内容的物理声音。当然现代语音合成技术的出现颠覆了关于语音的传统定义，机器也可以发出模仿人类语音的声音。

二 语音研究的三个方面

语音是语言的物质外壳，语言的意义是通过语音形式来实现的。我们能够通过感知器官——听觉系统感知到语音的存在。

语音的研究可以从三个角度展开：说话人的角度、听话人的角度、信息传递的角度。

从说话人的角度来看，语音表现为一系列的心理生理活动，因为发音过程是一个复杂的心理生理过程。从听话人的角度看，语音是一些音响形象，这些音响形象对于听话人来说是一些物理刺激，听音过程是一个复杂的听辨—分析—还原的过程。从信息传递的角度看，语音是人们利用语言传递信息时最重要的载体。语言交际的过程可以分成三个阶段：第一个阶段是语音的产生过程，即说话人把自己想要表达的思想转换成一些能够让听话人听得见的语符串，这个过程包含了心理过程和生理过程。思想要变成物理声音首先得有一个心理和生理协调的过程，也就是说，说话人要把思想转换成一系列复杂的神经运动，调动发音器官通过协同发音发出正确的声音来。第二个阶段是语音的传播过程，即发出来的物理声音通过一定的媒介传递出去。空气是语音传递最理想的介质，声波通过推动空气粒子的运动产生振动，传送到听话人的听觉器官。第三个阶段是语音的感知过程，即听话人的生理器官通过放大、过滤、还原获得的说话人的语符串，然后再与自己的心理词典进行匹配，获得说话人的话语意义。如图4-1所示：

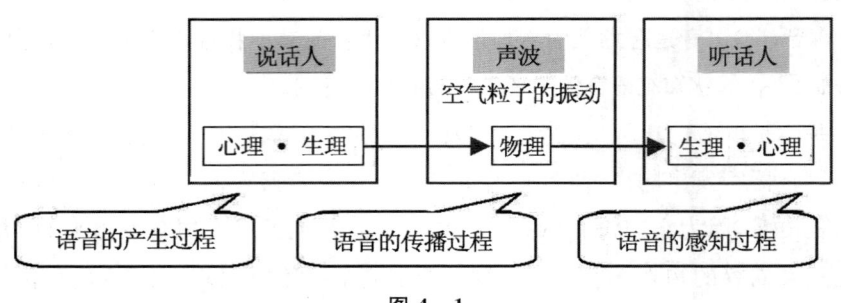

图4-1

语言交际的过程是一个由心理出发到心理结束的过程，交际的起点和终点都涉及人的心理过程。说话人要发什么样的音、这些音如何组合、这些音代表什么意思、说话人想通过这些音表达什么意思，这是心理过程；说话人通过自己的神经网络来调动自己的生理器官，使发声能够变成现实，这个过程是一个生理过程;发出来的声音要通过空气粒子的振动来传递给听话人,这个过程是一个物理过程。一般的情况下我们的语言交际活动都是在有空气的地方进行的,所以声波都是以空气粒子为媒介来传递的;当然如果语言交际活动在水下进行,声波就只能靠水为媒介来传递了。现在我们还可以把声波转换为电波,通过导线或者无线电波来传送,还可以把声音放大或者缩小。语音的感知过程是一个由生理到心理的过程。人耳是一个构造复杂的接收装置,耳蜗是一个声音分析器,它是由感应器官(鼓膜)、分析器官(柯替氏分析器)和传导器官(听骨和纤维束)组成的。耳蜗里的基底膜上有数万个毛细胞排成四排,每个毛细胞上方有数十根毛纤维,耳蜗里的淋巴液跟声音共振使基底膜上不同部位的毛细胞发生挠动,毛细胞检测到声波的组成方式后分别用并列的听觉神经纤维把检测结果送到大脑去。大脑是信息分析中枢,所有的音响信息都在大脑中加工、过滤,最后确定它的价值和意义。大脑加工过滤的分析过程是心理过程。因此语音研究可以在三个平面上进行:

物理平面:研究语音的物理属性,主要是音响分析。

生理平面:研究语音的生理属性,主要是发音和听觉分析。

心理平面:研究语音的心理属性,主要是音位分析。

三 语音单位

我们听到的自然语音是连在一起的一串音符,我们把它们叫做语音片段。语音片段可长可短,它们可以切割出更小的语音单位。对于熟悉的语言,我们可以自然地找到其中的单位界限,而对于不熟悉的语言,我们也可以分清楚一些由自然停顿分割出来的语音单位。这些由我们的听觉系统自然感知到的最小的语音单位叫做音节。

音节是我们能够自然感知到的最小的语音单位,但是它并不是最小的语音单位,因为音节还可以分析为一些更小的语音单位。语言学家在对语音进行分析时遇到两个问题:第一,语音可以分析出来的最小单位是什么? 第二,用什么方式来记录和显示这些语音单位? 我们对音节进行分析,发现大多数音节都是由一些比音节小的语音单位组成的。比如音节 ba 可以分析出两个更小的语音单位:b 和

a，而 ban 可以分析出三个更小的语音单位 b、a 和 n，bian 可以分析出四个更小的语音单位 b、i、a 和 n。这种更小的语音单位可以从物理学的角度进行分析，这三个音节中都有一个语音单位 a，可是实际上它们是不同的音，只不过说这种语言的人不易分辨得出来而已。对于某一种语言或者方言来讲，把没有区别意义作用的、发音相近的音归并在一起当做一个音来看待，形成一个"位"的概念，我们称为音位。从音位中还可以分析出一个一个在音质上有区别的语音单位，我们称为音素。不同的音素彼此之间往往由一些区别性特征来区分，这些区别性特征与发音有关。语音单位可以这样描述：语音片段—音节—音位—音素—区别性特征。语音学中最重要的语音单位是音素，很多语音学概念是以音素为基础建立起来的。记录语音的符号有很多，有记录音节的符号，有记录音位的符号，有记录音素的符号。汉字就是记录音节的符号，一个汉字一个音节；英文字母就是记录音位的符号；而国际音标就是记录音素的符号。

四 记录语音的符号——国际音标

为了记录语言中的语音，国际语音协会于 1888 年制订了一套记录音素的音标，这就是国际音标（IPA）。国际音标的原则是一音一符，即：一个音素只用一个符号来表示，一个符号只表示一个音素。国际音标的符号采用拉丁字母、希腊字母以及它们的反写、倒写、变形，另外还有一些附加符号来表示开口度大小、舌位前后高低、是否腭化、是否鼻化等。符号不够的时候可以自己创造一些符号。音素用方括号"[ ]"来标写，音位用双斜杠"/ /"来标写。中国古代的音韵学没有类似于音标的标音符号，所以只能靠韵书或者韵图来确定每个字的读音，例如用"帮滂並明"四个汉字代表[p]、[pʰ]、[b]、[m]四个音，虽然也可以进行音韵分析，但是不能十分精确地反映音素之间细微的差别。文字是记录语言的符号，但不是所有的文字都是记音符号。即使是像拼音文字这样的记录语音的符号，也不能精确反映音素的音值，所以要有一套比较精密的符号系统。

与以往的记音符号相比，国际音标是目前最好的记录语音实际音值的符号系统：第一，国际音标可以精确地记录语音的音值并区分语音的细微差别；第二，全世界使用同一套记音符号有利于对不同语言的语音进行分析；第三，国际音标是一个开放的系统,可以不断增加新的符号,所以它的包容性比较好,可以记录任何一种语言的语音。

第二节 语音的属性

一 语音的物理属性

语音的外在表现形式为物理声音,所以我们首先来分析语音的物理属性。我们知道,声音是由于物体振动而产生的。物体受到外力的作用发生振动,从而引起周围的空气粒子发生振动,形成声波。声波传入人耳,振动鼓膜,刺激我们的听觉神经,从而使我们产生声音的知觉。我们听到的声音就是各种各样的声波。语音也是由物体振动引起的,既然一切声音都具有物理属性,那么语音也不例外。

(一)关于声波的几个概念

声波是看不见的,我们可以通过特定的技术把声波转换成图像,通过图像来观察声波的形式,测量声波的物理参数。

我们先来看下面的波形图(图 4—2)。

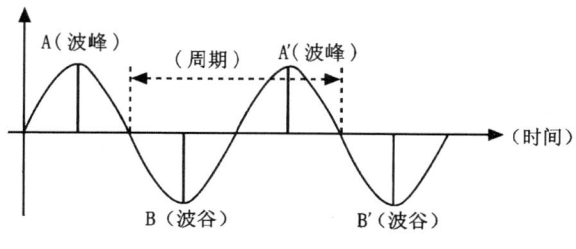

图 4—2

这是一个包含两个完全振动的波形图,是两个正弦波,其中的 A 点和 A'点为波峰,B 点和 B'点为波谷;AA'或 BB'为一个波长;AC 或 BD 为振幅。一个全振动如 EF 叫做一个振动周期;发音体在单位时间里振动的次数为频率。只有一个声波形成的振动叫做简单振动,发出来的音就是单纯音;如果有许多个声波同时振动就叫做复合振动,发出来的声音就是复合音。

(二)语音四要素

一是音高。音高指声音的高低,它是由物体振动的频率决定的。音高和物体振动的频率成正比。而物体的振动频率又跟物体的形状、粗细、长短、厚薄、松紧有关。粗的、长的、厚的、松的发音体振动频率低;反之,细的、短的、薄的、紧的发音体振动频率高。人的声带形状、大小、厚薄、松紧不一样,声音也不同。一般来说,妇女儿童的声带短而薄,声音高一些;年轻人比老年人声带紧,所以年轻人的音高一般要高于老年人。频率单位是赫兹(Hz),人的听觉器官能够听到的声波一般在16Hz至20000Hz之间,最敏感的频率在1000Hz至6000Hz之间。不同的人群发出的声音音高有区别,妇女的音高在150Hz至300Hz之间,儿童的音高在200Hz至350Hz之间,而男人的音高一般在60Hz至200Hz之间。老人因为声带松弛,所以频率会更低。

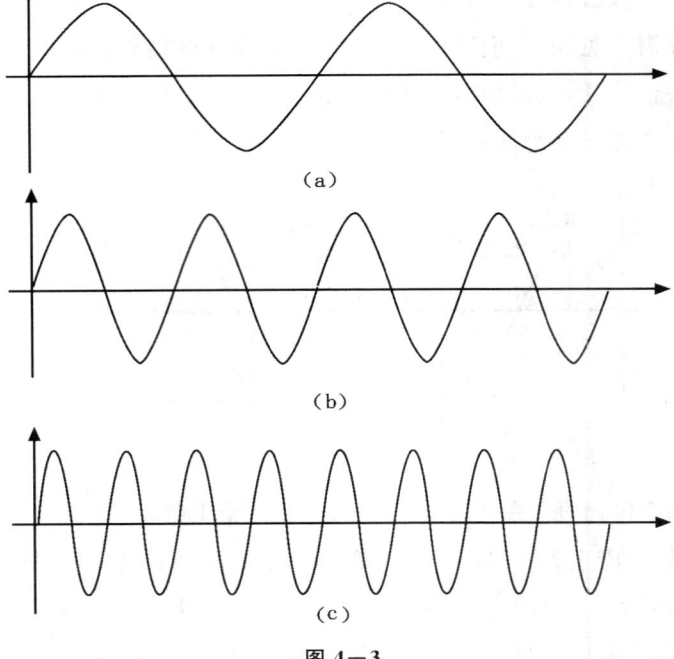

图4—3

(a)(b)(c)是三条频率不同的声波,其中(a)单位时间内振动的次数最少,频率最低,(b)的振动频率是(a)的二倍,(c)的振动频率是(a)的四倍。所以,就音高而言,(c)声波的音高最高,其次是(b),再次是(a)。

二是音强。音强又叫音重。它是声音的轻重或强弱,由振幅的大小决定。音强和振幅成正比。振幅的大小取决于物体受外力作用的大小,外力越大,振幅也就越大。在语音中,音强主要取决于发音时气流的强弱,气流强音强就强,气流弱音强就弱。

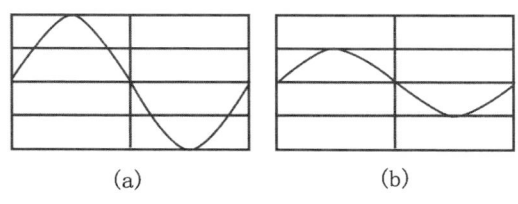

图 4－4

如图 4－4 中,(a)的振幅比(b)大,所以(a)的音强大于(b)。

三是音长。音长指声音的长短,由发音体振动的时间决定。发音体振动的时间越长,音长也就越长;发音体振动的时间越短,音长也就越短。

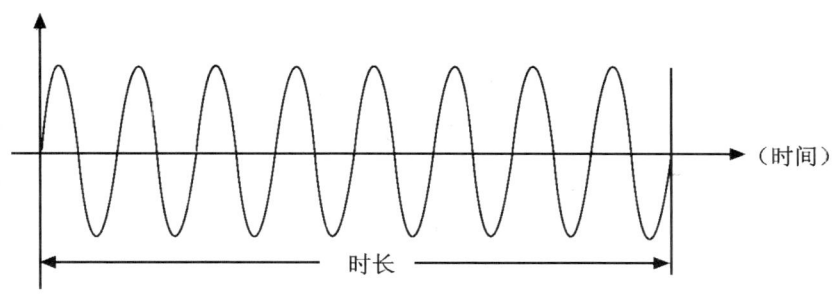

图 4－5

四是音质。音质指声音的特色或个性,是一个声音区别于其他声音的个性特征,以前又叫做音色。音质取决于三个方面的因素:一是发音体,二是发音方法,三是共鸣腔的形状。不同的发音体振动形式不同,发出来的声音也不同。在语音中,声带是发音体。气流通过声门时,如果在声门受到声带的阻碍，气流要冲破阻碍发出声音，这就是声带音（voiced sounds），又称浊音；如果气流在通过声门时没有受到阻碍，而是在其他部位受到阻碍，声带不振动，这时气流冲破阻碍时发出来的声音就是非声带音（voiceless sounds），又称清音。不同个体之间的发音体不同，发出来的声音从发声学的角度看是不同的，在听觉上也是不同的。比如男人发出来的[i]和女人发出来的[i]声学特征肯定是不一样的，即使是同一个人在不同的时间和地点发出来的同一个音素也可能是有差别的，但是我们在语音学中并不认为这样的区别有语音学的意义。

发音方法主要指的是发音时气流是否受到阻碍，哪个部位形成阻碍，气流以什么方式冲破这些阻碍。共鸣腔主要指咽腔、口腔、鼻腔，人们在发音时会根据发音的需要调节共鸣腔的形状，从而改变音质。比如，舌头处于不同的位置会使口腔形成不同的空间分割，从而形成不同的共鸣腔形状。发音体、发音方法和共鸣腔的形状只要有一点不同就会影响到音质的不同。

（三）语音四要素在不同的语言中重要程度不同

音高在语音系统中可能有区别意义的作用，也可能没有区别意义的作用，这要看不同的语言系统是否利用音高来区别意义。以英语和汉语为例，英语中音高基本上没有区别意义的作用；而汉语情况则不同，汉语的所有方言都有声调，有些方言就是靠音高的变化来区别不同的调类。比如天津话的阴平和阳平就是通过音高的变化来区别意义的：天津话的阴平是一个低平调，发音时要降低音高，如果以同样的调型来发音，但是提高声音的频率，发出来的音就是一个高平调，在天津话的声调系统里高平调属于阳平。粤方言也靠音高来区别不同的调类。

音强在语音系统中通常不区别意义，但有些语言有重音构词，因此音强在这些语言中有区别意义的作用。比如汉语普通话可以通过轻重音的改变构成不同的词："运气"和"运.气"①不同，"地道"和"地.道"不同，"大爷"和"大.爷"

---

① "运气"两个音节一样轻重，"运.气"后一个音节在音重上比第一个音节弱，当然两个音节的时长也不同。我们通常把"运.气"的后一个音节叫做轻声音节。以下诸例同此。

不同,汉语普通话通过这种方式可以构成许多新词。英语和日语也有重音构词的现象。

音长在一些语言和方言中也有区别意义的作用。比如在英语中,长元音和短元音成系统地对立,它们具有区别意义的作用。我们以[i:]和[i]为例:

表 4—1

[i:]	[i]
deep	dip
sleep	slip
bead	bid
feet	fit
seat	sit
seek	sick
leave	live
ease	is
meal	mill

音质在语音中的作用是最大的,自然语音的最小单位音素就是从音质的角度划分出来的。语音学家根据不同的音质来区分不同的音素,所以音质在任何一种语言中都是最重要的要素。

(四)音质的音响分析

音叉简单而又规则的振动所产生的单调的音我们称之为纯音,表现在声波图上就是一条有规则的单振动,纯音的表现为正弦波(如图4—6所示)。

发音体复杂而又有规则的振动所产生的悦耳的音我们称之为乐音,表现在声波图上就是不止一条振动曲线,但是所有的曲线都是规则的,这些振动曲线复合在一起产生的声音就是乐音(如图4—7所示)。

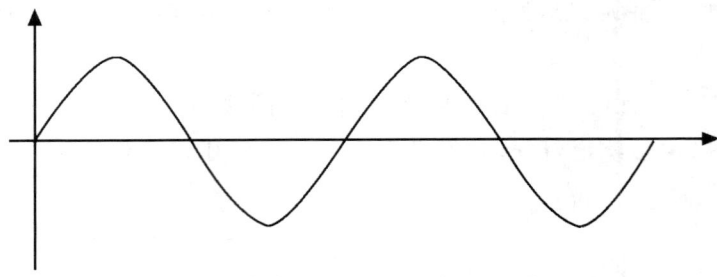

图 4—6

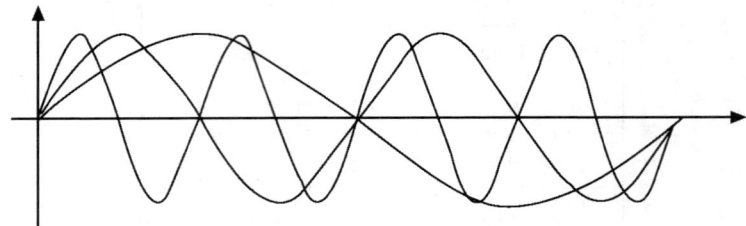

图 4—7

发音体复杂而不规则的振动所产生的刺耳的音就是噪音,表现在声波图上就是一些不规则的曲线(如图 4—8 所示)。

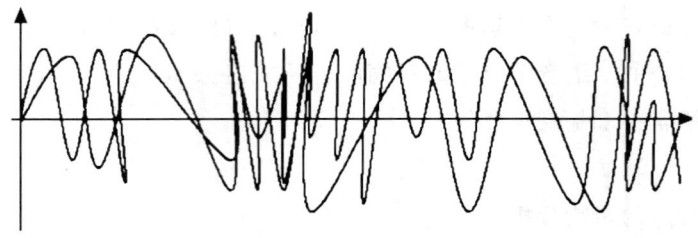

图 4—8

乐音是由若干个不同频率的纯音构成的,其中频率最低的那个纯音叫做基音,其余的叫做陪音。基音的频率叫基频,陪音的频率是基音的整数倍。例如下面示意图(图 4—9),粗线表示的纯音就是频率最低的,它就是这个复合音波的基音,其他两个纯音频率都是基音的整数倍,它们在复合波中是陪音。

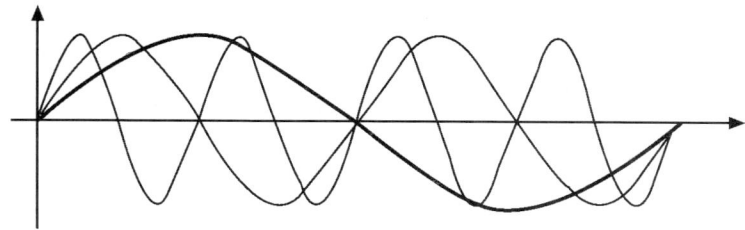

图 4—9

有些陪音在共鸣中被加强，这种现象叫做共振，共振集中在某一值域范围内形成一个峰值，这个峰值就叫做共振峰。共振峰决定整个声音的音质。一般的声音都是大大小小许多正弦波合成的声音，它们叫做复合波。我们听到钢琴、小提琴、大提琴、黑管、长笛、小号等不同乐器有不同的音质，是因为它们复合波的组成不同。图 4—10 是一个频谱图：

图 4—10

这是一个复合波的连续谱示意图，频谱图的纵向表示振幅，横向表示频率。在频谱图上一根根竖立的直线代表许多正弦波，它们的高度表示它们的振幅或能量。连续谱上的尖峰被称为共振峰。之所以出现这些尖峰是因为这些频段的能量比其他频段的能量强。这种能量分布方式决定了音质。

二 语音的生理属性

（一）发音器官

语音是由物体振动引起的，这个振动的物体就是声带或者发音器官的其他部分，引起振动的动力是由肺叶伸缩产生的气流。气流在通过声门时声带或者发音器官的其他部位可以通过调节自己的位置形成阻碍，气流冲破阻碍时声带就产生了振动。如果气流在通过声门时没有受到阻碍，而是在口腔受到阻碍，那么气流就要冲破口腔内的阻碍发出声音，至于在口腔的什么部位发生阻碍，这是由舌头、牙齿、嘴唇等发音器官的相对位置决定的。气流也可以不通过口腔而是通过鼻腔冲出体外，这样发出来的声音就是鼻音。振动物体的形状等特点以及发音体振动的频率会造成不同的声波。

　　肺——语音的动力源。肺位于人体的胸腔，有左右两叶，可以伸张和收缩。空气通过气管喉头从口腔鼻腔流出，或反过来向肺部流入，这就是呼吸。大多数语言都是呼气时发音，只有少数语言有吸气音。肺是发音的动力来源，肺的活动产生气流，气流通过声门或者共鸣腔时使发音体发生振动，或者气流冲破阻碍产生振动，振动产生音波。

　　喉头——调节气流的阀门。喉头是肺和口腔之间气流调节的阀门。喉头由软骨构成，下接气管，上通咽腔。我们的发音体位于喉头里边，由软骨的运动来控制发音体的形状，构成不同的气流通道，气流在通过喉头里边的通道时因为受到不同形式的阻碍或者畅通无阻而发出不同的音来。喉头具有两个方面的作用：一是保护发音体；一是调节气流，使发音体振动或者不振动。

　　口腔、咽腔、鼻腔——语音的共鸣器。口腔、咽腔和鼻腔是发音的共鸣器，也是发音器官的重要组成部分。口腔由上、下两个部分组成，口腔上部可分上唇、上齿、上齿龈、硬腭、软腭和小舌几部分。上齿龈是连接上齿和硬腭的部分，上齿龈的后边是硬腭，它是上腭凹进去的部分。硬腭可以划分为前中后三个区，称为前腭、中腭、后腭。软腭在硬腭的后边，是上腭靠后的那部分。软腭的尾部是小舌，我们张开嘴、压低舌头的位置后可以看到小舌。口腔下部可分下唇、下齿、舌头三大部分。舌头是口腔中最灵活的器官，它在口腔内可以有很多变化。由于舌头和牙齿、硬腭、软腭之间可以有不同的位置组合，所以，作为发音器官的共鸣腔可以产生很多形状上的变化，从而产生不同的共鸣效果，发出不同的音来。舌头的尖部叫做舌尖，舌尖可以分成前中后三个区域。当舌头自然伸直的时候，舌头的外部边缘就是舌叶。舌头面向上腭的表面叫做舌面，分为前中后三个区域，舌面后又叫舌根。舌头的不同部位与口腔内的不同部位接触可以造成不同的阻碍。

咽腔是口腔、鼻腔、食道汇合的地方,咽腔的下面连接着喉头。咽腔和喉头之间有一块会厌软骨,会厌软骨是能够上下活动的,它负责开启或关闭声门。说话或者自由呼吸的时候声门开启,吃饭的时候声门关闭。鼻腔位于鼻子内部,出口为两个鼻孔,内端与咽腔、口腔贯通。气流在通过咽腔之后可能流入口腔,也可能流入鼻腔,这由小舌控制。图 4—11 是各个发音部位的示意图:

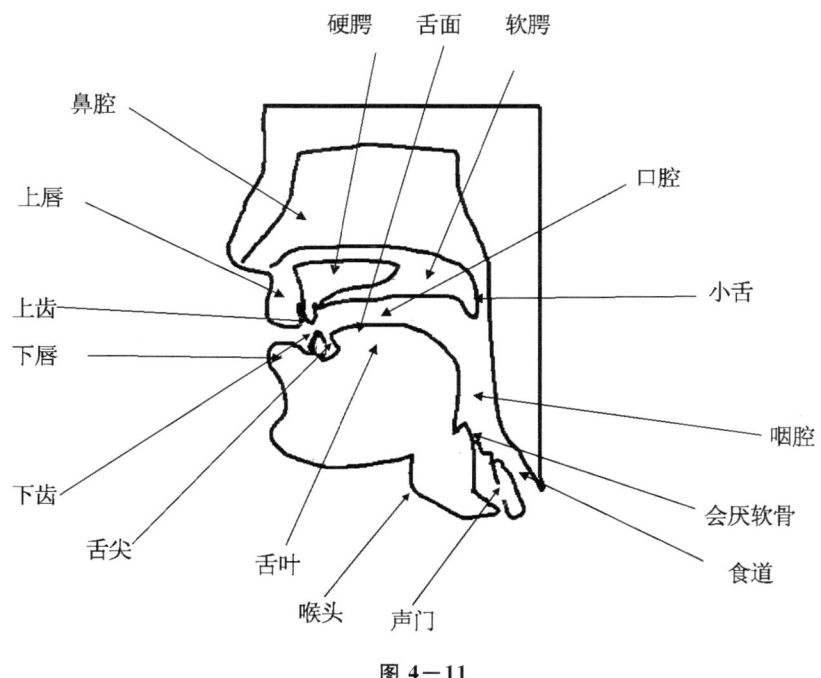

图 4—11

声带——语音的发音体。声带在喉头里边。喉头的外部组织是一个甲状软骨,声带就被这个甲状软骨保护着。声带实际上是两片很小的薄膜,长度只有 13 至 14 毫米,两端黏附在软骨上,靠肌肉和软骨的活动带动这两片薄膜的开合。当我们发元音的时候或者发浊辅音的时候,声带紧绷着,声门闭合,气流必须冲破声门才能通过。当我们发清辅音的时候,声门打开,让气流自由通过。

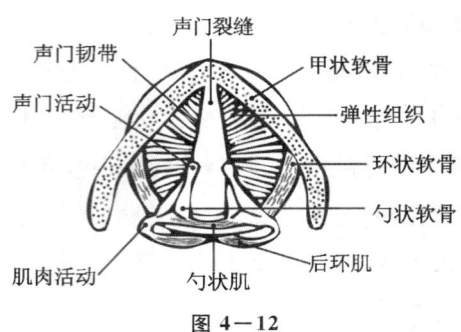

图 4—12

图 4—12 是一张声门的示意图,其中的开口是声门裂缝,气流从这里通过,裂缝两边两片薄薄的东西就是声带,外边像铠甲一样的东西是甲状软骨(又叫三角软骨),它是喉结的保护层,声带边缘是声门韧带,下面连着两个勺状软骨,勺状软骨是活动的,它一头连着声带,一头连着肌肉,由勺状软骨控制声门的开合。声门开合的状态如图 4—13 所示:

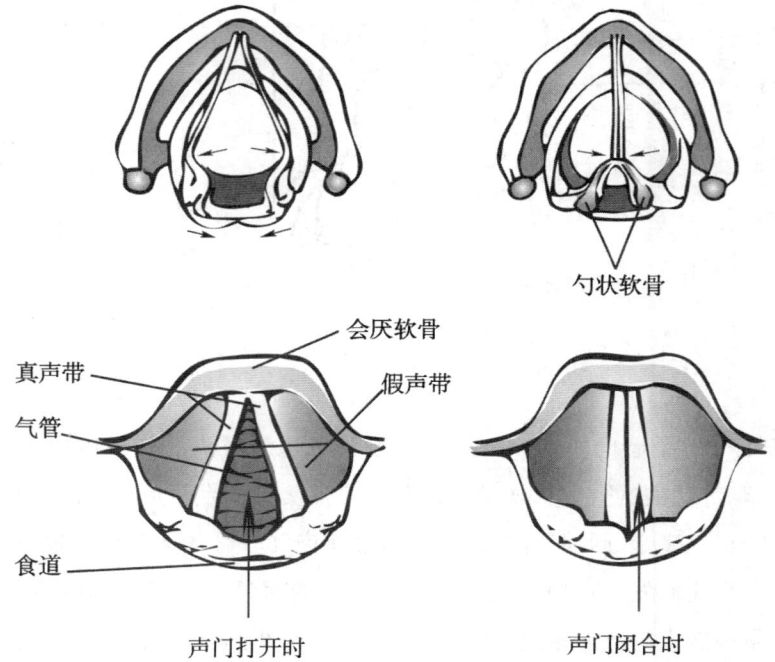

图 4—13

从图 4-13 中我们可以看到声门打开或者闭合是由勺状软骨控制的,勺状软骨的活动又是由肌肉控制的。声门打开的时候气流可以自由通过,声门闭合的时候气流受阻。声门开口度的大小是可以调节的。

(二)元音和辅音的区分

语音的分类与发音部位和发音方法有关系。我们调节自己的发音部位和发音方法就可以发出不同的音来。这些音可以区分为两大类别,一类叫做元音(母音),一类叫做辅音(子音)。元音和辅音是语音系统中不可缺少的两个大类。任何语言都是由元音和辅音交错组合构成音节的,没有哪一种语言只有元音或者只有辅音,即使是单独由元音构成的音节和单独由辅音构成的音节也是很少的。辅音通常是框架,有些语言只要有了辅音的框架就大致可以猜得出句子的意思。以英语为例:

Could you please pass me that bottle of salt? Thank you!

如果把画线的元音部分去掉,仍然能够认出这个句子。

从发音的角度看,元音和辅音的区别主要体现在三个方面:

(1)元音发音时,气流通过声门使声带振动,而且气流在咽腔和口腔内不受阻碍;辅音发音时,气流在发音器官的某一部位受到阻碍,气流只有克服阻碍才能发出音来。例如,音素[a][o][e][i][u][y]发音时气流在口腔内不受阻碍,但是声带是振动的;而音素[b][p][d][t][g][k]发音时气流在口腔的某个部位产生阻碍,气流只有冲破阻碍才能发出音来。

(2)发元音时发音器官的各个部位保持均衡紧张;发辅音时发音器官形成阻碍的地方特别紧张。发辅音时形成阻碍的部位有双唇、唇齿、舌尖、舌叶、舌面、舌根等,不同部位的阻碍发出来的辅音是不一样的。

(3)发元音时气流弱,发辅音时气流强。发元音时气流不需要冲破阻碍,所以气流比较弱;而发辅音时气流必须冲破阻碍,所以气流比较强。

(三)元音

元音的发音主要是靠声带振动,气流在通过声门的时候使声带振动发出声音。声带的松紧可以调节,声带紧的时候发出的声音频率高,听起来比较尖细;声带松的时候发出的声音频率低,声音比较低沉。气流在通过声门以后进入口腔或鼻腔,如果用口腔共鸣,我们听到的就是口音;如果打开鼻腔通道,我们听到的就是带有鼻音色彩的元音,叫做鼻化元音,比如[ã][ẽ]。不同的人种因为发音器官的形状有区别,所以发出来的音在色彩上是有区别的。比如说雅利安人鼻子比较大,因此鼻腔共鸣比较好,发鼻音或者鼻化音的时候比较响亮,而蒙古人种鼻子扁平,发鼻音的时候就不是很响亮。

1.元音的发音原理

元音音质取决于共鸣腔的形状和气流的走向,而改变共鸣腔的形状或者改变气流走向不外乎有以下几种方法:(1)舌位高低;(2)舌位前后;(3)嘴唇的形状(圆唇不圆唇);(4)气流通道在口腔或者同时开放口腔和鼻腔。试比较下面的三组元音:

    [i]—[a]   [i]—[u]   [i]—[y]
   高元音—低元音 前元音—后元音 不圆唇元音—圆唇元音

舌位的高低取决于开口度的大小。在元音舌位图上,我们看到元音从高到低开口度越来越大,[i][y]的开口度很小,[e][ø]的开口度就要大一些了,越往下开口度越大,[a]的开口度最大。舌位高的元音叫做高元音,比如[i][u][y],舌位低的元音叫做低元音,比如[a][A][ɑ]。舌位的前后取决于舌头在口腔中的位置,靠前的为前元音,例如[i][y];靠后的为后元音,例如[ɑ][u]。圆唇不圆唇取决于唇形,发音时嘴唇撮起来发出的音就是圆唇元音,例如[y][u];嘴唇展开发出的音就是不圆唇元音,例如[i][e]。气流不从鼻腔通过发出的元音是口元音,如[i][u][a],气流同时通过鼻腔发出的音是鼻化元音,如[ã][õ]。

2.元音舌位图

根据元音发音时在舌头上的大致位置,以两个最高的元音[i][u]和两个最低的元音[a][ɑ]为四个极点,画出来的一个模拟元音发音时舌头位置和唇形的图就叫做元音舌位图(见图4—14)。

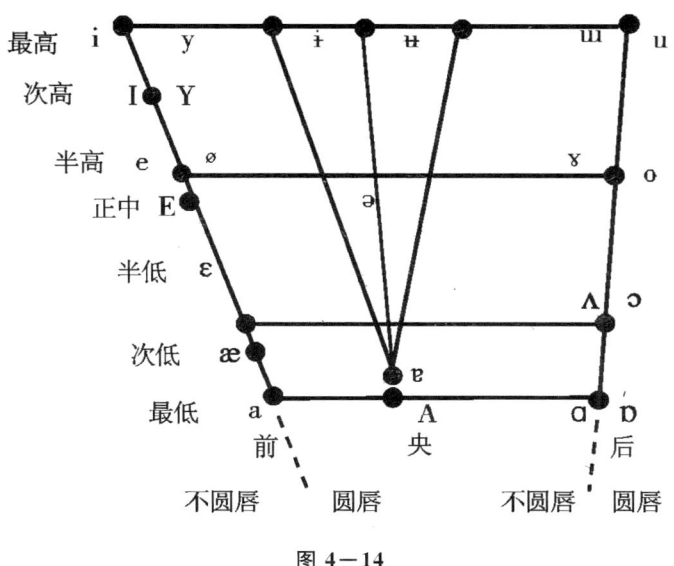

图 4—14

从上到下,依次为最高元音、次高元音、半高元音、正中元音、半低元音、次低元音和最低元音;从前到后,依次为前元音、央元音、后元音。竖线的左边是不圆唇元音,竖线的右边是圆唇元音。元音舌位图所指示的元音位置只是一个相对的位置,不是绝对的位置。每一个元音实际上都是在一定的区域里占据一定的位置,在一个区域里可以有很多个变体,一般来说,我们的听觉器官不会感知到它们之间音值上的区别。

3.八个标准元音

为了确定每一个元音的具体音值,国际语音协会颁布了八个标准元音。它们是我们确定其他元音的参照标准。这八个标准元音是:

[i] [e] [ɛ] [a] [u] [o] [ɔ] [ɑ]

根据它们在元音舌位图上的相对位置,每一个元音都可以有一个描述性的名称。例如:

[i] 前高不圆唇元音

[e] 前半高不圆唇元音

[ɛ] 前半低不圆唇元音

[a] 前低不圆唇元音

[u] 后高圆唇元音

[o] 后半高圆唇元音

[ɔ] 后半低圆唇元音

[ɑ] 后低不圆唇元音

每一个元音都可以根据舌位的前后、高低、圆唇不圆唇找到自己的位置，获得一个描述性名称。

（四）辅音

辅音和元音同样重要。辅音的共同特点就是气流在一定的部位受到阻碍，通过某种方式冲破阻碍而发出音来。根据这一共性，我们描写辅音的时候主要关注发音部位和发音方法两个方面。发音部位指的是发辅音时气流通过共鸣腔时造成阻塞的部位，按发音部位分，辅音有双唇音、唇齿音、齿间音、舌尖前音、舌尖中音、舌尖后音、舌叶音、舌面前音、舌面中音、舌面后音（舌根音）、喉音、小舌音等；发音方法指的是发辅音时某个部位形成阻碍和气流冲破阻碍的方式等，按发音方法分，辅音可以有塞音（爆破发音）、擦音（摩擦发音）、塞擦音（既有爆破又有摩擦发音）、清音（发音时声带不振动）、浊音（发音时声带振动）、送气音（发音时气流比较强，气流从阻碍部位冲出）、不送气音（气流比较弱，发音时没有很多气流）、边音（流音，发音时气流从舌叶两边流出）、颤音（包括双唇颤音、舌尖颤音和小舌颤音）等。

1.按发音部位分类

（1）双唇音，上唇和下唇闭合，阻碍气流发出的音。如[p]（汉语普通话"把"的声母）、[pʰ]（汉语普通话"怕"的声母）、[b]（英语 boy 中的辅音、日语五十音图ば、び、べ的辅音部分）、[m]（汉语普通话"马"的声母）等。

（2）唇齿音，上齿与下唇阻碍气流发出的音。如[f]（汉语普通话"付"的声母，英语 father 开头的辅音）、[v]（英语 vast 开头的辅音）等。

（3）齿间音，舌尖夹在上齿和下齿之间阻碍气流发出的音。如[θ]（英语 theme 的开头辅音和 path 的结尾辅音）、[ð]（英语 father 的中间辅音和 the 的开头辅音)等。

(4)舌尖前音,上齿和下齿闭合在一起,舌面放平,舌尖轻轻地抵住上齿龈阻碍气流发出的音。例如[ts](汉语普通话"字"的声母)、[tsʰ](汉语普通话"词"的声母)、[s]①(汉语普通话"斯"的声母)、[z](英语 zero 和 zebra 的开头辅音)等。

(5)舌尖中音(舌头音),上齿和下齿分开,留出一条缝隙,舌尖微微上翘,舌尖中部轻轻地抵住上齿龈阻碍气流发出的音。例如[t](汉语普通话"大"的声母)、[tʰ](汉语普通话"他"的声母)、[d](英语 dad 的开头辅音)、[n](汉语普通话"那"的声母)、[l](汉语普通话"拉"的声母)等。

(6)舌尖后音,双唇微微撮起来,舌尖向上卷起来轻轻地抵住硬腭阻碍气流发出的音。例如[tʂ](汉语普通话"只"的声母)、[tʂʰ](汉语普通话"吃"的声母)、[ʂ](汉语普通话"是"的声母)、[ʐ](汉语普通话"日"的声母)等。

(7)舌叶音,跟舌叶尖接触的前腭部分与舌叶一起阻碍气流发出的音。例如[tʃ](英语 China 的开头辅音)、[dʒ](英语 judge 的前后两个辅音)、[ʃ]②(英语 shut 的开头辅音)。汉语粤方言中也有舌叶音(普通话中的舌尖音和舌面音在粤方言中都读如舌叶音)等。

(8)舌面前音,上齿和下齿基本闭合,舌面前部和上腭中部(前硬腭)配合阻碍气流发出的音。例如[tɕ](汉语普通话"几"的声母)、[tɕʰ](汉语普通话"期"的声母)、[ɕ](汉语普通话"希"的声母)等。

(9)舌面后音(舌根音),上齿和下齿分开,舌面后部和上腭后部配合阻碍气流发出的音。例如[k](汉语普通话"哥"的声母)、[kʰ](汉语普通话"科"的声母)、[g](汉语普通话"哥哥"第二字的声母,英语 give 开头的辅音,日语五十音图が、ぎ、ぐ、げ的辅音部分)、[ŋ](汉语普通话"亮"的韵尾)、[x](汉语普通话"和"的声母)等。

(10)小舌音,小舌与舌面后部配合阻碍气流发出的音。例如[R](法语的

---

① 发这个音时舌尖不用抵住上齿龈。
② 发这个音时没有节制气流的过程,下面的擦音[ɕ][x]与此相同。

la robe，德语的 die Reise 除了冠词之外的名词部分开头的辅音）等。

2. 按发音方法分类

发音方法包括几个不同的方面：成阻、持阻和除阻的方式，声带振动情况，气流强弱情况以及气流是否经过口腔。

（1）辅音发音过程可以分为三个阶段：成阻阶段（阻碍形成阶段）、持阻阶段（阻碍持续阶段）和除阻阶段（阻碍解除阶段）。根据成阻、持阻和除阻方式的不同，即根据气流受阻状况的不同，可以把辅音分为塞音、擦音、塞擦音、边音、颤音、闪音、鼻音、半元音等。

塞音：如果发音时发音器官的某两个互相接触的部分形成阻塞，堵住气流的通路，气流用爆破的方式冲破阻碍，阻塞的部位突然打开，这就是塞音，或者称为爆破音。例如[b][d][p][t][g][k][pʰ][tʰ][kʰ]，这些音发音时都是先形成阻塞，然后再突然打开。当然也有阻塞一直不打开的情形，这使得发出来的塞音没有除阻过程，如朝鲜语的"朴"[park]结尾的辅音，闽南话的"鸭"[ap]结尾的辅音。

擦音：如果发音时发音器官的某两个互相接触的部位不是紧紧地闭合，而是留出一条缝隙，气流通过这条缝隙时摩擦发音，这样发出来的音就是擦音。例如[z][x][s][f][v][ɕ][ʂ][ʐ][ʃ]。

塞擦音：阻塞和摩擦两种方法可以配合使用，先由发音器官互相接触的两个部位形成阻碍，不改变发音部位，而是把阻塞的部位打开一条狭窄的缝隙，让气流从缝隙中挤擦出去。这样发出来的声音就是塞擦音。简单地说，成阻于塞，除阻为擦，先塞后擦、塞擦结合形成塞擦音。例如[ts][tsʰ][tʂ][tʂʰ][tɕ][tɕʰ][tʃ][tʃʰ]。

边音：舌头的某个部位和齿龈或上腭接触，气流从舌头两侧呼出，这样发出来的音就是边音。如[l]，汉语的"了"和英语的 little 开头的辅音都是边音。

颤音和闪音：如果发音时舌尖或者小舌连续颤动，气流通过时不断地受阻又不断地冲破阻碍，发出一串"嘟噜"的声音，这就是颤音。舌尖颤动发出的颤音叫做舌尖颤音，小舌颤动发出的颤音叫做小舌颤音。俄语有舌尖颤音[r]，德语有小舌颤音[R]。闪音也叫单颤音，即发音时舌尖只颤动一次发出的音，例如英语的 very、rush 中的[r]。汉语和日语没有颤音和闪音,说汉语的人和说日语的人在发颤音和闪音时有一定的困难,有时会用边音代替闪音。例如中国人把 Russia 翻译成"罗刹",日本人把 beer 翻译成ビル[bilu]。

鼻音:像塞音一样,口腔的某个部位完全闭塞,但发音时软腭下降,使气流通过鼻腔,同时声带振动,这样发出的音叫做鼻音。如汉语普通话的[m][n][ŋ]。

半元音:发音时开口度比擦音大,气流较弱,摩擦较轻,声带颤动发出的介于元音和辅音之间的音。如汉语普通话中合口呼零声母字在发音开始时的[w]。

(2)根据发音时声带振动情况可以把辅音分为清音和浊音,发音时声带振动的辅音叫做浊辅音,发音时声带不振动的辅音叫做清辅音。很多语言的辅音都有清浊的对立。如:英语中的[f]—[v],[s]—[z];日语中的[t]—[d],[k]—[g],[p]—[b]。汉语普通话中只有三个鼻辅音[m][n][ŋ]、一个边音[l]和一个浊擦音[ʐ]是浊辅音。清音发音时声带不振动,气流在通过声门的时候不受阻碍,例如[p][t][k][f][s][x]。如果我们发音时不带上元音,清音是几乎听不出来的。浊音发音时声带振动,例如[b][d][g][v][z][m],这些音听起来比清音响亮。

(3)排除阻碍时呼出的气流较强,发出的音是送气音;呼出的气流较弱,发出的音则是不送气音。送气和不送气也是一对区别性特征,但不是在所有的语言中它们都能够起区别意义的作用。比如在英语和日语中存在着清浊的对立,却不存在送气和不送气的对立。汉语辅音中的塞音和塞擦音都有送气和不送气的对立:[p]—[pʰ],[t]—[tʰ],[k]—[kʰ],[ts]—[tsʰ],[tɕ]—[tɕʰ],[tʂ]—[tʂʰ]。汉语中送气和不送气的对立对于以英语和日语为母语的学习者来说是一个难点。

(4)着眼于气流流出时是经过口腔还是鼻腔,我们可以把辅音分为口音和鼻音。前面着眼于成阻、持阻和除阻的方式,我们已经讲到了鼻音,这里主要是着眼于另一个角度——气流的通道。发音时气流从鼻腔出来就会发出鼻音(纯鼻音或者鼻化音),如[m][n][ɱ][ŋ];如果气流不进入鼻腔,直接从口腔流出来,发出的音就是口音,如[p][t][k]。

值得注意的是,我们所熟悉的语音一般都是呼出气流时发音,但在人类语言中也有吸气音,只是比较少而已。如汉语表示感叹时发出的"啧啧"就是吸气音。

3.常见辅音列表

根据发音部位和发音方法我们可以列出一个辅音矩阵,每一个辅音音素都能在这个矩阵中找到自己的位置。表4-2中我们列出了一些常见的辅音。

表 4-2

发音方法		发音部位	双唇	唇齿	齿间	舌尖前	舌尖中	舌尖后	舌叶	舌面前	舌面中	舌面后	小舌	喉
塞音	清		p pʰ				t tʰ	ʈ ʈʰ		ȶ ȶʰ	c cʰ	k kʰ		ʔ
	浊		b				d	ɖ		ȡ		g		
鼻音	浊		m	ɱ			n	ɳ		ȵ		ŋ	N	
擦音	清		ɸ	f	θ	s		ʂ	ʃ	ɕ	ç	x	χ	h
	浊		β	v	ð	z		ʐ	ʒ	ʑ		ɣ	ʁ	ɦ
塞擦音	清					ts tsʰ		tʂ tʂʰ	tʃ tʃʰ	tɕ tɕʰ				
	浊					dz		dʐ	dʒ	dʑ				
颤音	浊						r						R	
闪音	浊						ɾ							
边音	浊						l							
半元音	浊		w	ʋ							j	(w)		

根据发音部位和发音方法,每一个辅音都能找到自己的坐标。根据这个辅音矩阵,我们可以比较容易也比较准确地描述一个辅音。例如:[p]是双唇音,不送气清塞音;[pʰ]是双唇音,送气清塞音;[ɱ]是唇齿音,浊音,鼻音;[ð]是齿间音,浊音,擦音;[t]是舌尖中音,不送气清塞音;[tʰ]是舌尖后音,送气清塞音;[l]是舌尖中音,浊音,边音;[r]是舌尖中音,浊音,颤音。余者依此类推。根据这个辅音矩阵,我们可以知道每一个辅音的发音部位和发音方法,以

及一些音素之间的区别所在。

三 语音的心理属性

(一)语音的主观性

从物理属性上说,语音是一些客观的物理振动引起的,我们可以测量它们的频率、强度和响度,但是这些物理声音在说话人和听话人那里属于哪一个语音的范畴,代表什么意思,那就完全是另外一码事了。语音的发音和语音的感知都是一个复杂的生理心理活动,这个过程充满了主观性。瑞士语言学家索绪尔曾经说过,语言符号只是一些心理的语音形象。在不同的社会环境中长大的人对相同的语音形象可能有不同的感知结果,这就是语音有主观性的一个证明。比方说我们在学习外语的时候,老师总是不断地帮我们纠正某些音的发音,而我们却认为自己发出来的那个音就是目的语中的那个音,尽管事实上不是。下面我们用两个例子来看看语音的主观性。

在北京,一些学习者在学习英语双唇音[w]的时候发成了唇齿音[v],把 very well 两个词的开头音素都发成唇齿音[v],对于这一点老师听得十分清楚,但是学习者是不自觉的,因为在这些学习者的母语中,双唇音[w]与唇齿音[v]没有分别。在他们的方言中,"伟"、"威"和"万"等字的读音的开头部分都可以发成唇齿音[v],说的人和听的人都觉察不到。调查结果显示,在北京人中,双唇音[w]在很多音素组合中可以跟唇齿音[v]自由替换而不影响交际。

再比如,一些母语为阿拉伯语的学习者在学习汉语声调的时候掌握不好相对音高。"生活"一词读音的调值是[55+35],调型是前平后升,但是学习者在发音的时候听上去很像"生火"。原因在哪里呢?我们来看一下汉语声调的五度标音法:

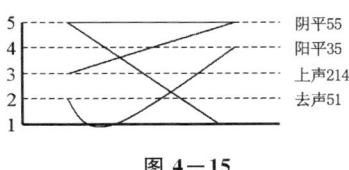

图 4—15

根据五度标音法,如果按照绝对音高来发音的话,阴平"生"读成 55 是没有问题的,它确定了五度音高的最高基调,而"活"读成 35,它的最高点要与 55 对齐,于是,把 55+35 连在一起读就成了"生火"。如何纠正学习者的读音呢?我们采用的方法是告诉学习者汉语的四声只是一个相对音高,不能按照五度标音的绝对音高来处理。"活"的调型起点要跟"生"一般高,而"活"的调型终点要比"生"高两度。让学习者试着用 55+57 的办法来读,效果果然很好。当然这个例子也说明了语音的主观性是一个不争的事实:在这些学习者那里,他们认为"生活"和"生火"没有什么分别。

语音的主观性还表现在音位的自由变体上。在汉语方言里,鼻音[n]和边音[l]混用的现象遍及西北、西南以及江淮官话区,生活在这些地区的人无法辨别它们的区别。在汉语北方方言的东北次方言里,后半高圆唇元音[o]与央元音[ə]经常混用,例如"模式"的"模"和"佛陀"的"佛",普通话规范读音分别是[mo]和[fo],但是东北次方言会念成[mə]和[fə],而说话人根本意识不到[mo]与[mə]、[fo]与[fə]的区别。

(二)语音的心理声学测量

我们的一切感知活动都与我们的大脑有关系,与大脑的神经活动有关系。我们的大脑不仅是一个巨大的信息存储器,它也是一个超级的信息分析装置。神经科学家们与语言学家合作,试图搞清楚语言理解的过程,但是迄今为止他们的认识还很有限。他们注意到了神经系统的构造和神经元的存在,但是对神经系统的协作过程、对每一个神经元单独作业的过程都还不甚了然。因为我们的神经元有几十亿个,由它们发出指令,控制你的肌肉和其他生理器官完成复杂的发音过程或者感知过程。大脑是神经中枢,我们的思维过程是在那里完成的。思维是大脑的高级组织形式,概念、思想在那里形成并通过神经系统转换为神经冲动(像脉冲一样),神经冲动再转化为发音器官的协调运动,这个过程完全是生理的。但是我们已经了解到一个事实:我们的神经系统不仅仅是一套遗传的装置,它还会受到后天经验的影响。语音的主观性就是后天经验的结果。

语音的心理声学测量主要是在语音感知方面。科学家们在实验室设计了一些程序,他们想测量的是:我们的耳朵是如何把一个复合音分解成它的分音的;响度如何影响我们的音感;如何解释语音感知中的掩蔽效应。所谓掩蔽效应指的是在一个噪音环境中,某些频率段的声音会掩蔽另外一些声音,实验者设定掩蔽者和被掩蔽者的阈限(一个声音刚好掩蔽另外一个声音的极限强度),测量在什么样的强度比率下掩蔽的效应最强。得出的结论是:一个纯音最有效的掩蔽效应总是作用于那些在频率上与自己最接近的纯音,而对那些频率与自己相差较远的纯音的掩蔽作用不明显;低频的纯音能够有效地掩蔽高频的纯音,而高频的纯音对低频的纯音的掩蔽作用要低得多。有一个现象很值得注意,在一个被噪声掩蔽的语音环境中,我们很容易就会分辨出熟悉的人讲话的声音,而对那些我们不熟悉的人所说的话我们不敏感;另外,我们在噪声掩蔽的环境中比较容易分辨我们熟悉的语言,而对那些我们不熟悉的语言无法分辨;而且,在一个噪声掩蔽的环境里,我们对自己的名字最敏感。在一片嘈杂的话语声中,我们根本无法听清楚谁在说什么,但是如果有人提到自己的名字,你会马上产生反应。这种对不同刺激的敏感效应取决于我们的生活经验和刺激的强度。自己熟悉的人的声音、自己熟悉的语言、自己的名字在神经存储器中有特别的感应机构,即使在噪声环境中也比其他的声音更容易激活。

语音的心理声学测量方法一是利用听力测验的方式,让被试在不同的语音环境中进行听辨测验,找到影响听辨结果的因素;二是利用眼动设备,记录无声阅读时视线移动的轨迹和在某些目标词语上面停留的时间,来观察言语理解的过程;三是利用计算机模拟技术来重构语音感知的过程。

(三)语音的感知与上下文

上下文环境对于语音的感知也会产生影响。语音最自然的存在状态不是孤立的,而是存在于语音串中,语音受前后语音环境的影响会发生改变,语音的感知也会受到语义的影响。语音受前后语音环境影响而发生改变的现象叫做语流音变,我们下文要讨论到。语音受上下文影响而使语音的意义在感知上发生改变,这就是语音感知的语境效应。心理声学专家们设计了许多实验,搞明白这样一些问题:一个被试注意倾听时,他听到了什么?他听到的是不是实验给出的刺激?如果他把一个音听成了另外一个音,是什么因素影响了他的选择?是音长,是音高,还是音强?把一些刺激音放在一个敏感的环境里,被试总是倾向于选择跟自己关系最密切的答案。这一类实验的主观性是很大的,个体之间的差异非常明显。我们日常生活中发生的误解现象也能说明语音感知的主观特性。例如"美好"和"没好",由于变调的原因听上去没有什么区别,虽然语境完全相同,但不同的人可能感知到的结果会不一样,健康的人选择的是"美好",生病的人选择的是"没好"。又比如"公式"、"攻势"、"工事"和"公示",语音形式完全一样,在相同的语境中,不同知识背景的人往往产生不同的感知结果:学数学的人可能会选择"公式",关心军事的人可能会选择"攻势"或者"工事",而关心干部选拔任用的人可能会选择"公示"。还有一种"嗒"声实验,实验者把一些音去掉,代之以"嗒"音,在一定的语音环境中被试总是能够把去掉的音补出来;实验者又进一步把"嗒"音也去掉,让另外的被试听,结果被试根据自己的语音经验和上下文环境也能把完全没有出现的音补出来。

第三节 语音的感知

一 感知器官——耳

人耳是一个构造十分精巧的接收装置。最外边我们能够看到的是耳廓,往里边去是外耳道,外耳道是一个管道,最里端为耳鼓,其中的鼓膜是最重要的装置,它可以把人接听到的声音放大。耳廓、耳道、耳鼓、鼓膜组合而成的这部分器官叫做外耳。耳道长约2.5厘米,直径平均约0.7厘米。耳道共振频率为3500赫兹,声波进入耳道以后,接近于3500赫兹的频率因共振作用而放大两倍以上,因此一般人对于3000Hz至4000Hz的声音最为敏感。鼓膜厚度只有 0.01 厘米。人耳的构造见图 4—16：

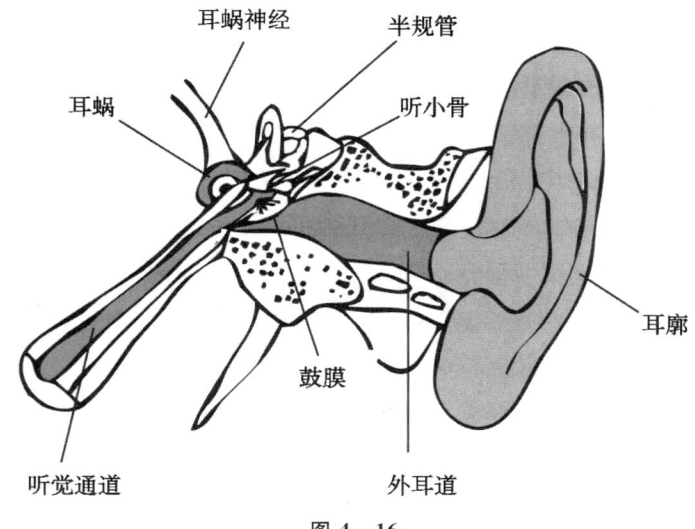

图 4—16

中耳约 2 立方厘米，有三块听小骨——锤骨、砧骨和镫骨，它们是鼓膜和内耳之间的机械链。鼓膜受到振动后推动锤骨，锤骨推动砧骨，砧骨再推动镫骨。镫骨底板覆盖在前庭窗上，前庭窗是一块面积相当于鼓膜 1/25 的薄膜，它受到的压力比鼓膜要大得多，因此内耳受到的振动更大，大大提高了人类的听觉能力。

内耳由半规管、耳蜗、听觉通道（咽鼓管）和听觉神经组成。咽鼓管的作用是和外界沟通空气，调节气压，使鼓膜内外两面的压力保持平衡。半规管的作用是保持平衡，与听觉系统无关。前庭窗是内耳的入口。耳蜗是一条盘起来的管子，中间有条细导管，叫做耳蜗导管或耳蜗中阶，它把耳蜗分成上下两个部分。耳蜗导管里边充满了淋巴液，其黏度是水的两倍，耳蜗隔膜上有一个小口，上下两部分的淋巴液可以流通。从机械振动到神经转换的重要阶段是在耳蜗管中完成的。耳蜗中最重要的器官叫做柯替氏螺旋器官，柯替氏螺旋器官的基底膜上有数以万计的毛细胞，上端和耳蜗覆膜相连，轴突的部分直接与听神经相连，把接收到的刺激转化为神经冲动，传给大脑。内耳的构造见图 4—17：

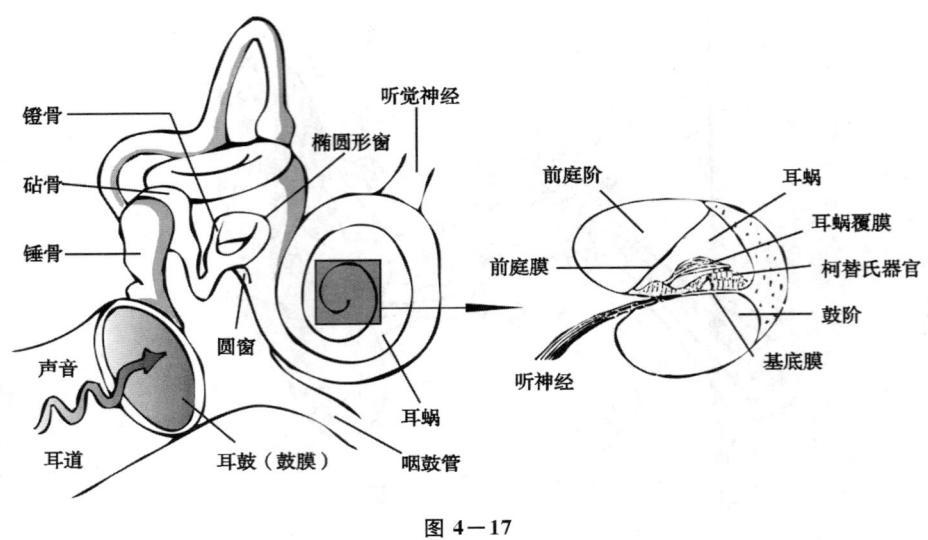

图 4—17

二 听觉和语音识别

发音、声波、感知三者的关系是很复杂的。发音是生理心理过程,我们听到的音和我们预想要发出来的音可能是不一样的,这就是发音、声波和听觉感知之间的关系。声波是物理性的,任何一个声波都是客观的,但是在听话人那里,相同的声波可能被感知为不同的音,不同的声波也可能被感知为相同的音。这可以在实验中得到证明。

(一) 声波相同,听辨结果可以不同

下面的一些儿化音是由不同的韵母儿化以后形成的,而在北京话中儿化以后的词语有很多已经难以分辨。让北京人听辨下面成对儿的儿化词语,结果如表 4—3[①]:

[①] 参见王理嘉、贺宁基《北京话儿化韵的听辨试验和声学分析》,林焘、王理嘉等著《北京语音实验录》,北京大学出版社,1985 年。

表 4—3

ai～an	牌儿～盘儿	99％混
ua～uan	瓜儿～官儿	98％混
uei～uen	堆儿～墩儿	98.5％混
i～en	枝儿～针儿	97.5％混
uo～uan	活儿～魂儿	95.5％分
e～en	歌儿～根儿	79％分

以上这些难以分辨的词语声波可能相同,但是听辨结果是有分歧的。

(二)声波不同,听辨结果相同

与上面不同的是,有一些音声波不同,但是在某些人听来却没有分别。例如成都人[n]、[l]不分,在成都人听来,"南"、"兰"是一样的。又比如对于上海人来说,[in]和[iŋ]也是难以分辨的,"殷"和"英"没有分别;对于吴语区的人来说,"王"和"黄"也是难以分辨的。对于日本人来说,很难区分汉语的[u]和日语的[ɯ],也很难分辨汉语的[f]和日语的[ɸ]。对于韩国人来说,经常搞混[f]和[p],这是因为韩语里边没有轻唇音。对于壮族人来说,很难区别送气音和不送气音,比如他们分不清"狗"和"口",因为在壮语中不区分送气音和不送气音。

语音识别是经过加工的,听话人会挑选有用的特征,把无用的信息过滤掉。

(三)速度变化与语音识别

语速的快慢也会影响到听辨结果,例如：

/ba/放慢到 100msc,听起来像/wa/；

/ba/放慢到 150msc,听起来像/hwa/。

(四)语音识别的范畴化作用

人们可以分辨许多刺激,但是不能给它们归类。人们可以识别许多颜色,但是要鉴别它们属于哪个范畴则不过是赤橙黄绿青蓝紫等,因为在我们的颜色范畴里只有这么多个类别。我们可以根据物理的光谱变化把色彩分成许多块，但是在日常生活中我们总是把它们分成有限的类。同理，我们可以分辨出不同的音素（如[a][A][ɑ]），但是在语音识别中我们总是把它们归为有限的类。这就是音位的概念。属于同一个音位的音素在识别中总是被归为同一范畴，舍弃了许多非本质性的特征。对于听话人来说，在他的语言社会中属于同一个语音范畴的音在识别时不容易区别，而不属于同一语音范畴的音在识别时很容易区别。

第四节 音 位

一 音位的发现与归纳

（一）音位及归纳音位的原则

1. 音位的概念

音位（phoneme）是某一语言或方言中有区别意义作用的最小的语音单位。例如[p]和[pʰ]在汉语普通话中能够区别意义（[pA]和[pʰA]意思不一样，一个是"巴"，一个是"趴"），所以它们是不同的音位。而在普通话中，[p]和[b]不能区别意义（[bA]和[pA]是一样的），因此它们是一个音位的两个不同变体。

2. 归纳音位的原则

语言学家在归纳音位时，通常会遵循如下原则：

（1）对立的原则（分的原则）。两个音素 a、b，如果能够出现在相同的语音环境 X__Y 里，互相替换之后会产生意义上的差别，即：

$$X\underline{\ a\ }Y \neq X\underline{\ b\ }Y$$

那么我们可以判断音素 a 与 b 是对立的。对立的音素属于不同的音位。例如：

[p][t][k]：__u♯①

---

① "："（冒号）前面表示出现的音素，后面是这些音素出现的语音条件。"♯"（井号）代表音节界限。后边的例子中还会出现大写字母 C，C 代表的是辅音。后边各例中相同符号与此例同。

[p][t][k]都可以出现在元音[u]前，[pu][tu][ku]可以形成不同的词，比如以去声来念，"布"、"度"、"故"意思不同，所以[p][t][k]应该归为不同的音位。音位我们用双斜线来标记，那么，[p][t][k]分别归入音位/p//t//k/。

(2)互补原则(合的原则)。两个音素a、b，如果不能够出现在相同的语音环境X__Y里，而它们出现的环境又是互补的(即：当 X_a_Y 成立的时候，X_b_Y不成立，反之亦然)，那么我们可以判定a与b是互补分布的。简单地说，互补分布的意思就是凡是你能出现的地方我都不出现，反之亦然。互补分布的音素可以归纳为一个音位。例如：

$\begin{cases}[a]: & (C)(i/y)^{①}\_n（安，烟，渊）\\ [A]: & (C)(i/u)\_\#（阿，呀，哇）\\ [ɑ]: & \#(i)\_u/ŋ（奥，遥，昂，阳）\end{cases}$

$\begin{cases}[i]: & tɕ/tɕ^h/ɕ\_ 或 \#\_\#（鸡，期，衣）\\ [ɿ]: & ts/ts^h/s\_\#（滋，茨，思）\\ [ʅ]: & tʂ/tʂ^h/ʂ/ʐ\_\#（之，痴，施，日）\\ [ɪ]: & (C)(u)a/e\_\#（歪，薇，爱，诶）\end{cases}$

[a][A][ɑ]三个音素在普通话中都是互补分布的，因此可以归为一个音位，我们用最常用的[a]来做它们的代表，记为/a/，[a][A][ɑ]三个音素就是音位/a/的音位变体。同理，上面[i][ɿ][ʅ][ɪ]四个音素也是互补分布的，可以归并为一个音位/i/，[i][ɿ][ʅ][ɪ]四个音素就是音位/i/的音位变体。

在汉语普通话中，[m]与[ŋ]也是互补分布的，[m]只出现在音节的开头，而[ŋ]只出现在音节的结尾。例如"面"[mian]中的[m]是音节的开头部分，"光"[kuaŋ]中的[ŋ]是音节的结尾部分，这两个音素从来不会出现在相同的语音环境中，也就是说，在现代汉语普通话中没有[-m]或者[ŋ-]这样的音素组合。根据互补分布可以合并为一个音位的原则，这两个音是可以合并的。之所以分立为两个音位主要是考虑到另外的因素。在古代汉语中这两个音不是

---

① 括号里的音素是选择性的，可以出现也可以不出现；不加括号就是强制性的，必须出现。

互补分布的,它们都既可以出现在音节的开头,也可以出现在音节的结尾。

(3)语音相近原则(合的原则)。处于互补关系中的音素可以归并为一个音位,但是不是一定要归并为一个音位,还要考虑到它们在当地人的语感中语音是否相近。比如在汉语普通话中[k][kʰ][x]和[tɕ][tɕʰ][ɕ]这两组音素也是互补分布的,[k][kʰ][x]只能与开口呼、合口呼的韵母相拼,[tɕ][tɕʰ][ɕ]只能跟齐齿呼、撮口呼的韵母相拼:

表 4—4

	开口呼	齐齿呼	合口呼	撮口呼
[k][kʰ][x]	+	—	+	—
[tɕ][tɕʰ][ɕ]	—	+	—	+

之所以不把它们合并为一套音位,主要是考虑它们在语音上不相近,同时也要考虑历史音韵关系和系统性。其实[tɕ][tɕʰ][ɕ]与[ts][tsʰ][s]、[tʂ][tʂʰ][ʂ][ʐ]也是互补分布的:[tɕ][tɕʰ][ɕ]只能与[i][y]或者以[i][y]为介音的韵母相拼,而[ts][tsʰ][s]只能与[ɿ][A][ɤ]相拼,[tʂ][tʂʰ][ʂ][ʐ]只能与[ʅ][A][ɤ]相拼,列表如下:

表 4—5

	[i][y]或者以[i][y]为介音的韵母	[ɿ]	[ʅ]	[A]	[ɤ]
[tɕ][tɕʰ][ɕ]	+	—	—	—	—
[ts][tsʰ][s]	—	+	—	+	+
[tʂ][tʂʰ][ʂ][ʐ]	—	—	+	+	+

之所以不把它们合并为一套音位,主要也是因为它们在语音上不相近,同时兼顾到音位的系统性和历史音韵关系。

(4)参考因素。语音的系统性、历史音韵关系以及经济性都是归纳音位的重要参考原则。例如上面说到的普通话中的[k][kʰ][x]与[tɕ][tɕʰ][ɕ]在现代汉语普通话这个共时平面是互补分布的,如果从经济原则出发,把它们合并为一套音位,从创制字母文字的角度看,可以节约三个字母,比如在汉语拼音方案中 g、k、h、j、q、x 是六个字母,因为在普通话中我们把它们按照六个音位来处理的。如果按照三个音位来处理,就可以不用 j、q、x 三个字母了。结果就是:开口呼和合口呼的时候读如[k][kʰ][x],齐齿呼和撮口呼的时候读如[tɕ][tɕʰ][ɕ],如 gai、kai、hai 读如[kai][kʰai][xai],gia、kia、hia 读如[tɕiA][tɕʰiA][ɕiA]。现在的汉语拼音方案没有采取这样的处理方式,这样可以使得汉语语音系统的整齐性看得很清楚,三组塞擦音各有各的地位。

(二)音位变体

音位是一个集合概念。处于互补关系中的语音相近的音素彼此不对立,我们可以把它们归纳为一个音位,被归并为一个音位的各个音素就是这个音位的音位变体(allphone)。例如[a][A][ɑ]在汉语普通话中可以归纳为音位/a/,这样,被归纳为一个音位的各个音素就叫做这个音位的音位变体,[a][A][ɑ]在汉语普通话中就是音位/a/的音位变体。

1.条件变体

某一个音位的几个变体出现环境受语音条件制约,这几个音位变体就叫做这个音位的条件变体。例如汉语普通话元音音位/i/:

$$/i/\begin{cases} \longrightarrow [i]: /tɕ,tɕʰ,ɕ/\_\_ 或 \#\_\_\#(鸡,栖,息,衣) \\ \longrightarrow [ɿ]: /ts,tsʰ,s/\_\_\#(滋,茨,思) \\ \longrightarrow [ʅ]: /tʂ,tʂʰ,ʂ,ʐ/\_\_\#(之,痴,施,日) \\ \longrightarrow [ɪ]: (C)(u)a/e\_\_\#(歪,薇,爱,诶) \end{cases}$$

又如英语:

$$/p/\begin{cases} \longrightarrow [p]: /s/\_\_(spark\ [spɑːk],在擦音后读不送气音) \\ \longrightarrow [pʰ]: \#\_\_ 或 \_\_\#(carp\ [kɑːpʰ]、part[pʰɑːt],在音节结尾或开头读送气音) \end{cases}$$

2.自由变体

在某些语言或方言中,处于同样语音环境中的几个音素可以自由替换而不区别意义,这几个音素可以归并为一个音位,它们就是这个音位的自由变体。例如:重庆、武汉、孝感、南京话中的鼻音[n]和边音[l]就是一个音位的自由变体。其中孝感话在开合二呼中是自由变体,如"脑"和"老"不分,"弩"和"鲁"不分;但是在齐撮二呼前只读[n],如"尼"、"女"和"离"、"吕"都读成[n]。而兰州话在任何条件下都是任意读[n]或者[l]。

3.音位与变体的关系

音位与变体之间的关系有点像集合与元素之间的关系,或者说类别和成员之间的关系。一个音位就是一些音素的集合,而每一个变体就是这个集合中的一个元素。每一个音位都选择某一个变体作为代表,如/a/在北京话中就是[a][ɑ][ʌ][ɐ][æ]五个变体的代表。

音位是特定语言或方言中有区别意义作用的最小的语音单位,离开了特定的语音系统便没有音位,正如同红灯在十字路口和暗房里的作用不同一样,一个音素在不同的语音系统中作用也不一样,离开了特定的系统我们便无法确定它的作用。说一个音与另一个音是不是有区别,一定不能脱离具体的语言或者方言,所以音位的确定是不能离开具体的语言或者方言的。

(三)音质音位和非音质音位

从音质的角度分析出来的音位叫做音质音位。前面我们是以音素为材料,从音质的角度分析出来的音位,都是音质音位,除了音质能够区别意义之外,有时音高、音重、音长也能区别意义。我们把这种有区别词的语音形式,从而起到区别意义的作用的音高、音重、音长叫做非音质音位。

音高在很多语言或方言里也有区别意义的作用。例如汉语北方方言的天津话就是利用音高来区分调类的:

  妈[mʌ^{22}](阴平,低平调)

  骂[mʌ^{55}](去声,高平调)

又如北京话可以利用音重区别意义:

  地道[ti^{51} tɑu^{51}](两个音节音重相同,名词)

  地·道[ti^{51} ·təu](两个音节前重后轻,形容词)

非音质音位在英语里有重音构词的例子,如:

  pre'sent 及物动词,赠与;提出;表示;演出;介绍展现;表现

'present 形容词,现场的,现在的,当前的;名词,现在,目前

在英语里长短元音有区别意义的作用,这就是时长区别意义的例子(如表4—6)。

表 4—6

[i:]	[i]
deep	dip
sleep	slip
bead	bid
feet	fit
seat	sit
seek	sick
leave	live
ease	is
meal	mill

非音质音位在不同的语言中作用不同,譬如说在汉语中一个音节的高低、轻重、曲折、长短变化都可以有区别意义的作用,而在印欧语系的语言里以及阿尔泰语系的语言里,音节的高低、曲折变化不区别意义,但是长短变化和轻重变化能够区别意义。

二 音位的聚合和组合

(一)音位的聚合

1.区别特征

在某一语言或方言中,音位与音位之间的区别往往就表现在一些语音特征上,我们把这些语音特征叫做区别性特征(DF)。音位的对立实际上只是一个或几个区别性特征的对立。例如:

$$\begin{cases} /p/:双唇 \quad 塞 \quad 清 \quad 不送气 \\ /p^h/:双唇 \quad 塞 \quad 清 \quad 送气 \end{cases}$$

$$\begin{cases} /t/: & 舌尖前 \quad 塞 \quad 清 \quad 不送气 \\ /k/: & 舌尖后 \quad 塞 \quad 清 \quad 不送气 \end{cases}$$

以上区别特征都是从发音的角度分析出来的,每个音位都有许多发音方面的特征,选择哪些作为区别性特征要看那些特征在音位系统里的地位。在同一音位系统里能把所有的音位区分开的特征就是这个音位系统里所必需的发音特征。区别特征可以用二分的办法分出若干个对儿:

(1)有阻/无阻　(2)鼻音/口音　(3)唇音/舌音　(4)舌尖/舌面

(5)塞音/擦音　(6)送气/不送气　(7)清/浊　(8)前/后

(9)高/低　　　(10)圆/展

我们可以用区别特征矩阵把辅音之间的区别描述得十分清楚。例如音位/p/与/pʰ/的区别我们可以用矩阵来描述(见表4—7):

表 4—7

	双唇	塞	清	送气
/p/	+	+	+	+
/pʰ/	+	+	+	—

从表4—7中,我们可以一目了然地发现,音位/p/和/pʰ/之间的区别只在送气和不送气这一对区别特征上。

2.聚合群

音位不是孤立的,每个音位都通过自己的区别特征与其他的音位相联系,聚合成一个集合。如北京话音位/p/处于双向聚合群中(图4—18):

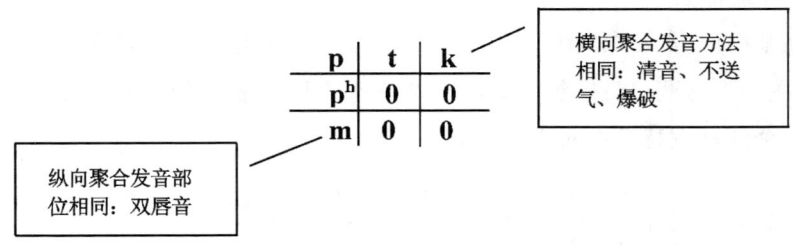

图 4—18

平行、对称、成系统，这是音位聚合系统的特点。根据音位聚合的系统性，我们可以把矩阵中0位置上的音位补出来(图4—19)：

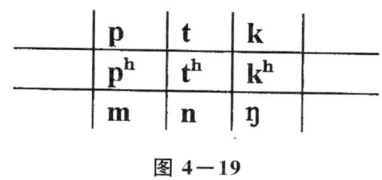

图 4—19

根据音位聚合的特点我们可以举一反三。例如：在普通话中，/k//kʰ//x/是一个聚合群的音位，我们知道音位/k/可以与开口呼、合口呼拼合，不能与齐齿呼、撮口呼拼合，由此就可以推知同一聚合群中的其他音位也可以与开口呼、合口呼拼合，不能与齐齿呼、撮口呼拼合；/tɕ//tɕʰ//ɕ/也是一个聚合群中的不同音位，其中的/tɕ/可以和齐齿呼、撮口呼组合，不能与开口呼和合口呼拼合，我们也可以推知其他的两个音位也可以和齐齿呼、撮口呼组合，不能与开口呼和合口呼拼合。

由于语言的发展变化，平行对称的系统常常被打破。如：

  ts tsʰ s z

  tɕ tɕʰ ɕ ʑ

  tʂ tʂʰ ʂ ʐ

这是一个平行的和对称的系统，它属于中古汉语的音位系统。随着语音系统的发展变化，浊擦音已经清化，所以/z/和/ʑ/两个音位已经消失，只有来自日母的音位/ʐ/还没有清化。于是系统就出现了不对称的局面：

  ts tsʰ s

  tɕ tɕʰ ɕ

  tʂ tʂʰ ʂ ʐ

根据这种情况，我们是否可以做这样的预测：在汉语语音发展变化规律的推动下，浊擦音/ʐ/有一天也会清音化，这在一些方言中似乎已见端倪，如东北话"肉"、"人"的声母已经零声母化，读为[iou⁵¹]和[in³⁵]。当然，这只是我们的预测，结果究竟会怎样，仍然需要时间来检验。

在组合关系上也一样。如在普通话中,/m//n//ŋ/是一个音位聚合群,它们的组合关系也曾经是对称的,均可以出现在声母及韵尾的位置上;由于语音系统的演变,目前在普通话的语音系统中这种对称性已经被打破,形成不对称的格局:/m/只能出现在声母位置上,而不能出现在韵尾位置上;/n/既可以出现在声母位置上,也可以出现在韵尾位置上;/ŋ/只能出现在韵尾位置上,而不能出现在声母位置上。

(二)音位的组合

1. 音节

音节是语言中最自然的听觉单位。我们听到一个语符串,其实听到的是一个个边界清楚的语音单位,这个语音单位就是音节。在语音学里,音节划分是一个十分困难的问题,有各种各样的尝试,似乎都不是很成功。也就是说,音节对于人类来说是自然的语音单位,我们凭自己的听觉器官可以把音节切分出来,但是在实验室里要做到这一点却并不那么容易。在汉语里,一个汉字通常就代表一个音节。汉语的音节结构是这样的(如图4—20):

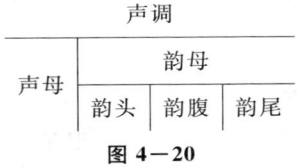

图 4—20

音位在进入组合层面时是有规律可循的。我们以普通话音节组合表为例,见表4—8。从表中可以看出:/p//pʰ//m/可以和开口呼、齐齿呼以及合口呼中单韵母 u 相拼,不跟撮口呼韵母相拼;/f/只能和开口呼以及合口呼中的单韵母 u 相拼;/t//tʰ//n//l/虽然发音部位相同,但与韵母的配合关系稍有差别,/t//tʰ/能跟开口呼、齐齿呼、合口呼韵母相拼,不能跟撮口呼韵母相拼,而/n//l/跟开、齐、合、撮四呼都能相拼;/ts//tsʰ//s/、/tʂ//tʂʰ//ʂ//ʐ/和/k//kʰ//x/只能跟开口呼、合口呼韵母相拼;/tɕ//tɕʰ//ɕ/正好相反,只能跟齐齿呼、撮口呼韵母相拼。

表 4—8

声母\四呼	开口呼	齐齿呼	合口呼	撮口呼
p pʰ m	＋	＋	（u）	—
f	＋	—	（u）	—
t tʰ n l	＋	＋	＋	/t tʰ/— /n l/＋
ts tsʰ s	＋	—	＋	—
tʂ tʂʰ ʂ ʐ	＋	—	＋	—
tɕ tɕʰ ɕ	—	＋	—	＋
k kʰ x	＋	—	＋	—

2.语流音变

音位和音位在组合时由于受到邻音的影响，或者由于说话时语流的快慢、强弱、高低的变化，有些音位会发生变化，这种变化就叫做语流音变。常见的语流音变有同化、异化、弱化和脱落。

（1）同化。不同的音位在语流中由于协同发音的作用变得相同或者相近，或者说由于协同发音的作用，某些音位与相邻近的音位发生趋同的变化，这种现象叫做语音同化。例如：

think /θiŋk/（前鼻音 n 受到舌面后辅音 k 的影响变成了后鼻音 ŋ）

dogs /dɔgz/（清辅音 s 受到前面浊辅音 g 的影响浊化为 z）

impossible /im-/（英语里表示否定的前缀 in-在双唇音前面变成 im-）

面包/miɑmbɑu/（mian 中的前鼻音 n 受到后边双唇音 b 的影响变成双唇音 m）

分配/fəmpʰei/（fən 中的 n 受到后边双唇音 pʰ 的影响变成了双唇音 m）

这样的语音同化现象随处可见。又如汉语普通话的语气词"啊"有很多变体，如"哪"、"哇"、"呀"等，它们也都是一个语音形式在不同语言环境中的变化：

谁呀 /ʂei⌒iA/

苦哇 /kʰu⌒uA/

神哪 /ʂən⌒nA/

是呀 /ʂɿ⌒zA/

成啊 /tʂʰəŋ⌒ŋA/

同化现象有两种：一种是前一个音节的结尾影响后一个音节的开头,这种现象叫做顺同化,如谁呀/ʂei+A→iA/,Can I/ kʰæn+ai→nai/；一种是后一个音节的开头影响到前一个音节的结尾,这种现象叫做逆同化,如 think/θink→θiŋ∩k/。

(2) 异化。相同或者相近的音在语流中组合时,发音比较拗口,为了发音方便,于是产生了一些变化,使原来相同或者相近的音变得不同,这种现象叫做异化,如汉语的变调现象、英语擦音后边辅音的不送气现象等。汉语的变调如两个上声相连时,前一个上声变成阳平,即 214+214→35+214,如：

土改→涂改　你好→尼好　美好→煤好

英语发音中,擦音后边的塞音一定发成不送气的音,如：

peak　　/pʰ-/　　speak　　/sp-/
target　/tʰ-/　　star　　 /st-/
kind　　/kʰ-/　　sky　　 /sk-/

因为擦音的气流耗损比较大,送气的气流耗损也比较大,两个气流耗损的音素加在一起发音就会有困难,所以擦音后边的塞音一定要发成不送气的音。

由于语流音变的作用,语音在历史发展过程中会发生变化。例如汉语的[-m]韵尾字在中古的时候只有少数几个能够与双唇音的字配合,如"品[p_m],禀[p_m],凡[p_m],犯[p_m],范[p_m]"等,到了元代,这几个音的韵尾全部变成了[-n],这是因为声母的唇音和韵尾的唇音产生了异化作用。现代广州话这几个字的韵尾也变成了[-n],而其他的[-m]尾字则保持不变,就是这个道理。又如拉丁语的 marmor 到了法语中变成 marbre,在英语中也变成 marble,m 之所以变成 b 就是由于两个 m 中的一个由于异化作用发生了变化。绕口令之所以难,也是因为语流中的异化作用会干扰一些音的发音。如：

会做我的炖冻豆腐,来做我的炖冻豆腐；

不会做我的炖冻豆腐,不要胡炖乱炖炖坏了我的炖冻豆腐。

其中最困难的地方在于"炖冻豆腐"[tuən təŋ tou fu]前三个音节的开头辅音

都是[t],很容易发生异化。

（3）弱化。有些音在语流中变弱,这种现象叫做语音的弱化。这是因为说话的时候要调节气流,变换语气,突出重点,或者为了构词的需要。例如汉语一些轻声音节的语音会弱化:

木·头　妈·妈　衣·服　地·道　漂·亮　腻·歪　师·傅

（4）脱落。一些弱化的音到一定程度就会和前一个音节合为一个音节,它本身就脱落了。例如:

我们　/womən/→/wom/

豆腐　/toufu/→/touf/　（第二个音节的元音[u]脱落）

语音的语流音变在语言学习中很有用。我们学习外语,外国人学习汉语,如果不了解语流音变,每个音都按照它原来的读音来说,说出来的话就很像是机械发音,没有抑扬顿挫,没有"音变"。这样,不光说起来不像,说起来也很费劲,同时,听的人会感觉别扭。

思考与练习

1. 语音研究可以在哪几个平面上进行?
2. 语音是看不见的,我们用什么手段来分析语音?
3. 从语音的物理属性上看,语音是什么?
4. 什么是语音的四个要素? 它们分别是由哪些因素决定的?
5. 举例说明音高、音长、音强、音质在语言中的作用。
6. 什么是国际音标? 国际音标的用处是什么?
7. 画一个人类的发音器官示意图,并在上面标明重要的发音部位。
8. 什么是元音? 什么是辅音? 元音和辅音的区别是什么?
9. 画一个元音舌位图,把八个标准元音标在上面。
10. 有哪些常用的发音部位和发音方法? 根据发音部位和发音方法,辅音可以分出哪些类别?
11. 什么是音位? 什么是音位变体? 归纳音位应该遵循哪些原则?
12. 什么是语流音变? 常见的语流音变有哪几种?

第五章 语　法

第一节　语法和语法学

一　语法的性质

（一）语法是客观存在的

　　语言的三个要素是语音、语法和语义，那么，什么是语法？我们是如何知道语言中有语法的？我们平时使用自己熟悉的语言，常常是不假思索就脱口而出，似乎并没有考虑到是不是合乎语法规则。当我们听到一种陌生的语言时，感觉就如同鸭子听雷：我们既不能理解其中的意义，也不清楚其中的规则。中国人常用"叽里咕噜"、"哇啦哇啦"来描述外国人说话，外国人听我们说话也是一样（如美国人描述广东话是"梆梆梆梆"），但是，如果听到的是一种熟悉的语言，一切就会变得清晰起来。我们可以把句子分出一个一个清晰的语言单位，我们可能没有意识到一个一个的语言单位是按一定的规则组合起来的，但是这些规则是客观存在的，我们可以从学习外语时出现的中介语现象中了解到这种客观存在。下面是一些外国人在习得汉语时发生的偏误现象：

　　　　＊我们<u>一起过的</u>时间很好。

　　　　＊在公共汽车上不给<u>女</u>让座。

　　　　＊这个问题我<u>想出不来</u>。

　　　　＊他天天津津有味地听音乐，恐怕没有音乐的话他<u>没法生下来</u>。

　　　　＊小二黑在谈恋爱的时候，只好<u>看一看小二黑的对象</u>的命。

＊她身体越来越<u>康复一点儿</u>。
　　＊我的个子<u>比他的个子不高</u>。
　　＊姐姐把书<u>放在桌子</u>。
　　＊姐姐<u>工作在银行</u>。

如果有比较充分的语境，对于母语是汉语的中国人来说，这几句话的意思也许不难理解，但是我们总是觉得它们比较别扭，因为这几个句子不符合汉语的表达习惯。所谓表达习惯就包含一些自然的规则在内。下面的句子是日语的句子，除了格助词以外，每一个词的发音都一样：

　　きしゃのきしゃはきしゃできしゃした。
　　(Kisha no kisha wa kisha de kishashita.)

如果只是听这一串声音，日本人可能也不知所云；但是如果用汉字和假名写出来，就一目了然了。

　　貴社の記者は汽車で帰社した。
　　(贵社的记者乘火车回社了。)

这里有一些在日语中叫做格助词的语法形式，格助词以外的语言成分彼此之间的关系全都有赖于这些语法词。如果把语言比成一盘棋的话，那么词汇就是棋子，语法就是下棋的规则。棋子怎么摆、棋子的行动轨迹都受到人为定出来的规则的制约。我们说话也同样受到规则的制约，词和词之间怎么组合、怎么变化都受到语言中自然规则的限制，而起制约和限制作用的就是语法规则。

(二) 语法的性质

概括地说，语法的性质可以这样表述：

第一，语法是语言的结构规则。具体地说，语法就是语言符号组合的规则，广义地说，符号的组合规则也包含音素和音素之间的组合规则、音节和音节之间的组合规则；但是狭义地说，语法就是语素组合成词、词组合成短语、短语组合成句子的规则。当然这些规则还包含着其他一些范畴，比如低一级的语言单位组合成高一级的语言单位的时候，除了部件和部件之间的关系之外，还有其他的限制(如印欧语句子中相关成分之间的一致关系)。

第二,语言是有结构的,语言的结构是有规则的、可以分析的。语言结构中的规则是社会约定俗成的。任何个人都不能改变语言中的语法规则,因为语法规则是社会全体成员在交际过程中自然形成的。语法分析的任务就是要找出语言结构中的规则并把它们用恰当的方式描述出来。

第三,语法是客观存在的规则系统,但本族人很少会意识到语言中的规则,这些规则已经内化成为思维的一部分。也就是说,语言中的这些规则是隐性的,它们已经完全内化为母语者自然而然的能力,如果不是经过学习,说话人不会意识到语法规则的存在。

第四,语法规则是高度抽象的。抽象的规则是从具体的语言现象中总结出来的。人们在总结语言中的结构规律的时候总是从现象出发,由表及里,层层剥笋,逐渐展示出事物的本来面目。人们在说明语言中一些现象的时候总是一类一类地说明,而不是一个一个地说明。所以分类和给分出来的类定性是语言研究的基本任务。

二　语法的特性

(一)抽象性

语法规则是从无数个具体的言语事实中抽象出来的。例如现代汉语重叠的规则就是从无数个具体的言语事实中总结出来的。人们发现汉语的双音节形容词和双音节动词都可以重叠,但是它们的重叠方式是不一样的。从大量的、具体的言语事实中人们发现了如下规律:

形容词的重叠方式通常是 AB→AABB,如:

　　漂亮→漂漂亮亮　　大方→大大方方
　　结实→结结实实　　老实→老老实实

动词的重叠方式通常是 AB→ABAB,如:

　　研究→研究研究　　打扮→打扮打扮
　　讨论→讨论讨论　　参观→参观参观

指导→指导指导

又例如英语的名词复数词尾是-(e)s,这也是从无数个例子中抽象出来的：

  book→books boy→boys shoe→shoes
  table→tables paper→papers year→years

我们知道英语名词的复数形式有例外,如：sheep→sheep,foot→feet,schema→schemata 等,但是不能因此而影响我们对英语名词复数词尾变化的基本概括。

(二)生成性

语法的生成性就是组合规则的递归性。从理论上说任何一个可以替换的语言片段都可以无限扩展。例如名词性短语可以扩展为修饰语加上名词短语的形式,即：

NP	→ Adj＋NP
电视机	→ 新＋电视机
新电视机	→ 新彩色＋电视机
新彩色电视机	→ 新彩色直角＋电视机
新彩色直角电视机	→ 新彩色平面直角＋电视机
新彩色平面直角电视机	→ 新彩色平面直角液晶＋电视机
……	

再比如,任何一个谓词性结构都可以扩展为谓词性短语加上谓词性短语的形式,即：

VP	→ VP＋VP
知道	→ 知道＋她不懂
知道她不懂	→ 知道她不懂＋怎么操作机器
知道她不懂怎么操作机器	→ 知道她不懂怎么操作机器＋铲平土山
……	

我们会说无数的句子,但是我们并不是一句一句地学来的,我们在学习语

言的过程中自己就会发现规则。有限的规则可以生成无限的句子,而语法的生成性是保证有限的规则可以生成无限的句子的内在机制。从语言解码的角度说,也正是因为有了语法规则的递归性,我们才能理解从来没有听到过的句子。语言结构递归性的秘密可以解释为什么简单的结构可以构成复杂的结构、复杂的结构可以分析为简单的结构这一基本事实。乍看起来,语言的结构是很复杂的,但是如果我们把握了语言结构递归性的特点,即会发现复杂中有简单。所谓语法的生成性指的就是由简单到复杂再回归简单的过程。就汉语而言,主谓结构可以包孕另外的主谓结构,偏正结构也可以被另外的偏正结构所包含,这样层层套叠,简单的结构就会变成复杂结构,但是我们知道,复杂结构可以还原为一些简单的结构。例如:

我(不知道(她不知道(我(不知道这件事))))

小王(父亲的(父亲的父亲))

前者是主谓结构包孕主谓结构,后者是偏正结构被偏正结构所包含。任何一个语言成分都可以分析为一些基本的语言构件,而这些基本的语言构件彼此之间的关系是可以分析出不同的类型的。

三 语法单位

语法单位指那些能够被替换的语言片段。能够被替换的语言片段有大有小,大的如能够表达完整意义的句子,小的如不能继续分析的最小的音义结合体语素。语法分析的最终目标是为了把语言结构的规律性说清楚。为了实现这一目标,人们把语言成分分析为大小不同的单位,然后确定这些单位的属性,描述它们的语法功能和语义特征。

分析语法单位有两条路径:一条路径是从大到小,即先把语言的表达单位找出来,然后再分析其内部结构;另一条路径是先把语言单位最小的成分找出来,然后再分析它们的组合。前者是先组装再拆卸,后者是先拆卸再组装。从第一条路径我们得到的语法单位序列为:句子—短语—词—语素;从第二条路径我们得到的语法单位序列是:语素—词—短语—句子。一般的语法分析到句子为止了,大于句子的单位牵涉到结构以外的问题,比如篇章,其中的衔接、连贯、省略、照应、回指等都在句法之外。篇章问题由篇章语言学来研究，与我们所讨论的语法有联系又有分别。

(一)语素

语素是语言中最小的音义结合体。所谓最小，意思是它不能再进行结构分析，例如"我喜欢吃菠萝"，可以分析出"我"、"喜欢"、"吃"、"菠萝"四个成分。其中的"我"不能再继续分析了，属于最小的音义结合体，是语素；"喜欢"还可以再分析，分析为"喜"和"欢"，它们才是最小的音义结合体；"吃"也不能再分析了，也是最小的音义结合体；"菠萝"也不能再分析了，因为这是一个联绵形式，"菠"和"萝"分开以后没有意义，所以"菠萝"已经是最小的音义结合体。分析的结果我们得到以下几个语素：

我、喜、欢、吃、菠萝

就汉语而言，一般一个语素对应一个音节，一个音节对应一个汉字。也就是说，除了联绵字，大多数情况下一个汉字就是一个语素。联绵字不能拆开解释，如："玻璃"、"葡萄"本是来自西域的外来语，单字没有意义，所以"玻璃"、"葡萄"是双音节的语素，而"玻"、"璃"不是语素；"角落"、"旮旯"这些由复辅音消失造成的双音节联绵字拆开以后也不可解，所以它们是最小的音义结合体，是语素，而拆开后就不是语素了。而像"鸳鸯"、"凤凰"这类联绵字来源不详，本来拆开后也没有意义，但是在语言使用过程中有了某种变化：人们开始把"鸳"、"鸯"、"凤"、"凰"分开来用。"鸳鸯"、"凤凰"这类联绵字从语源上说属于最小的音义结合体，但是从人们的语言直觉上看，我们可以看到"凤求凰"这样的语言样本，"凤"、"凰"各自都取得了语言的意义，成了最小的音义结合体，可以看成语素了。

语素可以根据组合功能分成不同的类别：自由语素和黏着语素，定位语素和不定位语素。

1.自由语素和黏着语素

自由和黏着是语言学中使用范围很广泛的两个概念。自由与黏着是在组合的层面上说的。自由语素是指可以单独进入组合的语素，例如：

  山　书　人　走　来　有　白　好　快

这些语素可以与别的语素自由组合,例如:

  山坡　高山　书本　图书　走路　奔走　来往　未来
  富有　有感　白菜　蛋白　好处　良好　快书　痛快

而另外一些语素不能自由地与其他语素组合,例如:

  了　着　过　的　巴

它们只能附着在其他语素后边,因此它们是黏着语素。

2.定位语素和不定位语素

  定位和不定位也是组合中的现象。有些语素在组合时只能出现在固定的位置,或者在前面(如"菠菜"的"菠"),或者在后面(如"下巴"的"巴"、"桌子"的"子"),这些语素称为定位语素;有些语素在组合时位置自由,如"人"可以组合为"人民",也可以组合成"成人",因此它属于不定位语素。黏着语素都是定位语素,但是自由语素不一定都是不定位语素。语素的定位不定位有如下几种情况:

(1) 永远在前,如:

  第(一)　初(一)　老(婆)　老(虎)

(2) 永远在后,如:

  的　了　着　吧　巴　头　子

(3) 有时前,有时后,但不能同时自由,如:

  自(由)—(亲)自　椅(子)—(躺)椅　石(头)—(岩)石

(4) 前后都不自由,如:

  (小)里(小气)　(花)里(胡哨)　(土)里(土气)
  (白)不(龇咧)　(直)不(愣腾)　(酸)不(济济)

(5) 前后都自由(词):

  吃　喝　抓　大　小　人　狗

(二) 词

  词是语言中最小的能够独立运用的语法单位。

  比语素大的语法单位是词,所谓能够独立运用是指能够独立参与组合。

词包括实词和虚词两大类,实词有实在的词汇意义,可以独立充当句子成分,例如"苹果"、"国家"、"理论"、"漂亮"、"充实"、"丰富"、"打扮"、"研究"、"吃"、"喝"、"来"、"去"等都是实词;虚词可以独立表达语法意义,但是没有实在的词汇意义,例如汉语的"了"、"着"、"过"、"的"、"来着"、"呢"、"吧"、"吗"、"把"、"在"、"对于";英语的 of、by、for、to、with 等都是虚词。语法单位中的词是一个非常重要的概念,但是对于什么样的语法单位是词,学术界却有不同的认识,如何界定词也有不同的看法。英语中的 word 这个概念不一定在所有的语言中都能找到对应的术语[1],比如有的学者就认为在汉语里应该用"字"这个术语来代替"词"这个术语,因为汉语里没有相当于英语 word 的语法单位[2]。

对于词或者与词相类似的这样一个语法单位,有两个问题需要说明:一个是词的同一性的问题,一个是词的分类问题。

1.词的同一性问题

所谓同一性的问题实际上包括两个方面:一是如何判断语音形式相同的、能够独立运用的语法单位是一个东西。例如"开会"的"会"与"会面"的"会"、"会写诗"的"会"是同一个语法实体还是不同的语法实体?二是如何判断语音形式不同、语法地位相同的语法单位是不是一个东西。例如汉语中有"啊"、"哪"、"哇"、"呀"等不同的语音形式,也写成不同的汉字,但是我们知道它们是同一个语言实体在不同语音环境中的变体,因此它们应该是同一个东西。对于任何一种语言来说,都存在着这样的问题,就是要判断词的同一性。这样做的目的是把不同的词分开,把同一个词的不同变体归在一起。

2.词的分类问题

词的分类涉及词类的观念和词类划分的操作原则问题。词类是对词的语法分类,它是根据词的语法功能分出来的,也可以说是根据词的分布特征分出来的。词的语法功能表现在组合关系中和聚合关系中。在组合关系中,一个

---

[1] 参见赵元任《汉语口语语法》,吕叔湘译,商务印书馆,1979 年。
[2] 参见徐通锵《基础语言学教程》,北京大学出版社,2001 年。

词与另外一类词的区别表现在它能跟哪些词搭配上,这是一个重要标准;在聚合关系中,一个词与另外一类词的区别表现在它能跟哪些词互相替换上,这是另一个重要标准。

　　对于形态比较发达的语言来讲,词类的划分有时可以根据词尾变化的类型来判断:有性、数、格的词尾变化的词是名词,有时、体、态的词尾变化的词是动词,有比较级形式变化的词是形容词等。例如英语的名词有数的词尾变化,动词有时体的词尾变化,形容词有比较级的词尾变化;德语名词有性、数、格的词尾变化,动词有时体和人称的词尾变化。汉语没有这样的词尾标记,因此在划分词类的时候就必须寻找其他的形式标记。比如使用鉴别词"不"可以把名词和动词、形容词区分开,不能受"不"修饰的词是名词,能受"不"修饰的词是动词或者是形容词;然后再使用"很"来鉴别动词与形容词,能受"很"修饰的词看看能否带宾语,能带宾语的是动词,不能带宾语的是形容词,不能受"很"修饰的是动词,以此类推。当然在实际操作中可能会碰到兼类的问题或者不容易判断的问题,我们要把握划分词类的原则:即根据词的语法特征进行分类,而不能根据词的意义进行分类;分出来的类所具有的属性特点对该词类内部成员而言要有普遍性,对其他词类成员要有排他性。当然,像汉语这样的缺乏形态标记的语言还应该有其他的办法,例如否定方式、重叠与否、重叠方式、疑问方式等。

(三)短语

　　语言中比词大、比句子小的语法单位是短语,又叫词组。短语是由词构成的,因此短语从结构上能够分析出词来。短语与词的区别在于短语由不止一个词构成,因此在结构上短语可以拆开(插入别的成分)、可以扩展(构成新的短语)。例如"白布",我们可以把"白"和"布"拆开,构成"白的布","白"和"布"的词义没有改变,所以"白布"是一个短语;而"白菜"这个语言单位,我们无法把"白"和"菜"分开说成"白的菜",所以"白菜"是一个词。如果把词比成是语言中的砖瓦,那么短语就是语言中的预制板,是比词更大的建筑材料。

语言中有一些短语是临时组配的,如"北京的冬天"、"来自雪域高原"、"在阳光下"等。有些是固定组合,如专有短语"北京语言大学"、"猛虎组织"、"西部大开发"、"全国人民代表大会"等;还有一些熟语,成语如"举目无亲"、"愚公移山"、"莺歌燕舞"、"四面楚歌"、"八面玲珑"、"为虎作伥"、"高谈阔论",俗语如"好男不和女斗"、"吃不了兜着走"、"不到长城非好汉"、"男儿有泪不轻弹"等。这些固定短语都是在语言长期使用和发展中形成的,它们一般不能随意组配。

(四)句子

句子是语言中比短语大比篇章小的语法单位。关于句子有不同的界定。有人说句子是语法单位:"句子是最大的语法分析上重要的语言单位。一个句子是两头被停顿限定的一截话语。这种停顿应理解为说话人有意作出的。"① 有人说句子是表达单位:"句子是可以完成一个交际任务的功能单位,而不是表层结构单位。"② 有人说句子既是表达单位,又是使用单位:"句子是能表达完整的意思、前后有较大停顿的、有一定语调的语言单位。句子是语言运用的最小单位,我们说话一般至少要说一个句子。"③ 我们可以概括一下:句子是能够表达一个完整意思的、两头被停顿限定了的语言单位。

语言中的句子可以按照不同标准进行分类:从结构上分,可以分为单句与复句,其中单句又分为简单句和复杂句(包孕句),复句又分为并列复合和主从复合;从表达功能上分,可以分为陈述句、疑问句、祈使句和感叹句;根据谓语语法性质分,可以分为名词谓语句、动词谓语句、形容词谓语句、主谓谓语句、双宾语句和连谓句;根据句态分,可以分为主动句和被动句;根据句子中的特殊标记分,可以有"把"字句、"连"字句、"在"字句等。

分类只是为了更好地对句子进行分析,找到其结构上的联系。任何分类都会有不同的角度标准,角度和标准不同,分出来的类也就不同。

---

① 参见赵元任《汉语口语语法》,吕叔湘译,商务印书馆,1979年。
② 参见杨成凯《语法理论研究》,辽宁教育出版社,1996年。
③ 参见刘月华等《实用现代汉语语法》,外语教学与研究出版社,1983年。

四 语法观与语法学

(一)语法观

在日常生活中,我们发现许多人在观念上对语法存在着不同的认识。这些问题可以说是语法观的问题,是我们讨论语法时应该提到的。

1.语法是客观的还是主观的?

语法是语言中的内在规则,语言片段之间的组合(小的语言片段组合成大的语言片段)受语法规则的制约。那么这些语法规则是客观存在的还是人为规定的?从语言的自然属性上来看,语言是一套符号系统,而这个符号系统内部存在着一些看不见的制约因素,使得这个系统是一个有组织的系统,而不是一盘散沙。那些存在于语言内部的规则就是语法,它们是客观存在的,而不是人为规定的。尽管在学校教育中我们要学习语法,学校的语法是经过专家干预和规范处理的,那只不过是为了学习方便所作的人为处理,丝毫不能改变语法的客观性质。当然,我们所发现的语言内在规则、我们写在书上的语法规则、我们所描写出来的语法规则都是与人们的主观认识分不开的。但是这些规则是极其有限的,它们只是对客观的语法规则的描述,至于描述得是否准确应另当别论。

2.是不是只有书面语才有语法?

有人认为只有书面语才有语法,口语没有语法。这种认识的来源是混淆了客观语法和学校规范语法之间的分别。在学校语法里,所有的规则都是从规范的书面语中概括出来的,这样就给人一种错觉:只有书面语才有语法,只有书面语才需要遵守规则,而口语是比较随便的,不遵守语法规则也没有关系。事实上,不管是书面语还是口语,我们写文章和说话都是按规矩办事,都要受语法规则制约。只不过书面语和口语交际环境不同,语法规则的细节可能会有所差异而已。

3.是不是有的语言有语法,有的语言没有语法?

世界上的语言有不同的类型,有的语言形态比较发达,有的语言形态不发达。如果用形态发达的语言的眼光来看形态不发达的语言,就会发现有很多语法范畴在形态不发达的语言里是不存在的,比如说名词的性数格范畴在汉语中一个也没有,我们不能因为汉语里没有相应的表达性数格的语法手段,因此就得出结论说汉语没有语法。不同类型的语言的语法在语法范畴的类别上和表现形式上可能不同,但是每一种语言都有语法,我们无法想象一种没有语法的语言会是什么样子。如果说有些语言还没有人进行系统的语法发掘,因而还没有成系统的语法著作的话,我们说那种语言没有语法书,但不等于没有语法。语法和语法书不是一回事。

4.语法就是语言中的规范吗?

经常有人给语法学者提出要求:媒体上有那么多语病和不够规范的用法,你们应该管一管。甚至有人要求国家对语言使用的细节给出规范。社会的语言生活是存在规范的问题,但是语法不是人为干预可以解决的,语法的规范只能由全社会自行解决。这是一个自组织的过程,不是规范的过程。以前曾经有人批评"打扫卫生"、"养病"、"救火"不合逻辑,因而在语法上有违规范。现在人们已经知道,语法和逻辑不是一回事。

5."合语法的"与"可接受的"。

在讨论句子可接受性的时候我们经常会考虑句子是否成立的问题,而说母语的人在这个问题上也常常发生分歧。这种分歧是语感上的分歧。关于语感,有人试图对它进行量化研究,但似乎不太成功。在语法研究中我们经常会碰到语感的问题,因为语感是我们判断句子是否具有合法性的重要根据。这里的语感指的是母语使用者的语言直觉,应该说在大多数情况下,一个语言集团的人有共同的语感,不然语言交际就无法正常进行。然而不可否认的是,一个语言集团的人在语感体验上会有不同,因此在语感上会有个体差异。这种个体差异是正常现象。在语感的问题上我们应该认可以下一些观念:

第一,同一个语言社团的人语感会有个体差异。

第二,同一个人在不同的时间、场合语感也会有差别。

第三,个人的语言直觉是会发生变化的,也就是说语感具有发展性。

第四,语感的建立和语境的构建有直接关系。

我们在理解孤立的句子的时候实际上都给它们加上了"合适的"语境,我们的语感是建立在对语境的构想上的。如果能找到"合适的"语境,我们很快就会接受这个句子;如果找不到合适的语境,我们就会拒绝这个句子。语境的构建是因人而异的,因为个体经验不同,因此所能构建的语境也不尽相同。我们在决定是否接受一个句子的时候总是想到在什么时候使用这个句子,这个句子究竟是什么意思,因此句子的可接受性总是跟句子的使用环境相联系,同时句子的可接受性与句子的理解难度成反比。例如,和"陈小妹在院子里洗衣服"相比,"陈小妹在日本洗衣服"理解难度要大一些。我们可以用实验的办法来观察被试的反应时间,还可以用语境控制的办法来观察相同被试在不同时间、不同语境条件下的反应。"洗衣服"这个事件所需要的空间方位应该是具体的,有一定规格的,不应该很大。"日本"对于"洗衣服"这个事件来说太大了。但是我们可以接受"陈小妹在日本洗衣服"这个句子,那是因为我们可以把"洗衣服"当做一个工作,而不是一次独立性的事件,这样"陈小妹在日本洗衣服"就可以理解为"陈小妹在日本做洗衣服的工作"。我们可以设想这样的语言环境:

　　　　甲:陈小妹现在在哪儿?
　　　　乙:在日本。
　　　　甲:在日本学语言学吗?
　　　　乙:不,陈小妹在日本洗衣服。
　　　　甲:你是说开洗衣店哪!

如果我们想不出这样的语言环境,就会觉得这个句子很奇怪。这完全不是句法上的问题,而是理解上的问题,也就是说是我们认知上的问题。① 假如我们的经验里边没有洗衣服这一职业,我们就不大会接受这个句子。而"陈小妹在

---

① 我们的世界知识和经验是人与世界互动的结果,它们是我们认知的基础,范畴化、认知图式、像似性都离不开认知主体与客观世界的互动。我们不同意把认知与经验完全割裂开来的做法。当然,个体的世界知识与经验本身都不能作为人认知的模型,但是认知模型是建立在无数个个体经验的基础上的。Langacker(1987)说认知语法与生成语法不同,并不把语言看成是一个普遍规则的系统,"正相反,认知语法是一种基于用法的理论。该语法列举表达说话人关于语言规约的个别陈述的全集,包括那些被一般陈述包含的陈述"。

日本卖衣服"接受起来要容易得多,因为"卖衣服"很容易跟一种职业联系在一起;但是如果我们说"陈小妹在日本买衣服",听话人多半会把"买衣服"看成一个孤立的事件,而不是一种职业。任何句子都不会孤立存在,总要有一定的语言环境,因此我们判断句子是否可接受不仅仅要根据句法上是否合法,是否符合规则,还要根据它是否能跟一定的语言环境建立起合适的联系。符合语法规则的句子不一定都是可接受的句子,但是可以接受的句子一定也符合语法规则。

6. 语法是人与外部世界之间的互动关系在语言中的体现,规则是有认知动因的。

语言符号与符号的组合称为编码,为什么可以这样组合不可以那样组合,看起来是约定俗成的,但是我们发现所谓的"约定俗成"是可以解释的。认知语言学关于像似性动因的理论可以部分地揭示其中的理据。像似性动因假说完全是建立在经验主义的基础上的。例如"我爸爸"和"我的狗"这两个语言形式,为什么"我爸爸"可以接受,而"我狗"却不能接受呢?简单地说,这是因为在现实的经验系统里,"我"与"爸爸"之间的距离比"我"与"狗"之间的距离近,因此在语言的编码系统里,"我"与"爸爸"之间的距离也比"我"与"狗"之间的距离近。①

7. 人类语言是否存在着一种普遍语法?

有人认为人类语言存在着一种普遍语法,所有的语言都受这种普遍语法的制约。有一部分语言学家就是在致力于发现和证明普遍语法的存在。是否存在着一部人类共同的普遍语法,或者说全人类的语言是否有共同的语法可能性,还有待于语言类型学的证明。

(二)语法学

语法学是研究语法的学问。语法是语言符号的组合规则和聚合规则,所以语法学要研究语言符号的组合规律和聚合规律;语法包含形式和意义

---

① "我"和"爸爸"之间的关系是不可让渡的,"我"与"狗"之间的关系是可让渡的。

两个部分,所以语法学也要研究语言的形式类以及这些形式类所代表的意义;语言符号所涉及的形式类以及它们所代表的意义可以概括为不同的范畴,这些范畴在不同的语言中可能会通过不同的语法手段来表达,语法学要研究这些范畴以及它们的表达手段;语法学分为形态学(构词法)和句法学两个部分,其中形态学主要研究与词相关的语法单位的结构形式和意义,句法学主要研究与句子相关的语法单位的结构形式和意义。语法学有不同的理论,每一种语法理论都有自己的背景和目标。比如结构主义语法、转换生成语法、格语法、词汇语法、功能语法、认知语法、蒙太古语法等诸多理论,都有各自的哲学基础和理论假设。考虑到篇幅以及本书的读者对象,我们在这里就不一一介绍了。语法学是语言学领域最活跃的分支学科之一,也是理论分歧最大的分支学科之一。我们在这里只介绍一般的语法学知识,不求全面,但求通俗易懂。

第二节 语法形式和语法意义

一 语法形式和语法意义

语法包括形式和意义两个部分。语法形式和语法意义是一对不能分开的概念,因为语法形式和语法意义的关系是互相依存的,谁也离不开谁,任何语法意义都必须通过一定的语法形式表现出来,任何语法形式都表达相应的语法意义。同样的语法意义在不同的语言中可能会用不同的语法形式来表现,例如名词的性这样一个语法范畴,表达的是"阴性"、"阳性"、"中性"这样的语法意义,有的语言用名词的词尾标记来表现,有的语言用冠词的区别来表现。表现语法意义的形式每种语言都有各自的手段。

(一)语法形式

语法形式指的是语法的外部表现形式。什么叫做语法的外部表现形式?词尾、冠词、格标记、词序、虚词、形态标记、重叠等形式变化都是语法的外部表现形式，它们都是可以直接观察的。我们以英语名词 student 和动词 work 为例：

  student—students

  work — working — worked

  student 和 students 两者在形式上的对立就是有没有词尾-s,有没有-s 的变化就是语法形式的变化，它与一定的语法意义（数）相对应，student 是单数形式，而 students 是复数形式。work、working 和 worked 三者之间的区别就在于词尾变化不同：work 没有词尾（零形式），working 有-ing 词尾，worked 有-ed 词尾，这些语法形式所表达的语法意义是时体的意义（work 是一般现在时词形、working 是进行时词形、worked 是过去时词形）。语法形式是为了表现语法意义而存在的，语法学家可以根据语法形式的区别来概括语法意义的类。

(二) 语法意义

  语法意义是语法的外部表现形式所代表的抽象意义。语法意义是语言单位在组合中所产生的各种关系意义。词序是一种语法形式，它表达的是什么语法意义呢？我们来看这样两个句子：

  客人来了。— 来客人了。

  两个句子表达的语法意义跟名词的指称性有关："客人来了"中的"客人"是说话人和听话人事先知道的，我们说它是"已知信息"，用英语来说应该用定冠词；而"来客人了"中的"客人"是说话人和听话人事先不知道的，我们说它是"新信息"，用英语来说应该用不定冠词：

  The guest came. — There came a guest.

  英语用定冠词与不定冠词这样的语法形式来区分已知信息与新信息这样的语法意义，而汉语只能靠词序来表达这样的语法意义。

  虚词也可以是一种语法形式，例如汉语的"了"、"着"、"过"、"来着"表达的就是体貌意义。"我看这本书"和"我看了这本书"意义不同，和"我看过这本书"意义也不同，这里所说的意义不同表现在对事件内部时间结构的表达上：

"～了"表达的是一种"实现"意义,"～过"表达的是一种"经历"意义,这种意义不是由具体的词汇意义表达的。又比如"中国朋友"与"中国的朋友"意义不同,"的"表达什么语法意义?重叠也是一种语法形式,"来往"与"来来往往"意义不同,"看"与"看看"意义不同,重叠表达的是什么语法意义?这都是需要语法学家进一步总结归纳的。

(三)语法形式和语法意义的关系

语法形式和语法意义是相互依存的。语法意义必须通过一定的语法形式来表达,语法形式一定是为了表达某种语法意义而存在的。如英语动词的各种变形都与特定的语法意义相联系:

  take　　　　　　（动词原形）
  takes　　　　　　（第三人称单数形式）
  took　　　　　　（动词的过去时形式）
  taking　　　　　　（动词的现在进行时形式）
  taken　　　　　　（动词的过去分词形式）

日本语动词词尾的变化也表达相应的语法意义:

  かえる　　　　　　（动词原形）
  かえります　　　　（敬体形式）
  かえりました　　　（敬体过去时形式）
  ……

汉语的体貌标记也可以看成动词的附加成分,表达语法意义。如:"～了""～着""～呢""～来着""～起来":

  吃　　　　　　　　（动词原形）
  吃了　　　　　　　（"～了"表达实现意义）
  吃着　　　　　　　（"～着"表达持续意义）
  吃呢　　　　　　　（"～呢"表达进行意义）
  吃来着　　　　　　（"～来着"表达近期经历意义）
  吃起来　　　　　　（"～起来"表达开始意义）

二 语法意义与概念意义

语法意义是一种抽象的意义,它与概念系统中的意义不是一一对应的。比如说,有些语言中名词有性和数这样的语法范畴,这些语言通过一定的语法形式来表达性或者数这样的语法意义,但是语言中的性或者数跟我们概念世界中的性或者数不一定是一一对应的。也就是说,语法意义不等于概念意义,概念意义是人们对客观事物的概括反映,语法意义则不一定与客观世界一一对应。例如英语名词的数范畴:oats(大麦)是复数形式,而 wheat(小麦)则是单数形式。在概念意义中,大麦和小麦应该是一样的,但是在语法意义中大麦是可数的,小麦是不可数的。

另外,相同的客观事物在不同的语言里可能概括为不同的语法意义。如"性"这个语法范畴在印欧语系不同的语言中可能会有不同的表现形式。比如,在法语、意大利语和西班牙语里,"太阳"是阳性名词,"月亮"是阴性名词,而在德语中却正好相反:

表 5—1

语言＼词语	太阳		月亮	
法语	le soleil	阳性	la lune	阴性
意大利语	il sole	阳性	la luna	阴性
西班牙语	el sole	阳性	la luna	阴性
德语	die Sonne	阴性	der Mond	阳性

再比如,在德语中,"桌子"是阳性的,"门"是阴性的,"火"是中性的,"少女"和"姑娘"也是中性的:

表 5—2

冠词	名词	意义	性
der	Tisch	桌子	阳性
die	Tür	门	阴性
das	Feuer	火	中性
das	Mädchen	少女	中性
das	Fräulein	姑娘	中性

第三节　语法范畴和语法手段

一　语法范畴

语法范畴是语法意义的类,它是把通过一定的语法手段表达出来的语法意义归纳在一起所得到的类别。语法范畴可以分为以体词为中心的语法范畴(如性、数、格等)和以谓词为中心的语法范畴(如时、体、态、式、人称等),还有一些句法范畴(如被动、比较、致使等)。

(一)性

性(gender)是某些语言对名词和人称代词所作的分类。在这些语言中,修饰名词的形容词或者冠词往往也跟着名词而有性的变化。我们再强调一下,语言学中"性"是语法概念,与生物学意义上的"性"不是一回事。德语有阴性、阳性和中性三个类别,而法语只有阴性和阳性两个类别。日语、汉语都没有性这一语法范畴,而英语只在人称代词上还有一点残留,如第三人称单数有 he—she(主格形式)、him—her(宾格形式)、his—her(所有格形式)的对立。德语的每个名词都在词典中标明性的属性,并用不同的冠词表示出来:der 是阳性名词的冠词,die 是阴性名词的冠词,das 是中性名词的冠词。

(二)数

数(number)是某些语言对名词和人称代词的数量意义所作的标记。英语有单数和复数的对立,如 cat(猫,单数)—cats(猫,复数)。阿拉伯语、景颇语、佤语有单数、双数和多数的对立,如佤语人称代词 mai?(你,单数)—pa?(你俩,双数)—pe?(你们,复数),双数和复数用 a 和 e 的元音变化来表示。汉语没有数的语法范畴,普通名词不存在单数和多数的对立。汉语的数是用词汇手段来表达的。例如:

你—你们　我—我们　孩子—孩子们　先生—先生们

有人认为"们"是汉语名词数的语法范畴的标记。实际上"们"的使用是很受限制的,它不能推广。例如下面的例子是不能成立的:

*书们　*笔们　*电脑们　*桌子们　*石头们　*杯子们

我们可以认为现代汉语中的"们"是正在形成中的复数标记,在语言演变的历史过程中,它有可能发展为成熟的数的标记。

(三)格

格(case)标记的是名词、代词与其他词的关系,修饰名词、代词的形容词、数词也跟着变化。印欧语系的语言大多有格的变化,现代英语只有人称代词还有主格、宾格和所有格的对立,如表5—3:

表 5—3

主格	宾格	所有格
I	me	my
you	you	your
he/she	him/her	his/her

德语有四个格:主格、所有格、与格、宾格。在组合中,性、数、格要同时变化。例如表5—4:

表 5—4

	阳性	阴性	中性	复数
主格	der Arbeiter（男工）	die Arbeiterin（女工）	das Buch（书）	die Bücher（书）
所有格	das Buch des Arbeiters（男工的那本书）	das Buch der Arbeiterin（女工的那本书）	die Farbe des Buches（那本书的颜色）	die Farbe der Bücher（那些书的颜色）
与格	dem Arbeiter	der Arbeiterin	dem Buch	den Büchern
宾格	den Arbeiter	die Arbeiterin	das Buch	die Bücher

格标记可以使意义表达得更清楚,减少歧义。例如汉语"我在火车上写

字"可以理解为不同的意思,如"在火车车厢里写字(不如在家写字舒服)"、"我把字写在火车上(结果被罚了二百元)"、"我在火车顶上写字(不小心摔了下来)"等,而在德语里,不同的格可以区别不同的情形:

  ① Ich schreibe im Zug.   我在火车上写字。
  ② Ich schreibe an den Zug.   我把字写在火车上。
  ③ Ich schreibe auf dem Zug.   我在火车顶上写字。

(四)时

  时(tense)是动词的语法范畴,用动词的词形变化来表达事件的外部时间概念。"时"的范畴分为过去时、现在时和将来时三种。屈折语用动词词形变化这样的语法形式来表达时这样的语法意义,例如英语:

  ① I sent you a letter.(send 的过去形式)
  ② I am sending you a letter.(send 的现在进行形式)
  ③ I am going to send you a letter.(send 的将来形式)

  过去、现在、将来三"时"还可以衍生出过去进行时、过去将来时、过去完成时等时间概念,这是把事件的内部时间结构和外部时间结构结合起来的结果。有的语言还区分远过去时和近过去时。总之,时的语法范畴是对事件外部时间结构的刻画,事件的外部时间结构在不同的语言中有不同的语法表现形式。汉语表达事件的外部时间概念主要通过词汇手段,事件发生的时间是过去、现在还是将来在动词词形上没有表现。英语不完全用动词词尾变化来表示时间的概念,有时也会用复合形式,例如可以用助动词"shall/will+动词原形"表达将来时。汉语的"要/会/将/即将+动词原形"表达将来时的概念与英语如出一辙。日语动词的词尾变化可以把过去和现在分得很清楚,如:

  ① 动词原形:行く(简体) 行きます(敬体)
  ② 动词的过去形式:行った(简体) 行きました(敬体)

(五)体

  体(aspect)表达的是行为动作进行的情况,也是动词的语法范畴,表达事件的内部时间概念。事件的内部时间结构包括开始、持续、完成等概念。不同的语言有不同的体。英语有一般体、进行体和完成体。如 He talks（一般体），He is talking（进行体），He has talked（完成体）。而蒙古语动词的体则有反复体、瞬间体、完成体和继续体。有的语言时和体是纠缠在一起的，如英语，统称为时态。根据语言类型学的研究，人们发现有的语言是时制凸显（tense-prominent）的语言，有些语言是体貌凸显（aspect-prominent）的语言。时制凸显的语言注重的是事件的外部时间结构，体貌凸显的语言重视事件的内部时间结构。语言中的体主要表现的是事件的进程，在进程中事件是否完成是比较重要的，所以很多语言中都有完成体。时和体都与事件的时间表达有关系，所以很多语言表达事件过程完结的语法手段与表达过去时用相同的语法形式，例如日语过去时同时也表示完成体。

(六) 态

态（voice）表达的是动作和行为主体的关系。态的表达主要是通过动词的变化或者标记成分来实现的，一般分为主动态和被动态。汉语用介词"把"作为主动态的标记，例如：

　　我把足球踢破了。

"我"是主动者（语言学中称为施事成分 agent），"足球"是被动者（语言学中称为受事成分 patient）；"把"前边是施事成分，后边是受事成分，介词的作用是把两个部分连在一起。汉语用介词"被、叫、让"作为被动态的标记，例如：

　　足球被我踢破了。

"足球"是被动者，"我"是主动者，"被"前边是受事成分，后边是施事成分。

英语用"be＋动词的过去分词"来表达被动态，用介词 by 引出施事成分。例如：

　　The ball was broken by my kicking.

(七) 人称

人称（person）表达的是人称代词和动词的关系，不同的人称对应不同的动词词尾变化。这实际上是人称与动词之间在形式上的一致关系,第一人称、第二人称、第三人称的动词词形变化不同。人称的变化往往与数的变化纠缠在一起,以德语 sagen(说)和 arbeiten(工作)为例:

   第一人称单数:ich sage (我说) ich arbeite (我工作)
   第二人称单数:du sagst (你说) du arbeitest (你工作)
        Sie sagen (您说) Sie arbeiten (您工作)
   第三人称单数:er sagt (他说) er arbeitet (他工作)
        sie sagt (她说) sie arbeitet (她工作)
        es sagt (它说) es arbeitet (它工作)

   第一人称复数:wir sagen (我们说) wir arbeiten (我们工作)
   第二人称复数:ihr sagt (你们说) ihr arbeitet (你们工作)
        Sie sagen (您们说) Sie arbeiten (您们工作)
   第三人称复数:sie sagen (他们说) sie arbeiten (他们工作)

我们可以看到不同的人称形式,要求动词有不同的词形变化来与人称保持一致关系。汉语没有类似的人称变化,不同的人称在动词形式上没有任何变化要求。

二　语法手段

  人类语言尽管在类型上存在着比较大的差异,但是有些基本的语法范畴是共同的。因为人类有基本一致的概念系统,人们认识世界和描述世界的途径是相同的。只不过在不同的语言中人们会用不同的语法手段来表达同一个语法范畴。比如时间范畴,这是所有人类语言都会遇到的问题:当我们在表述一个事件的时候,我们是否把这个事件的外部时间(什么时候发生的)和内部时间(已经进行到什么阶段)刻画出来,用什么方式刻画出来,这就是语法手段上的差异。事件的外部时间语言学家把它叫做"时",有的语言用词汇手段来表达,如汉语用时间名词和时间副词来指示事件发生的外部时间;有的语言用动词词尾变化来表达,如英语用动词的词尾变化来指示事件发生的外部时间。事件的内部时间语言学家把它叫做"体",有的语言用助动词的手段来表达,如汉语的"了"、"着";有的语言用助动词加上动词词尾变化来表达,如英语的完成体用助动词 have 加上动词的过去分词形式来表达。概括起来说,语法手段可以归为以下三大类:

(一)综合性形态手段

常见的综合性形态手段有:附加(包括词缀、词尾、格标记等)、内部屈折、重叠、重音、异根等。综合性的形态手段表现在构词法和造句法两个方面:附加词缀、内部屈折、重叠、异根构词都是构词法中的形态;格标记是造句法中的形态;词尾、重音既可以是构词法中的形态,又可以是造句法中的形态。

1.附加

附加是指在词根上加词缀或在词干上加词尾改变语法意义,或者在句子中使用格标记以标示名词性成分在句中的语义角色或语法角色。

(1)词缀。词缀是附加在其他语素(词根或者词干)上面表达一定词汇意义的构词成分。词缀的作用是改变词根的词汇意义,参与构词。例如英语的名词后缀-er,可以改变词根的意义而构成新词:

  read(读) → reader(读者)
  kill(杀) → killer(杀手)
  teach(教) → teacher(教师)
  cook(做饭) → cooker(餐具)

-er 既改变了原词根的词性,又改变了原词根的词汇意义。

词缀可以分为前缀、中缀、后缀三种。前缀如汉语的"老—"、"阿—",英语的 pre-,un-,in(im)-,dis-:

  老—:老师 老婆 老虎 老鼠 老板
  阿—:阿姨 阿哥 阿妹 阿舅 阿妈 阿爹
  pre-: presuppose premedical preheat prelude
  un-: unforgettable undo unable

in(im)-：indefinite inarguable inaccessible impossible

dis-：disable discover discredit discreet disembody

中缀在我们所熟悉的语言里不常见，这里略过不谈。后缀是很常见的附加成分，如汉语的"一子"、"一头"、"一巴"，英语的-tion(名词后缀)、-ful(形容词后缀)、-ly(副词后缀)：

　　一子：桌子　鼻子　滚子　盖子　靶子　麻子　笼子

　　一头：石头　盼头　准头　看头　甜头　行头

　　一巴：嘴巴　下巴　泥巴　盐巴　捏巴　揉巴

　　-tion：action argumentation implication production

　　-ful：beautiful wonderful harmful doubtful peaceful

　　-ly：sadly lovely lonely vividly wrongly

(2)词尾。词尾是附着在其他语素后面、只表达语法意义的构形成分。词尾是词的一种屈折变化形式，它只改变词形，不改变词汇意义，不参与构成新词。词尾的作用是表达某种语法意义。例如英语动词后边的-ing，表达的是"现在时，进行体"这样的语法意义，英语动词后边的-ed 表达的是"过去时"这样的语法意义，英语名词后面的-(e)s 表达的是"复数"这样的语法意义。

(3)格标记。格标记是在句子中标示名词性成分在句子中的语义角色或语法角色的语法成分，它是一种句法手段。阿尔泰语系的语言、芬兰－乌戈尔语系的语言都有成系统的格助词。日语、朝鲜语(韩国语)都有成套的格助词，在句子中标明句子成分或者指示名词与动词之间的关系。例如日本语用格助词は(-wa)来指示主语、用を(-o)来指示宾语、用が(-ga)来指示话题、用で/に(-tte/-ni)来指示空间方位、用で/に(-tte/-ni)来指示时间、用で(-tte)来指示方式、用へ(-e)来指示方向、用から(-kara)来指示位移或者时间的起点、用まで(-matte)来指示位移或者时间的终点等。

2.内部屈折

　　内部屈折指的是通过元音交替的手段构成新词，或者改变词的语法意义。它是一种构词手段。汉语的"觉"(觉醒)[tɕye]和"觉"(睡觉)[tɕiau]就是通过改变元音从而改变词性，构成新词。英语名词的复数形式有规则形式和不规则形式两种,规则形式是在名词后面加上复数标记-(e)s,这是附加词缀的方法;不规则的形式是通过内部屈折,改变元音形式,如:

  foot → feet
  goose→ geese
  tooth → teeth

英语动词的不规则变化也是通过内部屈折来改变词的语法身份,如:

  take → took
  drive → drove
  fall → fell
  drink→ drank

3.重叠

  重叠是运用音节复制的手段构成新词或者改变词的语法地位的语法手段。在汉语普通话和方言中,利用重叠手段构词或者改变词的语法地位的例子比比皆是。比如北京话中的"头儿",第一个语素可以重叠,重叠后构成新词"头头儿";类似的例子在山西话中非常多见,如"人"和"人人"所指不同,前者指的是普通意义的"人",后者指的是用面或者泥做成的"人形",有时也可以指称小孩子。汉语普通话的重叠手段更多地体现在动词、形容词、副词上,如:

  动 词:看→看看 想→想想 找→找找
      研究→研究研究 讨论→讨论讨论 活动→活动活动
  形容词:好→好好 快→快快 狠→狠狠
      漂亮→漂漂亮亮 痛快→痛痛快快 热闹→热热闹闹
  副 词:白→白白 渐→渐渐 刚→刚刚

动词、形容词和副词重叠以后它们的语法性质发生了变化,比如形容词重叠以后已经失去了形容词的分布属性,不再能接受"不"、"很"这样的副词修饰,也不再能修饰光杆名词。词的重叠是汉语普通话一种重要的语法手段,从语言表达意义这个角度看,重叠显然与不重叠的原形是有区别的。至于重叠到底表达了什么语法意义,学术界有不同的意见,因此在这里就不详细探讨了。

4.重音

重音是一种通过改变一个语言单位中某一部分的音重从而改变这个语言单位的意义或者给这个语言单位加上某种标记的语法手段。重音既可以是构词手段，又可以是表达手段。从构词的角度来看，有些语言利用轻重音来构成新词，比如汉语普通话"运'气"和"'运·气"的对立，"地道"和"'地·道"的对立。在普通话中重音的位置是不固定的，有一部分双音节词后一个音节读成轻声，如"棍子"、"结实"、"研究"，其实轻声也是一种重音手段。英语的 con'tent（形容词）和 'content（名词），in'crease（动词）和 'increase（名词）也都是用重音移动来改变语法意义的。

跨语言的研究结果显示，对于某些语言来说，词重音的位置是固定的，比如拉丁语族的语言（意大利语、西班牙语等），词的重音总是落在倒数第二个音节上。语言中的重音是一种语音现象，它同时是一种语法手段，除了在形态学范围内有所表现之外，在句法和韵律方面它也是必不可少的手段。在句子层面，重音位置不同可以改变句子的语义焦点。例如：

'我明天要去上海。（重音在"我"上，语义焦点也在"我"上）

我'明天要去上海。（重音在"明天"上，语义焦点也在"明天"上）

我明天要去'上海。（重音在"上海"上，语义焦点也在"上海"上）

从这个意义上来说，我们可以说重音是句子语义焦点的标记之一。重音在句子中的分布是有规律的，也是受语义条件和韵律规律制约的。

5.异根构词

所谓异根构词指的是用不同的词根来表达不同的语法意义。例如英语动词的过去式是在动词词形后边加上-ed，例如 walk—walked, excuse—excused, look—looked；但是在英语中存在着不规则的变化形式，这些不规则动词都是使用频率极高的动词，例如 go 的过去式是 went，而不是 goed，这就是异根构词。类似的例子在英语中还有形容词的比较级。形容词的比较级一般是在同一词根的基础上变化，如在形容词后加上-er 表示比较级，在形容词后加上-est 表示最高级，如 warm—warmer—warmest；而不规则变化如 good—better—best 就是异根构词，good 的比较级和最高级都不是在 good 这个词根的基础上发生的变化。

(二)分析性语法手段

分析性的语法手段是与综合性手段完全不同的一种语法手段。分析性语法手段表现为词序、前置词、后置词、冠词、助词等。

1.词序

词序的语法手段指的是利用词的排列顺序的变化表达不同的意义。词序是一种很有效的语法手段,尤其是在像汉语这种缺乏严格意义的形态屈折的语言里,词序的作用尤其突出。如:

① 客人来了("客人"是已知信息)
  来客人了("客人"是未知信息)
② 在地上跳("地上"是事件发生的场所)
  跳在地上("地上"是位移的终点)
③ 你快点儿跑(不一定表示"你跑得不够快",是一种建议)
  你跑快点儿(有"你跑得不够快"的意思,是一种催促)
④ 他明天去上海("他"是话题)
  明天他去上海("明天"是话题)

2.前置词和后置词

(1)前置词。前置词是指出现在一些语法成分前面的、表达特定的语法意义的语言成分。例如汉语中的介词就是一种前置词:

① 在北京住
② 从南京来
③ 把书打开
④ 向天上开枪

前置词是一种虚词,它们在语言中使用频率很高,但并不是所有的语言都有前置词,如日语就没有前置词。印欧语有比汉语还要丰富的前置词,如英语中 to、for、as、in、on、at、over、about、into、onto、under、by 等都是前置词,所以印欧语背景的汉语学习者在汉语中介语表现中有一个明显的趋向:介词的使用频率比日本学生和韩国学生高出一倍多,比中国人也高出一倍。

(2)后置词。后置词是指出现在一些语法成分之后的、表达特定语法意义的语言成分。汉语既有前置词又有后置词。例如方位词就是一种后置词。例如:

① 教室里
② 瓶子中
③ 价格上
④ 面子上

日语没有前置词,但是有成系统的后置词。日语中的格助词都是典型的后置词,如表示空间方位、表示方式的で(-tte),表示时间或空间的に(-ni),表示方向的へ(-e)等。

3. 冠词

冠词是指示名词指称性意义的语法成分。在一些语言里,名词的有定和无定是通过显性的语法手段来表达的,冠词就是这样一种语法手段。印欧语系的语言有冠词手段,英语的定冠词 the 和不定冠词 a(an)指示的是名词性成分在句子中是不是已知信息;德语的冠词除了指示名词的有定和无定意义以外,还可以指示名词的性,例如 der 是阳性名词的定冠词,die 是阴性名词的定冠词,das 是中性名词的定冠词。

4. 助词

助词是一种附着在某些语法成分之后的、表达某种特定语法意义的虚词。在形态变化不是很发达的语言里,助词是一种很重要的语法手段。例如汉语中有表示体貌的助词"了"、"着"、"过",有表示语气的助词"啊"、"吧"、"呢"、"吗"等,这些语法成分有的是附着在动词之后,表示事件的内部时间意义(tense),有的是附着在句子之后,表示事件的外部时间意义(aspect)或者句子的情态意义(modality)。

(三)一致关系

某些语法范畴与动词在形式上的互相照应关系叫做语法的一致关系

(grammatical agreement)。在一些屈折语中,名词的语法性质会影响到对动词形式的选择,或者换一句话说,名词的语法属性不仅在名词词性上有所体现,在动词上也要有所体现。例如英语名词的单复数在形式上是有标记的,入句以后在动词上还要加上特殊标记,这实际上是一种双重标记。试比较:

  One bus comes.
  Two buses come.

如果名词是单数形式,名词用缺省的原形形式,不需要加上标记,而动词是comes,是在动词原形 come 后加上了一个尾巴-s。如果名词是复数形式,名词需要加上标记-es,而动词是缺省的原形形式。

  人称也涉及语言中的一致关系,在有些语言中,人称代词与动词性成分在形式上要互相照应。例如前文说过的德语的例子:

  第一人称单数:ich arbeite　(我工作)
  第二人称单数:du arbeitest (你工作)
       Sie arbeiten (您工作)
  第三人称单数:er arbeitet　(他工作)
       sie arbeitet　(她工作)
       es arbeitet　(它工作)

同一个动词 arbeite 在不同的人称后边有不同的词尾变化,这就是人称与动词的一致关系要求的。

第四节　理论语法和教学语法

一　语法研究的不同取向

  语法研究有不同的取向:有面向理论的研究,也有面向应用的研究。

  语法的理论研究也有很多角度,有基于结构的研究,有基于数学模型的研究,也有基于认知的研究、基于功能的研究,发展出不同的语法学流派,比如生成语法、配价语法、格语法、功能语法、蒙太古语法、词汇语法、认知语法、角色与参考语法、功能认知语法、语义功能语法等,每一个语法流派都有自己的认识论背景和方法论体系。不同的语法流派之间可以互相借鉴,但是由于彼此在理论背景上的分歧导致的隔膜,使得不同学派之间的交流变得十分困难。

语法的应用研究也有不同的应用领域,有面向语言信息处理的研究,有面向教学的研究。面向教学的语法研究又可以分为面向母语者的教学语法研究和面向非母语者的教学语法研究。

理论研究有理论研究的追求,应用研究有应用研究的目标,两者可以很不相同。我们不能用实用的标准来衡量理论语法,也不能用理论研究的标准来要求实用语法。当然最理想的情况是:理论研究能够解决应用问题,应用研究关注理论问题,理论研究者能够适当关注应用问题,应用研究者也能够适当关注理论问题,从而实现理论语法与应用语法的完美结合。

二 语法的不同层面和语法研究的不同立场

(一)客观语法、专家语法与教学语法

语法是语言符号的组织结构规则,我们相信在自然语言中存在客观的组织结构规则,这就是客观语法(objective grammar)的观念。而语言中的这种结构规则有待于研究者去发现,目前我们所发现的只是客观语法的一部分,已经发现的和正在发现的规律只是客观语法的一部分,还有很多属于客观语法的部分尚未被发现。

专家语法或者理论语法是研究者对客观语法的描写和阐释,这种描写和阐释当然涉及研究者的观察角度、研究者的认识论和方法论背景、研究者的观察手段等,我们把这种描写和阐释称为专家语法或者理论语法(theoritical grammar)是因为这种描写和阐释涉及研究者的主观因素,因此它不完全是客观的,甚至可能与客观语法相去甚远。专家语法总是试图构建一种理论框架,并且把自己观察到的现象纳入构建好的理论框架中,从而形成一个整齐的、规则的、内部完美的系统。专家语法的目的是为了寻找语言构造中的规律,或曰

"上帝的真理"。

有时为了教学的目的,我们会把专家们发现的一些语法规则用简单易懂的方式表述出来,甚至图解出来,这就是教学语法(pedagogical grammar),也可以叫做学校语法(school grammar)。教学语法与理论语法的关系是互相依存的,应该说,教学语法汲取理论语法的营养,同时受到理论语法的影响,很难有独立于理论语法之外的教学语法。教学语法是规定性的,这是与专家语法不同的地方。

此外还有学生语法,就是学生在学校所能学到的语法,它与客观语法、专家语法以及教学语法不在同一个层次上。

从语法所涉及的内容来说,我们说客观语法最大,专家语法次之,教学语法最小。它们之间的关系如下图所示。

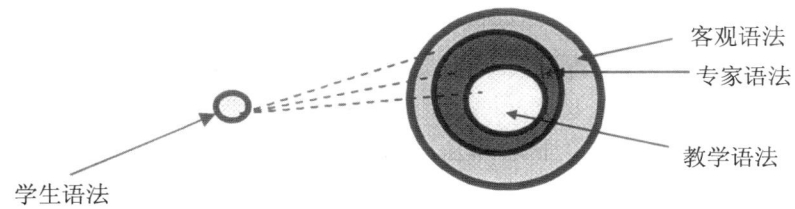

图 5—1

说教学语法最小这是从研究的广度和深度上说的,是就语法本身说的;单纯地看教学语法,它所涉及的内容是很多的,因为教学语法讲究面的完整,不十分在乎点的深入。如果看语法著作,教学语法可能是最厚的,但这是语法书,不是语法本身。教学语法是在专家语法的基础上产生的,它在观念上往往比专家语法保守,这是由教学的性质决定的。

汉语语法研究的历史只有 100 多年,还没有形成一个体系完整、阐释科学、编排合理、内容完备的教学语法体系。曾经有一段时间,我们把客观语法、专家语法与教学语法混为一谈,譬如讲到为什么要分词类,答案是"为了教学方便"。语法研究的终极目标应该是探求语言内在的编码机制,因此探求的应该是"上帝真理",而"为了什么什么方便"则只能是权宜之计,是

"术",是"变戏法"(hocus-pocus),不是"道"。理论语法不一定能够直接用于课堂教学,但是如果没有理论语法的基础,教学语法就会成为无源之水,无本之木。理论语法有更广阔的想象空间和更大的自由度,而教学语法需要在一段时间内稳定不变,从某种意义上说需要"墨守成规",如果这个成规足够好的话。

(二)形式主义与功能主义的取舍

理论语法的研究者甚众,理论、观念、方法、操作花样很多,从而形成了不同的理论倾向和工作方式,它们大致可以用形式主义(formalism)和功能主义(functionalism)来概括。我们可以从认识论和方法论的角度来讨论形式主义与功能主义的区别。从语法教学的角度看,形式主义的语法研究可能帮不上太大的忙,或者说迄今为止我们还看不到形式语法对教学语法有什么直接的帮助,尽管有人曾尝试用数理逻辑来描写语义系统,并试图把这种描写应用于语法教学[1],但是效果如何还有待于观察。与形式主义语法相对应的,功能主义的语法理论在很多方面我们认为可以发挥作用。功能主义关于信息流和篇章的研究,对于教学语法来说也是一个非常新鲜的课题,这些研究可以引起教学语法的革命。另外,认知语法的一些原则和观念也可以为教学语法提供思路,比如认知语法关于隐喻(metaphors)、意象(images)和图式(schemata)的研究,挖掘了人类语言在认知方面的许多共性,在课堂教学中可以引导学生自己去理解和发现目的语语法和母语语法的共同点。这使得我们的教学与传统的灌输法比较起来要主动得多。

(三)理论语法的目标和教学语法的目标

理论研究和应用研究的目标不同,这是不言而喻的。学者们对理论研究的兴趣比对应用研究的兴趣要大得多,或者说在语法研究中有重理论轻实用

---

[1] 例如白俄罗斯国立大学的郭德(Гордей А.Н.)教授正着手编写《汉语语义教程》,就是试图用逻辑语义学的方法描写汉语语法并将它引入课堂教学。

的倾向。因为理论研究比较有创造性,比较起来应用研究要乏味一些,更技术性一些。从20世纪20年代开始,国内出版的以解决具体问题或者声称以解决具体问题为主旨的语法著作数量不少,它们也的确解决了语言中的一些具体问题。但是不同的应用领域有不同的具体问题,以往的语法研究往往比较关注本族人在母语使用中的具体问题,而对外族人学习和使用汉语的具体问题则关注不够。这不是研究者有什么偏见,是历史使然。在中国语法研究中,问题永远比主义重要。我们认为理论研究的目标应该是主义而不是问题,尽管理论研究要从问题入手;而应用研究的目标应该是问题,不管什么主义,能解决问题就是好主义。

三 汉语作为第二语言或者外语的语法研究

(一)现状概述

汉语作为第二语言或者外语的大规模研究已经有40多年的历史,其中的语法研究占有很重要的地位。[①] 有几部语法著作是专门为外国人学汉语或者教外国人学汉语写的,如赵元任的《中国话的文法》、刘月华等人的《实用现代汉语语法》、房玉清的《实用汉语语法》等。吕叔湘主编的《现代汉语八百词》也可以用来作为教外国人汉语的参考语法。此外还有一些讨论对外汉语教学语法体系的著作,不一一列举。把汉语当做第二语言或者外语进行教学的过程中发现了许多语法问题,研究者发表了许多研究报告和论文。[②] 这些研究只是解决汉语语法教学中的局部问题,迄今为止还没有一个整体的、一揽子解决的方案。从语言教学和语言学习的角度看,这不能不说是一个缺憾。

(二)汉语作为第二语言或者外语的语法研究的几个方面
1.语言习得研究及其局限

---

① 参见陆俭明《80年代中国语法研究》,商务印书馆,1993年;马庆株、项开喜《20世纪的中国现代语法学》,载《20世纪的中国语言学》,北京大学出版社,1998年;陈保亚《20世纪中国语言学方法论》,山东教育出版社,1999年。

② 参见赵金铭、崔希亮主编《新视角汉语语法研究》,北京语言文化大学出版社,1997年。

语言习得[①]的研究在最近几十年发展得很快，第二语言习得的研究也已经渐成规模。汉语二语习得的研究才刚刚起步，在语法方面的成果还非常有限，主要有汉语时体范畴的习得研究、汉语被动句的习得研究、汉语"把"字句的习得研究、汉语语序的习得研究等一些语法项目的专题研究和习得顺序的研究，虽然取得了一些成果，但是离语法教学的要求还有比较大的距离，这种研究仍然属于基础理论研究的范畴，还不能解决应用中的问题。

2.教学语法体系的问题

对外汉语教学的语法体系问题也是很多人关心的问题，因为它涉及教材的编写、汉语水平考试的命题、教学大纲的制订等一系列问题，所以时时有人提出来。而教学语法体系的确立又是一个涉及面比较宽的系统工程。首先，采用什么样的语法框架，以什么样的语法理论为支撑，这是不能回避的问题；其次，体系内部能否自圆其说的问题；第三，体系的封闭性和开放性的问题；第四，体系在使用过程中自我完善的问题。教学语法体系的制订涉及一些相关的问题，如：学习理论的问题、本体研究的问题、教学理论的问题、语言学理论的问题。教学语法体系是一个应用课题，但是如果我们仅仅考虑到一些具体的语法问题，而没有一个统领全局的纲领的话，教学语法就会变得很琐碎，教和学都很困难。

3.教材中的语法和语法教材

教材中随课文注出的语法项目应该遵循语法习得顺序，循序渐进。但是目前我们的教材语法项目的导入比较随意，主要原因是我们还不太清楚学习者习得的顺序，对语法项目的难易程度和使用频率缺乏详细的调查，导致进退失据。

语法教材是另外一回事。语法教材有两类：一类是教人学语法，主要安排在于突出语法知识，严格地说这不是我们所说的教学语法；另一类是教人学语言，主要安排在于怎样一步一步地让学习者掌握目的语的语法。教材中的语法项目需要考虑前后出现的难易程度和衔接关系，还要考虑语法项目的复现

[①] 有人严格区分"习得"和"学习"两个概念，也有人不加区分，我们这里也不加区分。

率,从结构和功能的角度安排例句,突出重点,突出语法项目中的典型意义和典型用法。而语法教材则要考虑系统性,考虑章节安排的合理性。

4. 学的策略和教的策略

学和教是一个过程的两个侧面。从学的角度考虑,语法项目的引入不能脱离学生的接受能力,不要把简单问题复杂化,而是要把复杂问题简单化。学生在学习语法时通常采用不同的策略:理解型、模仿—复练型、自然获得型、综合型。不同学习者在学习策略上有不同的倾向,这与学习者的母语背景、教育方式、学习习惯、个人经验都有关系①,我们在设计如何把理论语法转化为教学语法的时候要考虑到学生的学习策略。

从教的角度考虑,我们也发现不同的教师在处理相同的语法项目时会采用不同的策略。2001年2月,在苏州和济南对129名国家公派出国任教储备汉语教师的选拔考试中,我们发现,被试在课堂教学中处理语法项目时采用的策略有知识输入型、分析讲解型、讲练结合型、引导练习型、语言对比型、回避型等几种。虽然有两名教师在课堂上对语法项目采取回避策略,但是大部分教师对语法项目的处理还是有想法的。各策略采用的大致比例如下(表5—5):

表5—5

教学策略类型	教师数量	百分比
知识输入型	42	32.56
分析讲解型	26	20.16
讲练结合型	31	24.03
引导练习型	23	17.83
语言对比型	5	3.88
回避型	2	1.56

根据上面的观察,我们看到第二语言的课堂教学在如何对待和处理语法的问题上存在着误区,就是课堂上讲得太多,练得太少。讲语法知识和单纯地

---

① 我们正在对学习策略和学习效果的关系进行研究,目前还只有一些初步的认识。

对语法现象进行分析讲解,都不是有效的教语法的方法。讲练结合和引导练习比较奏效。遗憾的是大多数教师认为讲解比练习好,更能体现教师的主动性和主导性。与此相联系的问题是:教材中的语法注释也是以注解为主,练习不足。

思考与练习

1. 什么是语法？我们如何知道语言中有语法存在？
2. 什么是语法形式？什么是语法意义？语法形式和语法意义之间的关系是什么？举例说明。
3. 什么是语法范畴？语言中常见的语法范畴有哪些？
4. 什么是语法手段？举例说明语言中常见的语法手段。
5. "时"和"体"这两种语法范畴的联系和区别是什么？
6. 词缀和词尾的区别是什么？
7. 什么是客观语法？什么是专家语法？什么是教学语法？三者之间是什么关系？
8. 谈谈你对汉语作为第二语言或外语的语法研究与通常意义上的汉语语法研究的关系的认识。

第六章 语　义

第一节 语义与语义学

一　语言的意义

(一)语义的概念

语言有三个要素:语音、语法和语义。前面我们已经讨论了语言中的语音和语法,现在我们来讨论语义。简单地说,语义就是语言的意义。那么什么是语言的意义呢？或者说语义学都研究什么样的问题？这个问题在语言学界最不容易说清楚,也是语言学这个学科中最有争议的部分,我们看不同的语义学著作,发现他们讨论的所谓语义完全是不同的东西。然而我们必须清楚,语义是语言中最重要的东西。

语言的核心是语义。语音也好、语法也罢,都是语言形式上的表现,语义才是语言的核心价值所在。"意义"这个词有不同的含义,第一层含义是指语言文字或其他信号所指涉的内容,如"'打秋风'这个惯用语的意义是什么",其中的"意义"指的是语言符号的意义;第二层含义是指某种价值或作用,如"改革开放的意义很重大",其中的"意义"指的是价值。语言的意义也有两层含义:一层含义是指某些语言符号所指涉的内容,比如语素(实语素)、词(实词)、短语、句子都有具体的内容;另一层含义指的是某些语言符号的价值,比如一些只表达语法意义的语言符号(例如虚词、词的屈折变化)。当我们说到语义的时候,既可能指有实在意义的语言符号的意义,也可能指没有实在意义的语言符号的语法意义。

(二)语义的存在

语言中的意义在哪里？有人说语言的意义在词典里，有人说语言的意义在语汇里，有人说语言的意义附丽在语言的符号上，也有人说语言的意义在我们的心理词典中。无论是符号所指涉的内容也好，符号所体现的价值也好，它们都是我们的大脑与外部世界互动的结果，也就是说它们都是人类认知的直接成果。所以我们同意这样的说法：语言的意义存在于我们的心理词典中，而且是以网络系统的形式存在的。也就是说在我们的心理词典中，没有哪一个意义是孤立存在的，意义和意义之间是有联系的，每一个意义都可以在语义的网络中找到自己的位置。语义的网络是一个层级体系，我们的心理词典与我们可以看到的各种词典在结构上是不一样的，我们现在看到的词典所有的词条都是按照一定的顺序排列的，目的是有利于检索，而我们的心理词典是按照层级体系排列的，这是我们认识外部世界的自然结果。所以认知语言学认为意义就在我们能够意识到的经验当中。发现意义的途径只能通过内省，通过抽象、联想和概括等一系列思维过程。当然内省的结果可以用实验的办法或者计算机模拟的办法去验证。

(三)心理词典中的语义网络

语言的意义是以层级网络的形式存储在我们的心理词典中的，这样我们就会提出一些问题来：我们每一个个体的心理词典中所存储的语义网络是不是一样的？不同母语背景的人心理词典所存储的语义网络是不是一样的？古代的人与现代的人心理词典中所存储的语义网络是不是一样的？

这是假想出来的问题，答案也是一种猜想，迄今为止这个猜想还没有实验的验证：如果我们每一个个体的心理词典中所存储的语义网络不同，那么人与人之间的语言交流和互相理解就会出现障碍；如果不同母语背景的人心理词典所存储的语义网络不同，那么不同语言之间的翻译就会出现障碍；如果古代的人与现代的人心理词典中所存储的语义网络不一样，那么古代的作品就很难翻译成现代的文本。也就是说，人类心理词典中所存储的语义网络是一个大致相同的系统，否则我们无法解释为什么人与人之间可以互相交流和互相理解。但是我们也应该看到，即使在同一个语言社团中，个体之间的差异也是存在的。比如现代汉语的"十来岁"，到底是"十岁以下接近十岁"还是"十岁以上接近十岁"，以汉语普通话为母语的人在理解上是有分歧的，但是这种微观的分歧不会影响整个系统的一致性。不同语言社团之间的语义网络差异就会更大一些，甚至会出现不对称。例如说英语的 cousin 这个词的语义内容在汉语中没有对等的词汇形式，在汉语中对应的词有"堂兄"、"堂弟"、"表兄"、"表弟"、"堂姐"、"堂妹"、"表姐"、"表妹"等不同的词。反过来也一样，汉语的"意思"与英语的 meaning 也是不完全对等的，汉语的"够意思"、"小意思"、"没意思"、"有意思"、"不好意思"以及"意思一下"的"意思"在英语中不能对应 meaning，汉语的"拉关系"、"找关系"、"靠关系"、"关系网"的"关系"在英语中也很难找到对应的词，翻译者干脆直接使用音译 guanxi。因此我们有理由认为不同母语背景的人其心理词典中的语义网络差别比同一语言社团的人们之间要大得多。至于古人与今人之间的语义网络之间的差异，其大小应该介于前两者之间。

在对外汉语教学中，由于语义网络不对称造成的偏误比比皆是，例如一个以英语为母语的外国学生说"我妈妈没有牛奶，我是吃母牛的牛奶长大的"，因为在他的语义网络中，"牛奶"不是一个单独的语义终端，"奶"已经是语义网络的终端，这个概念没有细分为"人奶"和"牛奶"；而在汉语中，"牛奶"是一个单独的语义终端，它是包含在"奶"这个意义范畴中的。试比较英语和汉语与"奶"的语义有关的语义网络的差异：

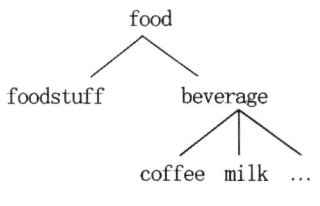
a. 英语"奶"的语义网络

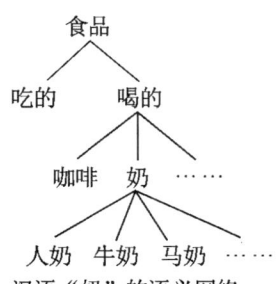
b. 汉语"奶"的语义网络

图 6—1

二　语义学

语义学是研究语义的科学。那么语义学主要研究什么内容呢？

(一) 语义学研究语言单位的意义

语素是语言中最小的有意义的符号，所以语素的意义也应该是语言符号系统中最基本的意义。语素有两种，一种是实语素，它们都有实在的意义，如"石头"的"石"、"火柴"的"火"、"桌子"的"桌"、"美丽"的"丽"、"文静"的"文"、"隐蔽"的"隐"、"孤独"的"孤"、"睡觉"的"觉"、"估计"的"估"等。一种是虚语素，它们没有实在的意义，如汉语的"的、着、了、呢"和英语的 of、at、on、for、as 等。词是语言中最小的能够独立运用的符号，所以词的意义在语言符号系统中有特别重要的价值，这就是为什么我们在"词汇"中要专门讨论"词义"的原因。语素的意义和词的意义在我们编写的词典中有独立的地位；在我们的心理词典中，语素的意义和词的意义也是我们语义网络的"神经末梢"，它们是支撑心理词典语义网络的基本元素。

至于短语和句子的意义，在语义研究中研究者更多地关注句子的意义，较少考虑短语的意义。因为句子是表达单位，我们说话时总是一个句子接一个句子地按顺序说的，而短语只是结构单位，短语的意义没有独立价值，只有在句子中才有价值。关于句子的意义有不同的层次。例如"连女孩子都不叫苦"这个句子可以有许多种不同的理解，如：

① 一般来说女孩子容易叫苦。
② 女孩子不叫苦很不一般。
③ 女孩子比男孩子更容易叫苦。
④ 女孩子比成年妇女更容易叫苦。
⑤ 女孩子比男子汉更容易叫苦。
⑥ 男孩子不应该叫苦。
⑦ 成年妇女更不应该叫苦。
⑧ 男子汉更不应该叫苦。

⑨ 没有人叫苦。

⑩ 有人叫苦。

⑪ 有一件艰苦的事存在。

⑫ 有女孩子,她们不叫苦。

以上这些理解都可以算做"连女孩子都不叫苦"这个句子的意思,但是这些意义属于不同的层次:第一个层次是句子的规约意义(conventional meanings),⑫就是"连女孩子都不叫苦"的规约意义;第二个层次是句子的预设(presuppositions)意义,①－⑤都是这个句子的预设意义;第三个层次是句子的会话含义(conversational implicatures),⑥－⑧是这个句子的会话含义;第四个层次是句子的推断(inference)意义,⑨－⑩是这个句子的推断意义;第五个层次是句子的蕴含(entailment)意义,⑪是这个句子的蕴含意义。

(二)语义学研究语法的意义

语法的意义也有不同的层次,有指称意义,有功能意义,有范畴意义,有角色意义等。指称意义涉及语言表达中的一些语法意义,如有指和无指、定指和不定指、确指和泛指等。功能意义涉及语言符号中的那些没有实在意义的部分,它们在语法中的作用是功能性的,如汉语的结构助词"的",英语的介词 of,它们都不表达实在意义,但是它们在语法中有独立的价值,这就是它们的功能意义。语言符号是依靠这些功能性成分连接起来的。范畴意义也是一种语法意义,它们在语言中的作用是在不同的符号之间建立联系,根据这样的联系我们可以概括出数量有限的范畴,这些有限的范畴可以覆盖语言中数量无限的符号。例如性的范畴、数的范畴、格的范畴、时的范畴、体的范畴、态的范畴等。当然不同类型的语言范畴意义是不一样的,但是语言中的某些范畴意义带有普遍性。角色意义涉及语法关系中的语义问题,比如名词与动词关系中名词所指涉的各种不同的语义角色。举个例子来说,在"工人在砍树"这个句子中,"工人"是行为动作的施事,"树"是行为动作的受事,而在"昨天工人在校园里用斧子砍树"这个句子中,除了施事和受事以外,还有其他的语义角色:时间、处所、工具。当然,角色意义也是有限的。

(三) 语义学研究句法和语义的接口问题

句法和语义的接口问题既涉及句法问题,也涉及语义问题,因此句法和语义的接口也是语义学应该关注和研究的问题。在讨论句法和语义接口问题的时候,我们会想到一些语法学家在这个方面所做的尝试。比如格语法的做法、配价语法的做法等。这些做法都是在试图寻找一个解决名词性成分与动词性成分的关系的描写手段和方法。这种关系既是语义的关系,也是语法的关系。

(四) 语义学研究语用意义的问题

语用意义包括预设意义、会话含义、蕴含意义和推断意义。语用意义涉及三个方面的因素:语言的符号、语言符号的意义、交际者。这三个方面构成语用意义的三角形。一个句子到底表达什么意义不能只看符号以及符号之间的排列,还要看交际的具体语境(比如说话人与听话人的关系、有无第三者在场等)。例如"你要钱还是要命",这个句子是一个选择问句,它的规约意义是说话人提供两个选择("要钱"和"要命")要听话人作出选择,但是这个句子在交际者之间的关系不同的时候(即交际语境发生了变化),它的意义也是不同的。试比较:

① 你要钱还是要命?(蒙面大盗对路人说)
② 你要钱还是要命?(妻子对丈夫说)

句子①的说话人与听话人之间的关系是陌生人之间的关系,而且是抢劫者和受害人之间的关系,听话人知道这句话的意思是:"把钱给我,不然我要你的命!"这分明是一种威胁。而句子②的说话人和听话人之间的关系很密切,妻子对丈夫说"你要钱还是要命",丈夫不可能理解为是一种威胁,他们彼此之间如果是一种正常的夫妻关系,丈夫会把这句话理解为一种带有轻微责备意味的关怀。

第二节 语法的意义

一 指称意义

(一)指称意义的界定

指称(reference)是指语言中的体词性成分(名词性词语)与客观事物之间的一种关系。语法学中所讨论的指称意义有特别的所指:语言中的体词性成分在客观世界所代表的现实内容。由于语言中的体词性成分可以代表客观世界中不同的现实内容,所以我们说语言中的体词性成分具有不同的指称意义。语言学界对指称意义的分类存在着分歧,如陈平对指称意义的分类,见图6—2①:

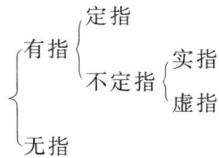

图 6—2

而张伯江则采用了不同分类方式,见图6—3②:

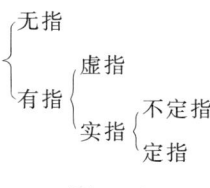

图 6—3

王红旗则认为应该按照下面的层次进行分类,见图6—4③:

---

① 参见陈平《释汉语中与名词性成分相关的四组概念》,《中国语文》1987年第2期。
② 参见张伯江《汉语名词怎样表现无指成分》,《庆祝中国社会科学院语言研究所建所45周年纪念论文集》,商务印书馆,1997年。
③ 参见王红旗《功能语法指称分类之我见》,《世界汉语教学》2004年第2期。

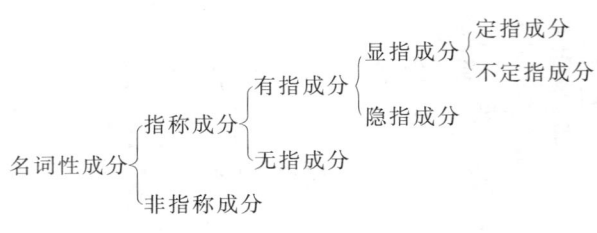

图 6—4

对于这里所说的非指称性成分我们可以存而不论。仅就语言中的指称性成分而言,它们的指称意义应该是有层次的,同时也是对生的。论者在讨论指称性成分的时候既有句子中名词性成分的问题(例如"处长买了件衬衫",这里的"处长"的指称意义是有定性的,衬衫是无定性的,它们都是有指成分),也有短语中名词性成分的问题(如"木头桌子"、"当厨师",这里的"木头"、"桌子"和"厨师"都无法确定它们的指称意义)。我们认为讨论指称意义必须在句子中进行,不存在抽象的指称意义,因为指称意义是在语言运用中产生的。我们这里讨论的指称意义包含四对概念:有指(referential)和无指(non-referential)、实指(identifiable)和虚指(non-identifiable)、定指(definite)和不定指(indefinite)、专指(specific)和泛指(non-specific)。尽管指称意义产生于语言运用当中,但是它们仍然具有心理现实性,这四对概念所代表的意义与我们心理词典的语义网络有映射关系。

(二)四对概念
1.有指和无指

在句子中,如果某个体词性成分所联系的事物在客观现实中有明确的实体,那么这个体词性成分就是有指的;如果某个体词性成分所联系的事物在客观现实中没有明确的实体,那么这个体词性成分就是无指的。例如:

<u>去年八月</u>,<u>他</u>在<u>新亚餐厅</u>当服务员时结识了<u>一位顾客</u>。

在这个句子中,"他"、"新亚餐厅"、"一位顾客"都可以在客观现实中找到对应的实体,所以这三个体词性成分的指称意义都是有指的;而"服务员"在这个句子中只是一个抽象的概念,在客观现实中没有明确的实体与之对应,所以它是

无指性成分。

2. 实指和虚指

在句子中,如果某个体词性成分所联系的事物在语境中有具体所指的对象,那么这个体词性成分就是实指的;如果某个体词性成分所联系的事物在语境中可能有也可能没有具体所指的对象,那么这个体词性成分就是虚指的。例如:

老杨想娶<u>一位北京姑娘</u>。

在这个句子中,"老杨"在语境中有具体的所指对象,它是实指性的;而"一位北京姑娘"在语境中可能存在也可能不存在,因此它是虚指性的。

3. 定指和不定指

在句子中,如果某个体词性成分所联系的事物在语境中属于已知信息,那么这个体词性成分就是定指的;如果某个体词性成分所联系的事物在语境中属于未知信息,那么这个体词性成分就是不定指的。例如:

<u>客人</u>来了。— 来<u>客人</u>了。

"客人来了"中的"客人"是说话人和听话人预期中的客人,属于已知信息,这个体词性成分就是定指的;"来客人了"中的"客人"对于说话人和听话人来说不是预期之中的,属于未知信息,这个体词性成分就是不定指的。在有冠词系统的语言中,定指的成分前加定冠词,不定指的成分前加不定冠词。

4. 专指和泛指

在句子中,如果某个体词性成分所联系的事物在语境中指涉特别的所指对象,那么这个体词性成分就是专指(也叫特指)的;如果某个体词性成分所联系的事物在语境中不指涉特别的所指对象,那么这个体词性成分就是泛指的。例如:

<u>校长</u>说这件事你应该慎重考虑一下。

<u>麻雀</u>虽小,但它颈上的骨头数目几乎比<u>长颈鹿</u>多一倍。

前句中的"校长"在语境指涉特别的所指对象,它是一个专指性成分,这个"校长"对于说话人和听话人来说是特定的指称对象;后句中的"麻雀"和"长颈鹿"在语境中不指涉任何特别的所指对象,它们都是泛指成分。

(三)四对概念的关系

四对概念不是同一个平面上的概念,因此它们之间有交叉。专指成分都是定指的,例如"校长说这件事你应该慎重考虑一下"这句话中的"校长"是定指的,也是实指的,也是有指的;泛指成分则不是实指的,也不是有指的,例如"麻雀虽小,但它颈上的骨头数目几乎比长颈鹿多一倍"这句话中的"麻雀"和"长颈鹿"都是泛指的,它们都不是定指的,也都不是实指的,也都不是有指的;定指成分和不定指成分都是实指性的,它们也都是有指的;实指成分肯定是有指的,而虚指成分既可能是有指的也可能是无指的。可见这四对概念彼此之间的关系是有层次的,也是有复杂性的。它们之间的关系可以图示如下:

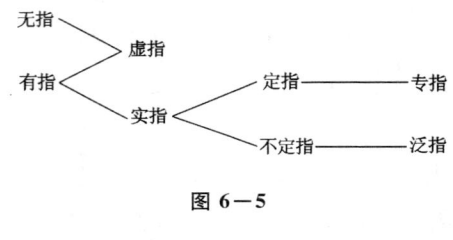

图 6-5

二 功能意义

语言中有一些符号不负载任何实在的内容,它们在语言中的作用是功能性的,它们本身不具备指称性,也不具备陈述性,它们是语言中意义的关系节点,在语言中专门标明各种关系。例如汉语的虚词,在汉语语法中它们的作用是把不同的语言符号连接起来,标明不同成分之间的关系,或者标引句子中的语义角色以及角色之间的关系,或者表达说话人的情态意义,或者构建一个语法关系框架,表达一定的逻辑关系。例如:

中国的朋友

中国朋友

这两个短语在形式上唯一的区别在于有没有"的"。而在意义上,"中国的朋友"指称的对象不是中国人,"中国朋友"指称的对象是中国人。"的"在这里是一个结构助词,它的出现使得另外两个成分之间的语义关系发生了变化。"的"有的时候看起来好像可有可无,如"我的爸爸"和"我爸爸"在指称对象上没有什么不同,但是"我的爸爸"在语义上强调"我"和"爸爸"的领属关系,而"我爸爸"则没有这种强调意味。试想两个人在对"女朋友"的所有权问题上发生争执时,他们一定会说"她是我的女朋友",而不会说"她是我女朋友"。而有的时候"的"一定不是可有可无的,如"我的狗"、"我的房子"、"我的电脑"、"我的祖国"中的"的"不是选择性的,它们必须出现,否则短语就不成立。

介词也是一种功能词,它们的作用是把两个体词性成分连接起来并在这两个成分之间建立一种关系。例如:

　　小张在图书馆看书呢。

在这个例子里介词"在"把"小张"和"图书馆"联系起来,"在"标引的语义角色是一个空间场所。

有时两个介词可以表达一种事件关系,例如"从……到……"可以构成一个框架,表达一个位移事件,介词"从"和"到"分别标引位移事件的起点和终点。例如:

　　小张从哈尔滨飞到广州。

当然介词"从"和"到"除了标引空间关系之外还可以标引时间关系。例如:

　　旅客在机场从早晨五点等到下午三点。

"早晨五点"和"下午三点"分别是过程的起点和终点,过程与事件的时间属性有关。日语的から…まで…,英语的 from…to…也同样既可以标引位移事件的空间起点和终点,又可以标引时间起点和终点。

汉语的语气词也属于功能词,"～吧"、"～吗"在句子中帮助传达疑信意义以及说话人的主观情感。日语也有类似的语气词,如～よ、～ね、～か,英语、德语、法语等印欧语系的语言没有语气词系统,因此在这些语言中类似的功能意义由助动词和语调来实现。

语言中有很多属于功能性的符号,它们本身没有意义,但是它们在句子中可以使句子中的某些成分具有某种意义,这就是语言中的功能意义。

三 范畴意义

语言作为一个符号系统可以表达各种各样的语义范畴,有的语义范畴是具体的,有的语义范畴是抽象的。语法中的范畴意义都是抽象的语义范畴。比如关于时间的范畴,在语言中有不同的表现形式,它们与客观世界的时间范畴有一定的对应关系。

客观世界的事物可以用一些实体(entities)及其属性(properties)以及实体之间的关系(relations)来描写。我们可以从不同的角度来描写这些实体和它们的属性。事件就是客观世界的一类实体,我们可以描写它的结构,也可以描写它的属性特征。属性是依附于实体的,没有实体就没有属性;实体的外在表征是一些属性,不能认识实体的属性就无法认识实体本身。就事件这个实体来说,运动是它的本体意义,因为事件是动态的;时间和空间是它的属性意义,因为一切运动都有过程,并且都在特定空间里进行。时间意义表现为事件的内部时间结构和外部时间结构两个方面,事件的内部时间结构我们把它们概括为体,事件的外部时间结构我们把它们概括为时。时间范畴意义可以用功能词的语法手段来表达,例如英语和日语虽然是两种类型完全不同的语言,它们都用动词词尾变化的手段来表达时间意义,而现代汉语表达事件的外部时间使用词汇手段(用时间名词或者时间副词),表达事件的内部时间使用功能手段(用"了"、"着"、"过"这些虚词)。

语言中的范畴意义很多,比如名词的性、数、格,动词的时、体、态,我们在"语法"一章中已经讲过,这里不再赘述。

四 角色意义

语法中所说的角色意义指的是事件中的动态角色意义。语法学者对句子进行语义分析有长期目标和短期目标。长期目标是要解决句子的语义理解问题,这需要对句子进行句法和语义分析、篇章分析和认知语义学的场景分析。短期目标是解决句子分析中决定句法结构变化的语义因素。句子语义分析的基础是建立在句子名词与动词语义关系的基础上的,这种语义关系体现为名词性成分在句子中充任的动态角色。董振东、董强构建的"知网"[①]具体描写了71个动态角色的动态属性。这71个动态角色可以作为描写句子语义论元角色的基础概念。

下面的概念都是在描写动态事件时所用到的角色概念。如此详细的事件分析网络完全是基于知识系统的。

表 6—1

relevant	关系主体	existent	存现体
experiencer	经验者	agent	施事
coagent	合作施事	possession	占有物
quantity	数量	possessor	领有者
patient	受事	PatientPartof	部件受事
PatientProduct	成品受事	PatientAttribute	受事属性
PartOfTouch	触及部件	content	内容
ContentProduct	内容成品	ResultContent	结果内容
isa	类指	partof	部分
whole	整体	descriptive	描写体
result	结果	ResultEvent	结果事件
ResultIsa	结果类指	ResultWhole	结果整体
cause	原因	partner	相伴体
contrast	参照体	ContentCompare	比较内容
source	来源	SourceWhole	来源整体
target	目标	cost	代价
beneficiary	受益者	scope	范围
StateIni	原状态	StateFin	终状态
location	处所	LocationIni	原处所
LocationFin	终处所	LocationThru	通过处所
direction	方向	time	时间
TimeIni	起始时间	TimeFin	终止时间
duration	进程时段	DurationAfterEvent	后延时段
manner	方式	means	手段
instrument	工具	material	材料

---

① 采自董振东先生的个人网站。

续表

degree	程度	range	幅度
frequency	频率	times	动量
purpose	目的	restrictive	限定
AccordingTo	根据	condition	条件
concession	让步	comment	评论
succeeding	接续	besides	递进
except	除了	accompaniment	伴随
modifier	描述	QuantityCompare	比较量
introductory	引言	ValueCompare	比较值
concerning	关于	TimeRange	时距
EventProcess	事件过程		

角色意义的研究已经涉及句法和语义的接口问题，也涉及我们心理词典中存储的知识系统。

第三节　句法和语义的接口

一　格语法中的语义格

Fillmore（1968）系统阐释的格语法框架为我们解决句法语义关系提供了一个很好的理论框架。格语法的目的是为了解决句法平面上的语义问题，解决句法中名词与动词的语义关系问题，这是在转换生成语法的背景下对转换生成语法的补充和完善，也是语言学家在句法和语义两个平面的接口处进行操作的有成效的尝试。格语法对句子进行的语义分析模式是这样的：

$$句子（Sentence）＝情态（Modality）＋命题（Proposition）$$

即：

$$S＝M＋P$$

情态指的是交际者的态度、信念、观点、情绪、立场、语气、意愿、观察角度等因素，这些因素都是跟说话人的主观背景有关的。命题是句子中情态以外的部分，由一个动词和与之相关的若干个格（case）构成，即：

$$P=V+C_1+\cdots+C_n$$

Fillmore 的研究主要在命题方面，对于情态几乎没有给予足够的重视。可以认为格语法的理论是动词中心的理论，用动词来连接相关的名词性成分，并用语义格来说明动词和名词之间的关系。这种在句法和语义的结合部进行的研究在语言信息处理领域得到了很好的应用。在汉语语法研究领域，学者们把格语法的精神运用到句子中，建立了格关系系统。尽管不同的人分出来的格数目不同，但是我们在对句子的语义进行讨论的时候毕竟有了一个可以依据的框架。

二 配价语法中的语义论元

配价语法中的语义论元（argument）本来也是讨论名词与动词的关系的，不过从动词的角度来看，这种关系包括以下几个层次：

a) V 能不能带 NP；
b) V 能带几个 NP；
c) V 能带什么样的 NP；
d) V 所带 NP 的语义角色。

论元是从言语行为的参与者这个角度提出来的，也有人把它叫做动元（actant）。单纯从配价语法的角度说，"价语"的概念也许更宽泛一些。动词所带的名词性成分的语义角色必须到句子中去辨认，这与格语法确认格关系的做法如出一辙。配价语法所讨论的价到底是语法性质的还是语义性质的众说纷纭，然而配价语法所讨论的论元所具有的语义属性，则可以看做是句法和语义研究的接口。

三 自然语义原语

Wierzbicka[1] 以及 Goddard[2] 把语言中的各种词归纳为 15 种自然的语义

---

[1] Wierzbicka, Anna, *Why do we say IN April, ON Thursday, AT 10 o'clock? In search of an explanation? Studies in Language* 17(2), 437—454, 1996.

[2] Goddard, Cliff, *On and on: Verbal explications for a polysemic network*, *Cognitive Linguistics* 13-3(277-294), Walter de Gruyter, 2002.

原语(natural semantic metalanguage):

表 6—2

实体	我、你、人、东西、身体
限定成分	这、那、这个、那个
数量	一、二、一切、一些、很多
心理谓项	想、要、觉得、认为、看(起来/上去)
言说	说、话
行动和事件	做、发生、运动
存在和领属	在、有、是
生命	生、死
评价和描写	好、坏、大、小
时间	现在、以后、当、时候、当时
空间	这里、那里、哪里、上边、里边、旁边
逻辑概念	不、大概、如果、可能、能、因为
强化成分	很、非常、更
分类	种、个、张、块、条
相似	像

这 15 个语义原语就是 15 个大的语义范畴,我们可以用这些基本的原语概念来表述外部世界的种种表现。这些语义原语是我们对外部世界的自然分类。由于句法和语义接口的问题所涉及的内容相当复杂,因此我们在这里就一笔带过了。

第四节 语用的意义

一 预设意义

预设意义是语用学概念,它是在话语中产生的。关于预设这一概念有不同的理解,我们这里所提到的预设概念可作如下解释:预设是话语交际中的附带信息,它是双方共同认可的背景知识,背景知识在说话人看来是无可争议的。例如:

  你的病好点了吗?

  这句话的预设意义是"你有病",它在交际中是已知信息,我们用 S 表示说话人,H 表示听话人,P_i 表示交际中的预设意义,则 S、H 与 P_i 构成了一个三维世界。S 和 H 对 P_i 可能有不同的认识,但对于 S 来说:

  第一,S 相信 P_i;

  第二,S 认定 H 知道 P_i 并相信 P_i;

  第三,S 认定 H 知道 S 认定 H 知道 P_i 并相信 P_i。

  S 是认识的出发点,S 的认识可能是公众的共同认识,也可能是 S 自己的主观认识。例如我们在第一节中所举的例子"连女孩子都不叫苦",这句话的五个预设意义在说话人看来是无可争议的,因为在说话人看来,"女孩子"和"叫苦"之间存在着某种必然的联系,而和"女孩子"相比,"男孩子"、"成年妇女"、"男子汉"和"叫苦"之间则没有这种联系。如果把这句话改变一下:

  ? 连男孩子都不叫苦。

  ? 连成年妇女都不叫苦。

  ? 连男子汉都不叫苦。

  单纯从语法角度看,这三个句子都无可非议,但是从一般人的语感来看,它们所传达的信息多少有点荒谬,对听话人来说,其理解和接受的难度比较大。因为如果同意这三个句子,就必须同意并接受以下预设:

  P_1:一般来说,男孩子(或成年妇女、男子汉)容易叫苦。

  P_2:男孩子(或成年妇女、男子汉)不叫苦很不一般。

  P_3:男孩子(或成年妇女、男子汉)比女孩子更容易叫苦。

  这三个预设与公众的常理相悖,如果我们不能接受它们,那自然也就不能接受这样三个句子。

二 会话含义

  会话含义也跟话语的表达和理解有关。话语的会话含义是规约意义之外的意义,属于交际中的"言外之意",它是说话人着意突出出来的信息,也是说话人的意旨。话语交际有三个基本要素:即说话者 S,听话者 H,以及交际的背景知识 K。在 S、H 与 K 三者中,K 是个变量,属于语境范畴。会话含义的传达和理解必须依赖语境。在 K 不变的情况下,S 要把会话含义传达给听话人 H 必须有三个步骤:

第一,S 说 P;

第二,S 不说 Q;

第三,S 意在通过说 P 而传达 Q 意。

P 是话语的规约意义,Q 就是话语的会话含义。例如:

a:你带钱了吗?

b:我想向你借些钱用。

句子 b 是句子 a 的会话含义。随着 K 的变化,句子 a 还可能有别的会话含义,如句子 c、d、e 也可能是它的会话含义:

c:你要是没带钱我可以借给你。

d:你如果带钱了,我要买那条项链。

e:你要是没带钱,怎么请我吃饭?

前面说过,会话含义涉及三个方面的因素:说话人 S、听话人 H 与背景知识 K,其中 K 是个变量。这个变量起码包含这样一些内容:S 与 H 之间的关系(亲疏、长幼、上下、尊卑、男女、敌友等),H 对 S 的了解(S 的身份、性格、习惯、修养以及对 H 的态度等),会话场合(公开的/私下的、正式的/随便的、有其他人在场/无其他人在场、会话的上下文等),H 的语言文化知识(词义的感情色彩、语气的强弱、表达习惯、社会价值观念、人际交往的规范等)。这四点都是从听话人(即理解)的角度说的,从说话人(即表达)的角度看也有这四个因素,因为它们是会话必须注意的会话因子,不考虑到这些因子,话语交际就会出问题。

三 蕴含意义

蕴含意义是话语交际中的一种推导信息。当说话人说句子 a 的时候,听

话人可以从 a 中推导出 b 的意义,这时我们就说 b 是 a 的蕴含意义:

  a.我昨天在长安大戏院看了《打渔杀家》。

  b.我昨天在长安大戏院看了戏。

"《打渔杀家》"是"戏"的下位概念,我们可以根据下位概念推导出它的上位概念,因为下位概念蕴含着上位概念。同样的道理,如果我说"我在风入松书店买了一本《儒林外史》",这句话就蕴含着"我在风入松书店买了一本书"。依此类推。蕴含是有顺序的,我们说 a 蕴含了 b,却不能说 b 蕴含了 a,因为我们无法从 b 推导出 a 来。

四 推断意义

  预设是话语的附带信息,会话含义是话语的用意焦点,蕴含是话语的推导信息,而推断则是话语的关联信息。什么是推断呢?我们先看例子:

  昨天大多数女同学都参加了比赛。

从这个句子中我们可以推出:

  a. 昨天不是所有的女同学都参加了比赛。

  b. 昨天少数女同学没有参加比赛。

a、b 都是"昨天大多数女同学都参加了比赛"这个句子的推断信息。同一个事实,有时可以用肯定形式来表达,有时可以用否定形式来表达,如:

  a. 有些队员是南方来的。

  b. 有些队员不是南方来的。

a、b 是一个问题的两个方面,它们互为推断。这实际上等于把一个圆分割为 A、B 两部分,肯定 A 就等于否定 B,反之亦然。综上所述,我们给推断下个定义:A、B 两个句子代表两个断言,这两个断言是用不同的形式表述相同的事实,如果我们根据自己的语言知识可以从 A 中推导出 B,那么 B 就是 A 的推断,反之亦然。

思考与练习

1. 什么是语言的意义？语言的意义包括哪些内容？
2. 语义学都研究哪些问题？
3. 什么是指称意义？什么是有指和无指、实指和虚指、专指和泛指、定指和不定指？
4. 语法中的功能意义是什么？
5. 什么是预设意义、会话含义、蕴含意义、推断意义？

第七章 词 汇

第一节 词和词汇

一 词汇的概念

词、词汇、词汇学是三个不同的概念。词是一级语言单位，指的是最小的能够独立运用的语言单位。词汇是词语的总汇。一种语言中所有的词和固定短语的总汇就是该语言的词汇。词汇学是研究词汇的学问。我们在日常生活中常常混淆词和词汇这两个概念，认为词就是词汇。不错，词汇是由一个一个的词组成的，但是我们在词汇学中所讨论的词汇是一种成系统的词语的集合，而不是一个一个具体的词。单个的词只是词汇的成员。

语音、语法、语义是语言的三个组成部分。但是我们在研究某一个具体的语言时，除了研究这种语言的语音、语法和语义之外，我们还会研究这种语言的词汇系统。词汇在结构上跟语音、语法和语义都有关系，所以词汇问题不是一个跟语音、语法、语义并列的范畴。有人说语言的三个构成要素是语音、语法、词汇，这种说法在逻辑上是站不住的，词汇和语音、语法不在同一层次上。词汇的外在表现形式是语音，有时候语音的机制直接参与词的构成（如韵律、轻重音），词的内在结构遵循语法的一般规律，词汇的核心是语义。所以我们讨论词汇和词义的问题实际上会遇到语音、语法和语义三个方面的问题。研究词汇除了研究词汇的语音结构、语法结构以外，最主要的还是研究词义。

二 词汇的层级单位

(一)语素

语素是语言中最小的音义结合体,它是语言中最小的有意义的语言成分。语素分为实素和虚素,实素表达词汇意义,虚素表达语法意义。例如我们对下面的句子进行分析时,得到一些语言单位(最小的音义结合体),它们都是语素(我们用{ }来标记)。

我喜欢弹琵琶。

{我}{喜}{欢}{弹}{琵琶}。

这个句子可以分析出五个最小的有意义的音义结合体,它们就是语素。如果继续分割下去得到的就是一些比语素还小的语言单位了。比如"琵琶"如果分开就是两个音节,而每个音节都是没有意义的,它们不是有意义的语言单位。又如:

John is a student from Australia.

{John} {is} {a} {student} {from} {Australia}.

这个句子可以分析出六个最小的音义结合体,即语素。与诸如印欧语这样的屈折语相比,汉语的语素有如下特点:

第一,汉语的语素大多是单音节的,例如:

每个人都喜欢没有压力的生活。

这个句子可以分析出以下一些语素,一个音节对应一个语素:

{每}{个}{人}{都}{喜}{欢}{没}{有}{压}{力}{的}{生}{活}。

但也有例外,如汉语中存在的联绵词,每个语素都不止一个音节:

{逍遥}{嶙峋}{龙钟}{苗条}{蝴蝶}{菠萝}{耄耋}{蹒跚}

第二,汉字与语素不一定一一对应。有一种流行的看法是汉语的语素与汉字是一一对应的,即一个汉字代表一个语素。其实汉字与语素不一定一一对应:有时一个汉字对应不止一个语素,如"会",在"开会"和"会说"中意义不同,属于一个汉字对应不同的语素(同字异素);有时同一个语素用不同的汉字来代表,如"啊"、"哪"、"呀"、"哇"四个汉字实际上是同一个语素的变体,"他"、"她"、"它"三个汉字也是同一个语素在文字层面上的区别(异字同素)。

第三,汉语同音音节很多,因此相同的音节往往对应不同的语素。如:工、公、供、功、攻、宫、恭、弓、躬、恭、觥、龚等。

(二)词

词是语言中最小的能够独立活动的有意义的语言成分。不能把能够独立活动理解为能够单独成句或者单说,因为虚词不能单说。词是由语素构成的,语素才是最基本的词汇单位,因为它们不能再分割。有的词就是由一个语素构成的,如"菜"、"纸"、"花"、"树",有的词则是由两个或多个语素构成的,如"白菜"、"宣纸"、"菜花"、"松树"、"生产力"、"笑面虎"。

词与音节数量的关系也不是一一对应的,在汉语中一个音节的词叫做单音词,在古代汉语中单音词是汉语词汇的基础,现代汉语的词汇系统以双音词为主,但是也会有一些三音节、四音节甚至更多音节的词,三个音节的词如"蝴蝶兰"、"萨其马"、"白兰地"、"马拉松"、"麦当劳",四个音节的词如"乌鲁木齐"、"齐齐哈尔"、"萨马兰奇"。多音节的词大多是外来词语。

(三)短语

短语是由词和词组成的语言单位,比词大,比句子小。短语是词的组合形式,例如"合同医院"、"航空公司"、"彩色铅笔"、"附属中学"、"马拉松比赛"、"复合式地板"等。

三 词的结构

(一)词根、词缀和词尾

语言中词的数量是庞大的,但这么多的词并不是杂乱无章的,它们在结构上是有规律的。每一个语言中的词汇系统都是以词这级词汇单位为基础的，我们在词汇学中对词进行分析就得到了一些关于词的结构的知识。当然，不同的语言词的结构方式和结构手段可能不一样，例如印欧语的词在结构上词根和词缀分得很清楚，词缀也很发达，而汉语是以词根词为主的语言，词缀就不如印欧语那么发达。一般地说，词从结构上可以分析为词根、词缀和词尾三个部分。

1.词根

词根是词中最重要的部分，是一个词当中表达词义的核心。词根具有实在的词汇意义。如：

　　　　汉语：人　　水　　实力　　杯子　　录像带　　人造革

　　　　英语：rebuild　incomplete　childish　worker

上面例子中的"人"、"水"、"实"、"力"、"杯"、"录像"、"带"、"人"、"造"、"革"、"build"、"complete"、"child"、"work"都是词根。

2.词缀

词缀是词的附着成分，黏附于词根之上，它的作用是参与构词，在构词中给词根增加附加性的词汇意义。词缀可以分为前缀、中缀和后缀。黏附在词根前面的词缀称为前缀，如英语中的"pre-"、"ab-"、"dis-"、"mis-"、"in-"、"re-"等，汉语"第一"中的"第"、"老三"中的"老"等；黏附在词根后面的词缀称为后缀，如汉语的"刀子"中的"子"、"盖儿"中的"儿"等，英语中的"-less"、"-able"、"-er"、"-tion"、"-or"等；插入词根中间的词缀称为中缀，中缀比较罕见，马来语中有一些中缀，如"-el-"(鸟)。我们略举几例：

　　前缀：(汉语)老师　　初三　　第一
　　　　　(英语)misleading　presuppose　impossible
　　中缀：(马来语)patuk(啄)—pelatuk(啄木鸟)　(-el-是中缀)
　　后缀：(汉语)儿子　　石头　　嘴巴
　　　　　(英语)cooker　singer　actor

3.词尾

词尾是黏附于词根或者词缀之后表达语法意义的语素。词尾不表达词汇意义,也不参与构词,只起构形作用,属于词的形态变化部分,只表达语法意义。在形态比较发达的语言中,词尾是用来表达语法范畴的重要手段。下面我们举例说明:

英语:book — books go — going
receive — received worker — workers

(二)词的结构类型

1.单纯词

单纯词是由一个词根(一个语素)构成的词。单纯词包括单音节的单纯词和多音节的单纯词。在汉语里,多音节的单纯词分为以下几种情况:联绵词、叠音词、音译词和拟声词。分别举例如下:

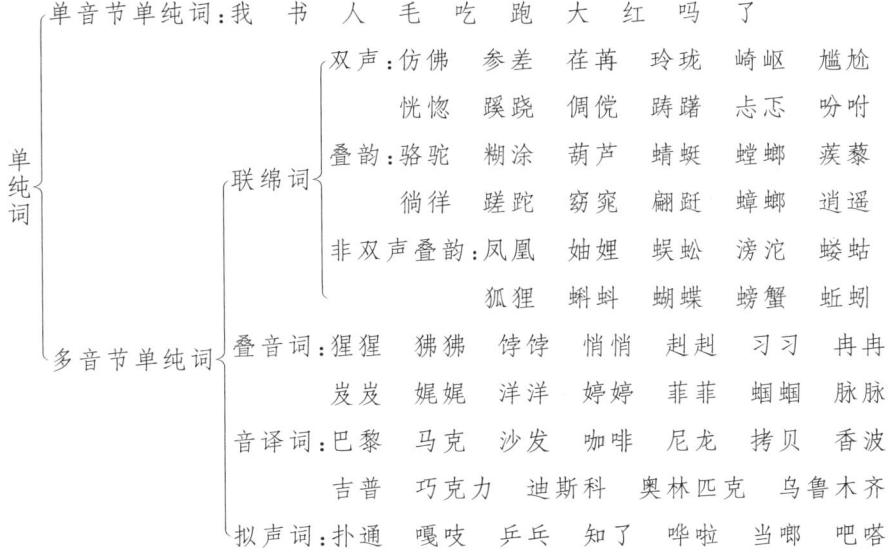

2.合成词

合成词是由两个或两个以上的构词语素构成的词。合成词包括复合式合成词、附加式合成词、重叠式合成词三种。

(1)复合式合成词,即复合词,由两个或两个以上的词根构成。见表7—1。

表 7—1

	类别		例词
复合式合成词	联合式	汉	朋友 道路 国家 错误 健康 坚强 巨大 寒冷 测验 休息 善良
		英	bitter-sweet deaf-mute
	偏正式	汉	早饭 白菜 鸡蛋 柳树 钢笔 书包 公园 热情；暗杀 矗立 速递 广播 儿戏 直击
		英	blackbird manpower sunflower butterfly jellyfish; easy-going overcome
	主谓式	汉	地震 日食 心疼 手软 山崩 海啸 霜降 肉麻 胆怯
		英	earthquake manmade sunrise cat-sleep snow-white
	述宾式	汉	干事 理事 顶针 护膝 司机 生气 关心 刹车 董事
		英	breakwater scarecrow
	宾动式	汉	笔洗 牙刷 鱼护 风挡 墨滴
		英	breathtaking brush-cut hairpin cash-register headshake
	述补式	汉	改善 提高 巩固 改良 促进 纠正 改正 认清 澄清
		英	breakout layoff setup carryon take-in

（2）附加式合成词，即派生词，由词根附加词缀构成。见表 7—2。

表 7—2

	类别		例词
附加式合成词	词缀＋词根	汉	老婆 阿姨
		英	predicate impute dislike abnormal
	词根＋词缀	汉	红彤彤 傻乎乎 兴冲冲 势头 泥巴 热乎
		英	application movement inflection beautiful
	词缀＋词根＋词缀	英	relationship prediction department

（3）叠音式合成词，由词根重叠而成。这在汉语中较为常见，如：

  星星　哥哥　姐姐　娃娃　纤纤
  谦谦　翩翩　仆仆　白白　偏偏

四 特殊的词汇形式——熟语词和缩略语

语言中还有许多熟语成分,例如成语、惯用语、俗语、谚语等,其中成语和惯用语属于词汇成分,俗语和谚语属于语汇成分。各种语言都有所谓的成语,但是不同的语言成语的所指和范围是不一样的。汉语有丰富的成语和惯用语,成语主要来源于历史典籍、寓言故事、历史事件、名人名言,惯用语主要来源于老百姓的日常口语。汉语的成语比较典雅,惯用语比较通俗。从形式上看,汉语的成语大多数都是四个音节的,惯用语大多数都是三个音节的。从意义上看,汉语的成语包罗万象,而惯用语一般只表达负面意义,它是社会不良现象的折射。举例来看,成语如:

举目无亲　投鼠忌器　萧规曹随
沧浪之水　他山之石　愚公移山

惯用语如:

拍马屁　走后门　抬轿子　戴高帽
滚刀肉　拦路虎　绊脚石　土包子

缩略语也是语言词汇系统中的一种特殊现象,一个缩略语是由不同的词各自截取一个语素组合而成,或者由一个更大的语言成分略去一部分简化而成。截取形式如:

香港＋台湾＝港台　　环境＋保护＝环保
长途＋电话＝长话　　食物＋治疗＝食疗
美术＋展览＝美展　　老师＋学生＝师生

简化形式如:

清华大学(清华)　北京大学(北大)

字母文字的缩略形式常常是截取每个词的第一个字母,我们以英语为例:WTO(World Trade Organization,世界贸易组织),UBC(University of British Columbia,不列颠哥伦比亚大学),UFO(unidentified flying object,不明飞行物、幽浮),USA(United States of America,美利坚合众国),UN(United Nations,联合国)。

第二节 词汇系统

词汇系统指的是语言中词汇的分布形式。这个系统是综合的，内容庞杂，不同的语言可以有不同的词汇分布形式。但是总起来讲，我们都可以根据词汇的属性特征从以下五个角度来看：

一 基本词汇和一般词汇

一种语言中的词汇可以分为基本词汇和一般词汇。基本词汇这个概念的提出是为历史比较语言学服务的。在历史比较语言学中，要判断两种语言之间是否有亲属关系，主要比较的是它们的基本词汇。如果基本词汇有同源关系，大致可以断定所比较的两种语言有亲属关系；如果两种语言之间基本词汇对应的比较多，说明这两种语言之间有比较近的亲属关系，反之则说明这两种语言血缘关系比较远。基本词汇一般是很难借用的。语言中的基本词汇构成了语言的底层，有时一般词汇都被别的语言同化融合了，基本词汇仍顽强地以底层的形式存在。

(一) 基本词汇

一种语言中从古至今必不可少的那部分词的总汇叫做基本词汇，它是词汇系统的核心。基本词汇具备三个特点：

一是常用性。基本词汇使用频率很高，是人们经常使用的。像人们日常生活中最熟悉的事物或自然现象的名称，如牛、马、猪、狗、猫、天、地、日、月等；像人体器官名，如手、脚、目、耳、腿、腹等；像基本的方位概念，如东、西、南、北、左、右、上、下等。

二是稳定性。基本词汇具有很强的生命力，不容易起变化，比较稳固。基本词汇在语言的历史发展中是最稳固的，如牛、羊、麦、谷、人、木、山、水、林、田等，这些词从古到今保持不变。

三是能产性。基本词汇中的一些词具有能产性,即具有很强的构词能力,能跟别的语素构成很多新词。如"白"属于基本词汇,它可以构成许多词,如白面、白糖、白人、白雪、白露、白花、白菜、白天、白话、白桦、白玉、飞白、大白、月白、平白、对白、灰白、自白、抢白、补白、皂白、苍白、蛋白等。

(二)一般词汇

基本词汇以外的词的总汇构成一般词汇。基本词所构成的新词绝大多数都属于一般词汇。相对于基本词而言,一般词的数量非常大,发展变化也非常快,不断有新词产生、旧词消亡,所以稳定性相对较差。一般词的使用频率也相对低些,构词能力较弱。

基本词有时间性,随着社会的发展变化,一些基本词所表达的概念已经陈旧,基本词就变成了一般词。如:君、臣。一般词汇中的某些词在使用过程中取得了基本词汇的三个特点也可以进入基本词汇。

二 古语词和新词

任何一种语言中都既有古语词又有新生词。

(一)古语词

世界上的几个文明古国都留下了浩如烟海的文化典籍,后世的人们在阅读古书的时候会把一些古代使用的词带到现代来,这是现代语言中保存古语词的原因之一。例如英语、法语、意大利语中吸收了许多古代拉丁语的词汇。汉语中也有一些词属于古语词,主要包括历史词语和文言词语两类。

历史词语表示的事物现象已经消失,或已经不适合现在的思想观念,一般只在反映历史事件时才使用。常见的有这么几种:

一是古器物名,如:埙(乐器)、鼐(大鼎)、圭(玉器)等。

二是典章制度,如:门阀、科举、九宾、守制等。

三是古代官职,如:司马、太尉、刺史、御史、大夫等。

四是古人名地名,如:共工、刑天、不周、西海、龟兹等。

文言词语表示的事物现象尚未消失，但已由别的词语所替代。文言词语在现代还有一席之地，如书信、贺电、唁电、公文等文体还会用到文言词语，比较正式和典雅的书面语还会用到许多文言词语，如：惊悉、雅正、赐教、台鉴、俯允等。文言成分在谦敬语中使用得比较多，如：玉成、令堂、府上、惠顾、不才、犬子、舍下等。

（二）新词

所谓新词是相对于语言系统中已有的词而言的。新事物、新现象、新思维不断涌现，这些都需要产生新词来表现。各个历史时期都会出现不同的新词，可以说每天都有新词产生，每天都有新词变成旧词。新词也有不同的形式和时间层次，我们以汉语为例来看看新词的不同情况和时间层次。

首先，新旧是比较而言的，常见的有这样几种：

一是旧瓶装新酒，如：小姐、游击、经济、包装、语录等。

二是新瓶装新酒，如：款爷、酷毙、帅呆、网民、网虫等。

三是洋瓶装洋酒，如：Hifi、CD、VCD、SVCD、MTV、CPU、PC 等。

四是土洋结合，如：X 光、B 超、O 型、AA 制、点 T、T 恤衫、S 腿等。

其次，新词有时间层次，如：

1950 年至 1960 年期间出现的新词如：大跃进、三面红旗、肃反、右派等。

1960 年至 1970 年期间出现的新词如：支左、四旧、四害、四清、工作组、军宣队等。

1970 年至 1980 年期间出现的新词如：知青、三忠于、语录、开门办学、伤痕文学、天南海北等。

1980 年至 1990 年期间出现的新词如：异化、意识流、自我、精神污染、大锅饭、第三者、军嫂等。

1990 年至 2000 年期间出现的新词如：三角债、打假、砸三铁、大姐大、下岗、小蜜、三陪、按揭、二奶、刷卡、亚健康、黑客、黄页、网虫、警花、坐台、出台、驾照等。

2000 年以后出现的新词如：网吧、书吧、反恐、网恋、短信、纳米、博客、克隆、宽带、丁克、陶艺、布艺、助力、海归、海待等。

当然这个时间层次只是一个大概的划分,有时很难确切地判断某一个具体的词究竟是什么时候产生的。有些词开始的时候只在某一个特定的领域或人群中流行,因为某个机缘进入全民词汇,成为使用频率很高的新词。当然也有一些新词寿命很短,流行一段时间就销声匿迹了,如"大周末"、"倒爷"等。

三 口语词汇和书面语词汇

口语词汇和书面语词汇是一对概念。口语和书面语是语体的分别,典型的口语词和典型的书面语词之间的区别是很容易辨认的,但是有一些词处于中间状态,使得书面语词汇和口语词汇之间的界限变得模糊。以汉语为例:"美丽"是书面语词,"漂亮"是口语词;"坚固"是书面语词,"结实"是口语词;"基础"是书面语词,"底子"是口语词;"散步"是书面语词,"遛弯儿"是口语词(北京话)。并不是说凡是写在书上的都是书面语,凡是口头说的都是口语。书面语和口语的区别主要是表达风格上的、使用功能上的不同。书面语词比较正式,口语词比较随便;书面语词用在正式场合,口语词用在非正式场合。"蝗虫"与"蚂蚱"(术语与普通)的区别、"考虑"与"寻思"的区别、"交谈"与"聊天"的区别、"抚养"与"拉扯"的区别都是书面语词与口语词的区别。

四 标准语词汇和方言词汇

词汇还可以从另一个角度分为标准语词汇和方言词汇两个部分。标准语词汇是指经过规范的、在全社会被普遍接受和使用的词的总汇,而方言词汇指的是只在某一个地域内流行和使用的词的总汇。由于交际的需要和现代交通的便利,现代通讯手段的进步,方言之间的差别正在逐渐缩小,越来越多的方言进入标准语词汇或者被标准语词所取代。方言词进入标准语词汇使标准语词汇系统得以丰富,方言词被标准语词所取代使得语言在词汇层面上渐渐地统一和融合。现代汉语的标准语词汇是普通话的词汇系统,它们主要来自北方话的词汇系统。标准语词汇当然内部也有差异,我们几乎找不到哪一种语言的词汇系统是没有杂质的、纯粹的、单一的词汇系统。汉语北方话词汇也是历史发展的结果,南粘吴越,北染夷狄。越是使用范围广泛的语言,越是容易从方言词汇中吸取新的词汇形式。标准语都是在某一个具体方言的基础上成长起来的,例如汉语的标准语是在北方官话的基础上成长起来的,意大利语的标准语是在佛罗伦萨(托斯坎宁)方言的基础上成长起来的,英语的标准语是在伦敦方言的基础上成长起来的。标准语词汇和方言词汇的差异表现在这样几个方面:一是同义异形,二是同形异义,三是词形相同但适用范围和组合功能不同。下面以汉语为例加以说明。

同义异形的如表7—3:

表7—3

标准语	方言
花菜	菜花
公鸡	鸡公
年轻人	后生家
女儿	闺女
孩子	娃娃
聊天	唠嗑
漂亮	客气

同形异义的如表7—4:

表7—4

例词	标准语含义	方言含义
面	面粉	面条
青菜	泛指一切绿色的蔬菜	专指某种蔬菜

词形相同但适用范围和组合功能不同的如表7-5：

表7-5

普通话	苏州话
吃饭	吃饭
*吃烟	吃烟
*吃酒	吃酒

又如，"几岁"在普通话中只能用来问孩子，但是在上海话中可以问所有年龄段的人；"咱们"这个人称代词在北京话中包括听话人，而在上海话中则不包括听话人。

在方言比较复杂的语言里，方言词汇之间的差别可以非常大。只有使用频率比较高、流行范围比较广的方言词才能进入标准语词典，在词典里，方言词通常会被标示出来。

五 本土词汇和外来语词汇

所谓本土词汇是指一种语言或方言中特有的本民族的词汇，外来语词汇就是借词（loan words）的总汇。任何一种语言都有本土词和外来语词，除非这种语言与世隔绝，与任何别的语言都没有接触。只要有语言之间的接触，就会有词语的借用。例如日语的外来语词特别丰富，除了早期借自汉语的词语之外，还有大量的借自英语、荷兰语、德语的词。英语的外来语词也很丰富，有的借自法语，如 résumé, cliché；有的来自拉丁语，如 marble, ad hoc；有的借自汉语，如 tea（茶），typhoon（台风）。我们以汉语为例来看看外来语词的情况。

(一)汉语借词的三种形式

借音，如：

  雷达（radar） 坦克（tank） 拷贝（copy） 比基尼（bikini）

  绷带（bandage） 引得（index） 的士（taxi） 巴士（bus）

  瑭浩斯（townhouse） 开米拉（camera） 开司米（cashere）

半音半意，如：

啤酒(beer)　迷你裙(miniskirt)

加农炮(cannon)　因特网(internet)

意译，如：

热狗(hotdog)　灰狗(greyhound)

白领(white-collar)　民主(democracy)

(二)汉语外来语词汇的时间层次

汉语外来词是有时间层次的，如：葡萄、苜蓿、琉璃、石榴、琵琶、狮子等是在汉代引进的外来词；佛、塔、菩萨、沙弥、刹那、罗汉、菩提等则在六朝以后才出现；尼龙、麦克风、沙龙、幽默、咖啡、海洛因、劣巴等词在五四以后传入我国；而卡拉OK、艾滋病、BBS(公告板)、BP机、CD(光碟、激光唱片)、CEO(首席执行官)、VIP(贵宾)、CIO(首席信息官)、CD-R(可录光盘)、IC卡(集成电路卡)、DIY(自己动手做)、CPU(中央处理器)、IQ(智商)、EQ(情商)、PC(个人计算机)等则是改革开放以后才出现的。

词语的借用可以丰富本土词汇，弥补本土词汇的不足，使语言中词语的选择机会增加。这是语言接触所带来的必然结果。有人对语言中外来词语的入侵表示担忧，提出要纯洁本民族的语言，这种诉求可以理解，但是语言的发展是不以人的意志为转移的，该变的总会变。

第三节　词　义

一　词义的界定

(一)词义的概念与词义的来源

1.词义的概念

语言中的词包含了形式和意义两个部分。词的外部表现形式就是它的语音形式，词的内核就是它的意义。对于任何一个词来说，形式和意义是紧密地结合在一起的。词义就是词的形式所代表的意义，指的是词所负载的信息,词所表达的内容。我们知道,语言中的词表现为一定的语音形式,这个语音形式代表一定的意义,这个意义是人们对现实世界中客观现象或概念的概括的反映。而用什么样的语音形式来表达什么样的意思却是约定俗成的。

2.词义的来源

词义是人对客观事物的概括反映,这种概括是舍弃了许多非本质特征的。"牛"的词义是:"哺乳动物,身体大,趾端有长毛。是反刍类动物,力气大,供役使、乳用或乳肉两用,皮、毛、骨都有用处。"这里的解释虽然很详细,但是舍弃了牛的性别、年龄、产地、类别等特征。不同的语言对同一个客体会有不同的概括,如:"菠萝"在南方叫"凤梨",在英语中叫做"pineapple"(松苹果);"茄子"在英语中叫做"eggplant"(蛋植物);中国人认为"海参"是参,英国人却认为是"sea cucumber"(海黄瓜);中国人把"海蜇"当做虫类软体生物,而英国人却把它当成鱼类,"海蜇"叫"jellyfish"(赭哩鱼)。这是因为不同的社会群体对同一个客观事物有不同的概括,不同的认识。不同的时代对同一个客体的概括也可能不同,例如汉语中的"马"(无性别),而区别马的性别的词"骘"(公马)和"骒"(母马)在现代汉语里已经消失。

(二)词义的构成

1.理性意义

词的理性意义指词的规约意义。它是对词所指称的客观世界中的事物、现象和关系的概括认识和反映。例如汉语中"牛"的理性意义就是词典里所注释的"哺乳动物,身体大,趾端有长毛。是反刍类动物,力气大,供役使、乳用或乳肉两用,皮、毛、骨都有用处"。然而"牛"除了它的规约意义之外,还有其他的意义,如"牛脾气"、"牛气"中的"牛"是固执和骄傲的意思,"牛市"中的"牛"则是指股市持续上升的走势,这些意义都是从词汇的理性意义中衍生出来的。

2.附加意义

词的附加意义是指词语所体现出来的各种色彩意味或联想意义。主要包括词语的感情意义、语体意义和搭配意义。

(1) 感情意义。感情意义即我们平常所说的词的感情色彩,指的是附着在词的理性意义上的人们对客观事物的主观评价和态度,简单地说就是词义所表现出的人们的某种感情倾向。比如"机灵"和"狡猾",它们的理性意义基本相同,但附着在词语上的感情色彩却不一样:"机灵"含赞扬的感情色彩,多用来形容人头脑灵活,善于随机应变;"狡猾"则含有憎恶的感情色彩,适用于形容人的诡计多端,不可信任。再比如,"时尚"的感情色彩是正面的,"新潮"的感情色彩是中性的,"时髦"的感情色彩则是负面的。词汇的感情意义跟人们对客观事物的价值判断有关系,比如,在汉语里,"巧舌如簧"、"天花乱坠"、"甜言蜜语"都是贬义的,这说明在中国人的传统观念里会说话不是一种值得称道的本事(当然"天花乱坠"原始意义是褒义的);但在一些社会里会说话是值得称道的,例如英语的 communicative(善交际的)就是褒义的。在一种语言的词汇系统里,通常会有两套色彩意义截然相反的词汇,如"雄心"是褒义词,"野心"是贬义词,而它们的理性意义是一样的。

值得注意的是,感情色彩常常是经由比喻联想的途径造成的。比如汉语中"狗"的理性意义是"哺乳动物,种类很多,嗅觉和听觉都很灵敏,毛有黄、白、黑等颜色。是一种家畜,有的可以训练成警犬,有的用来帮助打猎、牧羊等",这个词本来没有褒贬的感情意义,但在汉语词汇的意义系统中,"狗"还有"狗腿子"、"狗眼看人低"、"狗急跳墙"、"狗咬狗"、"狗仗人势"等用法,这里的"狗"用的都是它的比喻联想意义,在感情色彩上属于贬义。

(2) 语体意义。语体意义即通常所说的风格色彩或语体色彩,指的是词语在使用过程中由于交际环境的不同而产生的附加意义。语言中的一些词语,由于经常出现在某些环境中,久而久之就成了一种约定俗成的规律固定了下来。比如汉语的"妻子"常见于正式的语体中,"太太"常见于半正式的语体中,"媳妇"常出现在非正式的语体中,而"老婆"则常出现在更加随意的语体中。"妻子"、"太太"、"媳妇"、"老婆"的理性意义相同,感情色彩虽然没有褒贬之分,但是它们的使用场合不同,传达的信息不同,所以语体意义不同。语体意义通常根据交际环境分为两大类:口语色彩和书面语色彩。前者一般比较通俗、鲜活,生活气息比较浓厚,如"澡堂"、"拉稀"、"老天爷"、"利索"、"汉子"等;后者一般比较庄重、典雅,如"浴池"、"腹泻"、"苍天"、"敏捷"、"男子"等。

(3)搭配意义。词的附加意义有时可以通过词的搭配特征反映出来,即在词语的运用中,有些词语经常与另一些固定的语言单位组合,而不跟其他的语言单位组合。由这种固定搭配关系产生的附加意义就是搭配意义。比如汉语的"吠"、"鸣"、"啸"、"嚎"、"吼"等词,都是"叫"的意思,理性意义基本相同,但搭配意义不同,我们通常只说"犬吠"、"鸡/虫鸣"、"虎啸"、"狼嚎"、"狮吼",而不会说"鸡吠"、"虎鸣"、"狼啸"、"狗吼"、"狮嚎"等,在这种固定搭配中我们可以了解这些词语的差别;再比如,英语的 cry、yell、shout、howl、wail、roar、moan 等也可以在搭配中了解它们的不同意义。由于搭配的选择性,使得一些原本没有任何附加意义的词语有了附加色彩。"嚎"由于与"狼"的搭配,在"大声叫喊"的理性意义之外附丽着"令人厌恶"这样的色彩,这是由于说汉语的人对"狼"没有好感,结果把"狼"的部分感情意义附加到与之搭配的词语上。

词汇的附加意义会随着社会意识的变化而变化。比如现代汉语中的"猖狂"是贬义的,而它的原意指没有目的、茫然,并没有褒贬的附加意义,《庄子·在宥》:"猖狂不知所往。"这里用的就是本义;又如"卑鄙"原指卑微鄙俗,不含贬义,诸葛亮《出师表》:"先帝不以臣卑鄙,猥自枉屈,三顾臣于草庐之中。"这里用的就是这个意思,但现代汉语中指"卑鄙"则指品行低下,色彩意义发生了变化。

二 词义的基本特征

词义是人们对客观事物的抽象与概括的反映。这句话的意思可以这样理解:词义与客观事物不是一一对应的。人们对客观事物的反映有时可能是歪曲的、不真实的甚至是错误的。例如在汉语的词汇中有"鬼"这样一个词,它的理性意义是"人或其他生命死了以后的灵魂",在人们的意义系统里,鬼通常在黑夜里出来活动,形象比较丑陋恐怖,来无影去无踪,没有体温。在汉语中,"鬼"这个词是存在的,它有自己的词汇意义,但是我们在客观世界里无法找到它所反映的那个实体。"鬼"的意义是说汉语的人对某种不可捉摸的事物的一

种歪曲的反映。概括起来说,词义具有以下一些基本特征:

(一)词义的概括性和模糊性

1.概括性

词义是人脑对客观事物、现象的概括反映。人们对外部世界各种事物、现象进行分类后,把有共同特点的事物、现象归在一起,给以一个名称,从而使之与其他事物、现象区别开来。这个过程是一个概括的过程、抽象的过程,在这个过程中,人们把现实事物、现象中特殊的、复杂的东西当做普遍的、一般的、简单的东西,即人们忽略了具体事物、现象的个别的、非本质的属性,只是抽取了它们共同的、本质的属性。比如我们对"人"这个词的理解是:能制造工具并使用工具进行劳动的高等动物。我们的这种理解很显然抛开了大人、小孩、古人、今人的差别,也舍弃了性别、民族、种族、肤色等差别,而只概括地反映了人这种动物有别于猴子、大象、猫、狗等其他动物的本质属性。再比如,尽管说汉语的人对"鬼"的印象千差万别,但是人们觉得"鬼"这种事物还是有一些共同的东西的,人们把这些共同的东西抽象出来,于是就有了"鬼"的词义。

2.模糊性

经过抽象概括而形成的普遍的、一般的、简单的东西,本身往往带有一定的模糊性,它只是一个大致的范围,没有明确的界限。词义的模糊性就是指词义所概括的客观事物、现象的外延往往比较模糊,没有明确的界限。比如汉语的"青年",词义的中心很明确,指十五六岁到三十岁左右的人,但是三十五岁算不算青年呢?不同的人会有不同的看法。模糊性与明晰性(确定性)是相对的,它来源于两个方面的原因:一方面是客观事物、现象自身的连续性导致边界不清,比如汉语的"凌晨"和"清早"、"上午"和"中午"、"青年"和"中年"等概念本身就是一个连续统,词义要把它们分割成便于概括、指称的小段,只能进行模糊的处理。另一方面是人的主观感受的差异性造成语言所折射的真实世界的不确定性或不精确性,比如数量、范围、矢量、程度、标准等的不确定或不精确等。比如"胖"和"瘦",多少公斤为"胖",多少公斤为"瘦",不同的人按照个人的知识、经验、审美标准等会有不同的理解。类似的还有"大"和"小"、

"深"和"浅"、"软"和"硬"、"漂亮"和"丑陋"等。

(二)词义的系统性和民族性

1.系统性

词义具有系统性,任何词义都是在一个可以界定的系统里存在的,词义的系统构成词义的聚合。脱离词义的系统性来谈词义往往会左右碰壁,滞碍难行。例如汉语的"单身汉"一词,《现代汉语词典》中的解释是"没有妻子或者没有跟妻子一起生活的人"。应该说这个解释不是很准确,因为"没有妻子"的人除了包括"适婚年龄的未婚男性"以外,还包括所有未婚男性(儿童、未成年的)、所有女性(同性恋婚姻除外)、出家人、非婚同居者、男性丧偶者,我们在解释"单身汉"的词义时必须把所有未婚男性(儿童、未成年的)、所有女性(同性恋婚姻除外)、出家人、非婚同居者、男性丧偶者排除在外,这就需要一个词义的系统,"单身汉"的词义在这个系统里可以找到合适的解释。跟"单身汉"有关系的还有"光棍儿"、"单身"、"鳏寡孤独"等一系列的词,要把它们放在一起来解释。

2.民族性

词义是人们对客观世界中的事物、现象和关系的概括认识和反映,在反映客观世界的过程中必然受到语言所处社会、民族的影响,从而具有社会性和民族性。例如在汉语的词汇系统里,亲属词汇特别发达,因此亲属词汇的词义区分得很细致,这与中国社会和汉民族重视宗法关系的社会心理是分不开的。我们以汉语和英语的亲属称谓词语为例,见表7—6:

表 7—6

		汉　　　语	英　　语
一层亲属	配偶关系	丈夫　妻子	husband　wife
	生育关系	父亲　儿子 母亲　女儿	father　son mother　daughter
	同胞关系	哥哥　弟弟 姐姐　妹妹	brother sister

续表

二层亲属	直系亲属 （生育关系 ＋生育关系）	祖父　外祖父 祖母　外祖母 孙子　外孙 孙女　外孙女		grandfather grandmother grandson granddaughter
	旁系血亲 （生育关系 ＋同胞关系 ＋配偶关系）	伯父　叔叔　姑父　舅舅　姨父 伯母　婶婶　姑姑　舅妈　姨 侄子　外甥 侄女　外甥女		uncle aunt nephew niece
	姻亲亲属	岳父　公公 岳母　婆婆 女婿 儿媳妇 姐夫　妹夫　大伯子　小叔子　内兄　内弟 嫂子　弟妹　大姑子　小姑子　大姨子　小姨子		father-in-law mother-in-law son-in-law daughter-in-law brother-in-law sister-in-law
三层亲属		堂兄　堂弟　堂姐　堂妹 表哥　表弟　表姐　表妹		cousin

从这个比较中我们不难看出：与英语相比，汉语更重视内外、长幼、亲疏、男女。这就是词义的社会性和民族性的具体体现。

三　语义场和义素分析

词义的分析涉及对词义的描写，而词义的描写离不开词义的类聚。也就是说，不能脱离开词与词意义上的联系而孤立地分析词的意义。在这里我们引入语义场的概念，词义的分析在语义场中进行。

（一）语义场

凡是具有相同的语义特征，在词义上处于相互联系、相互制约关系中的一群词聚合在一起形成一个语义聚合体，这就是语义场（semantic field）。语言学中的语义场的概念借用了物理学关于"场"的界定，场是物质存在的一种基本形态，具有质量、能量和动量，处于同一个场中的物质彼此互相联系、互相作用。语言学把语义之间的关系也看成一个一个的场，处于同一个语义场中的词义互相联系、互相制约。词义的分析和描写也在语义场的基础上进行。语义场在词汇系统中的表现就是词义的类聚。凡是具有相同语义属性的词都可以构成一个语义聚合体。语义场可以分为不同的类型,常见的如:

  分类义场:猪—马—牛—羊—狗—……
  顺序义场:元帅—上将—中将—少将—上校—……
  关系义场:丈夫—妻子;教师—学生
  反义义场:死—活(非此即彼)
  两极义场:冷—热;穷—富(有过渡状态)
  同义义场:父亲、爸爸、爹

有的语义场是封闭的,如顺序义场:春—夏—秋—冬(四季循环),博士—硕士—学士(学位系统),一九—二九—三九—四九—五九—六九—七九—八九—九九(中国农历的时序排列),教授—副教授—讲师—助教(职称序列),科长—处长—局长/司长—部长—总理(职务序列),班长—排长—连长—营长—团长—旅长—师长—军长(军队职务序列),等等。关系义场、反义义场、两极义场、同义义场也都是封闭的。有的语义场是开放的,如分类义场:杨树—松树—柳树—枫树—桦树—榆树—桃树—槐树—……(树类语义场),鲫鱼—鲤鱼—草鱼—鲶鱼—鳜鱼—鲑鱼—鲥鱼—鳕鱼—黄鱼—鲟鱼—……(鱼类语义场),麻雀—燕子—乌鸦—喜鹊—百灵—画眉—鹦鹉—布谷—鹧鸪—鹌鹑—黄鹂—白鹭—孔雀—……(鸟类语义场)。

语义场有层次性。比如亲属关系语义场:

图7—1

语义场的层次性反映了外部世界各种事物在人的大脑中的反映是有层次的,也就是说,语言中的语义是一个有层次的网络体系。语义场是我们对词义进行分析的基础。

(二)义素与义素分析

1.义素

义素是最小的语义单位,是对词的义项进行分析后提取出来的带有区别性特征的语义单位,是一个词区别于其他词的本质属性。它是语义切分的微观层次,是理论上抽象出来的语义单位,不是自然语言的单位。它没有语音形式,不是音义结合体,不能从自然语言中直接观察到。如:"母亲"这个自然语言单位,其词义包括"女性"、"亲属"、"长辈"、"嫡亲"等义素;wife 这个词的词义包括"动物"、"人"、"成年"、"女性"、"已婚"等义素。我们可以用下面的公式来表示:

母亲[+亲属;+长辈;+嫡亲;-男性]

wife[+ANIMAL;+HUMAN;+ADULT;-MALE;+MARRIED]

2.义素分析

用带有区别性特征的语义单位来描写词义就是义素分析。义素分析是现代语义学所使用的一种深入到词的内部分析词的理性意义构成的方法。它借鉴了音位学上确立音位建立音位系统的方法,即通过对不同词(词群)的一组义位的比较,找出它们所包含的共同义素和区别义素。

义素分析一般遵循这样的程序:首先确定对比词群,即把词义相关的一组组词提取出来作为比较对象;然后仿照音位分析中提取语音区别性特征的方法,确定这类词的共同特征和区别性特征,即提取义素;接下来就是义素描写,即用图表和符号表示义素的对立关系,使之形式化(一般采用"+"和"-"来标示义素的对立关系);最后是检验,看已经列出的语义特征是不是最小的,看已经列出的语义特征是不是本质特征,看是否把同一词群中的全部词义都区分开了。我们来看"男人"、"女人"、"男孩"、"女孩"这样一个词群,这四个词的义素分析列表如下：

表7—7

	男人	女人	男孩	女孩
人	＋	＋	＋	＋
成年	＋	＋	－	－
男性	＋	－	＋	－

从上表中可以一目了然地看出这个词群中各个词间的共同点和不同点："男人"、"男孩"和"女人"、"女孩"的区别是[＋男性]和[－男性]的对立；"男人"、"女人"与"男孩"、"女孩"的区别是[＋成年]和[－成年]的对立。

四 词义的类聚

上文说过词义具有系统性，这句话的意思是说任何一个词的词义都不能仅仅从那个孤立的词中去寻求解释。任何一个词的词义都不是孤立地存在的，每一个词在意义上都与其他的词有某种联系，那么这个词就会因为有了这层联系而与其他的词在意义上建立起一个聚合体，这就是词义的类聚。词义的类聚可以分为同义聚合、反义聚合两种。

（一）同义类聚

理性意义相同或者相近的词聚合在一起构成同义类聚。在自然语言里，我们经常会遇到一些理性意义相同的词，它们形式不同，但是彼此又有意义上的联系，于是，它们就构成了同义类聚。比如：

妻子——老婆——媳妇　　领导——头儿——负责人
星期一——礼拜一——周一　　计算机——电脑——微机
高尚——高贵　　　　　　　　宽厚——宽容
朴实——质朴　　　　　　　　宽广——宽阔——宽敞
欣赏——观赏　　　　　　　　悲伤——悲痛

严格地说，没有意义完全相等的词。所谓等义词也只是理性意义相等，因此同一个同义聚合里的词在意义上是有分别的。同义类聚的产生主要有以下原因:新旧词并存、方言词交叉、外来词渗透、词的色彩意义的分化、词指称范围的分化等。

1.同义词的类型

(1)等义词是理性意义相等。等义词的形成通常表现为同一个事物或概念有不同的称谓。如"维他命"和"维生素"是一对等义词,两种称谓都是英语vetamin的译名,"维他命"是音译,"维生素"是意译,两种译法都进入汉语的词汇系统,于是就形成了等义词。"米"和"公尺"也属此类。再比如"菠萝"和"凤梨"、"荸荠"和"马蹄"、"公鸡"和"鸡公"、"互相"和"相互"、"介绍"和"绍介"等,基本上属于方言词共存造成的等义词。

(2)近义词是理性意义基本相同、附加意义不同的词。语言的词汇系统中近义词比较多。如"美丽"和"漂亮"是一对意义相近的词,它们的理性意义相同,都是"好看,使人看了以后产生美感的"意思,前者是书面语词,后者为口语词。再比如"和蔼"和"和气"、"悲痛"和"悲伤"、"愤怒"和"气愤"、"拥护"和"拥戴"、"愿意"和"乐意"都是近义词。

2.同义词的辨析

在对外汉语教学中,同义词的辨析是一项重要的基本功,因此学会在词义的类聚中去辨析同义词是非常重要的。同义词的辨析主要从以下几个方面入手:

(1)词义对比。比如"腐蚀"和"侵蚀"是一对同义词,我们可以通过理性意义的对比,看出它们的区别:

腐蚀:通过化学作用使物体逐渐消损破坏,也可以指人的思想品行在坏的因素影响下逐渐变质堕落。

侵蚀:通过自然的力量逐渐侵害使物体变坏,也可以指逐渐地侵占他人财物。

(2)适用对象对比。比如"怀念"和"思念"是一对同义词,但它们的适用对象、范围是有差别的:"怀念"的对象是过去的人或者事,如果是人的话,指的是故去的人;"思念"的对象只能是人或者人格化了的事物,如故乡、祖国等,而且是现在的人或人格化了的事物。再如"观赏"和"欣赏"也是一对同义词,但它们适用对象也不一样:"观赏"是视觉的享受,领略其中的趣味,对象为景物或表演等;"欣赏"是全身心的享受,领略其中的趣味,对象为一切美好的事物,包括景物、艺术品、人物、品位等等。

(3)用法对比。比如"忽然"和"突然",都有强调时间短、出乎意料的意思,是同义词,但两者用法不同:"忽然"用做状语,是副词;"突然"用做补语或定语,是形容词。两者在用法上的区别表现在组合条件上:"忽然"不能受"很"修饰,"突然"可以受"很"修饰。

(4)感情色彩对比。比如同义词"顽固"与"顽强"的差别,主要就在于感情色彩不同:"顽固"是贬义的,"顽强"是褒义的。"顽固"和"顽强"都有"坚持自己的立场,态度强硬,不易制服或改变"的理性意义,但是"顽固"用于贬抑,"顽强"用于褒扬。

(二)反义类聚

理性意义相反或者相对的词聚合在一起构成反义类聚。反义类聚是由一对对词汇意义相反或者相对的词构成的,每一对意义相反或相对的词互为反义词。例如:

汉语:明——暗　　宽——窄　　厚——薄
　　　宽阔——狭窄　乐观——悲观　明亮——黑暗
　　　高——低　　美——丑　　忙——闲
　　　大——小　　轻——重　　舒服——难受
英语:hard——easy　　dark——bright
　　　black——white　　new——old

有的时候一个词有不止一个反义词,形成数量上不平衡的反义词的类聚。例如:

汉语:瘦——肥/胖　好——坏/差/次/孬/糟　漂亮——丑陋/难看
英语:upset——glad/happy/pleased/delighted
　　　bad——good/nice/great

反义类聚包括下面几种情况:

1.意义相反

意义相反是指概念意义相反或者相对。例如：

美——丑（价值评价意义相反）

香——臭（生理感知意义相反）

多——少（数量评估意义相反）

喜欢——讨厌（心理状态意义相反）

高潮——低潮（过程阶段意义相对）

2.两极对立

两极对立是指在概念意义上只有两个极端，没有中间状态，没有过渡地带。例如：

男——女（在概念上两极对立）

睡——醒（在过程阶段上两极对立）

进——出（运动方向意义两极对立）

死——活（生命状态意义两极对立）

上升——下降（运动方向意义两极对立）

天——地（认知意义上两极对立）

3.连续统的两端

客观世界除了意义相反或者相对、两极对立之外，还有一些事物界限不清楚，在意义上形成一个个连续统，处于连续统两端的词义也构成反义类聚。例如：

热——冷（热→温→凉→冷，中间有过渡状态）

黑——白（黑→灰→白，中间有过渡状态）

阴——晴（阴→多云→晴，中间有过渡状态）

大——小（大→中→小，中间有过渡状态）

词义的类聚从一个侧面反映了语言与外部世界的折射关系。人是外部世界的观察者，又是语言的使用者，人们对外部世界的观察结果反映在词义中，形成了词义的系统性。同义类聚和反义类聚都是人对外部世界主观认识的概括反映，因此有时会有一定的伸缩性。既然人们的认识是主观对客观的反映，所以词义的类聚不能完全脱离主观性判断。

思考与练习

1.词汇的概念是什么？什么是词汇学？词汇与语言的关系是什么？
2.词的结构类型有哪些？
3.词汇的构成可以从哪些角度去分析？
4.什么是基本词汇？什么是一般词汇？基本词汇和一般词汇之间是一种什么样的关系？
5.什么是标准语词汇？什么是方言词汇？标准语词汇和方言词汇的关系是什么？
6.什么是本土词汇？什么是外来语词汇？
7.可以从哪些方面来分析词汇的意义？
8.什么是语义场？语义场有哪些类型？
9.什么是义素？义素分析的程序是什么？

第八章 文 字

第一节 文字的性质、功能和要素

一 文字的性质

什么是文字？简单地说，文字是记录语言的书写符号系统。尽管世界上的语言在使用不同类型的文字，有些语言至今还没有文字，但是就已有的文字来说，不同类型的文字的性质是一样的。我们从以下两个方面来看一看文字的性质。

(一)文字是记录语言的符号系统

语言是一套符号系统，文字也是一套符号系统，语言这个符号系统和文字这个符号系统有密切的关系，但是从本质上说这是两种性质不同的符号系统。有不少人认为文字就是语言，这是概念上的错误认识。文字是记录语言的符号系统，但是文字本身并不是语言。语言是第一性的，文字是第二性的。即使没有文字这样一套符号系统，语言还是照样存在，并依然充当一个社会的交际工具。

用什么样的文字系统来记录语言是有选择性的。例如越南语，最早曾经借用汉字作为记录语言的符号，后来又改为斯拉夫字母，现在使用的是拉丁字母。又如蒙古语，中国的内蒙古使用的是传统的蒙文，蒙古国使用的是斯拉夫字母。一种语言选择什么样的文字系统有语言本身的原因，也有社会原因。

拼音文字记录的是语言中的语音,所以拼音文字在阅读者的大脑中激活的是声音印象;汉字比较复杂,有的汉字激活的可能是客观事物的表象(象形字),例如"鱼"、"羊"、"人"、"山"、"伞"、"田"等;有的汉字激活的可能是词汇的意义(会意字),例如"苗"、"甜"、"从"、"鲜"等;有的汉字激活的可能是声音印象(形声字),例如"枝"、"诚"、"饭"、"管"等。

(二)文字是有形的书写系统

文字是一种标记语言的书写符号系统。它是通过视觉感知的形式来标记语言的。除了盲文,文字是写出来给人看的。盲文是靠触觉来"认字"的,是一种触觉符号,可以看做是一种文字的变体。不管是触觉符号还是视觉符号,文字都是一套有形的书写系统。

文字的书写是有规则的。文字的书写有书写方向的问题、书写顺序的问题、书写规范的问题。例如汉字包括笔画、笔顺、偏旁、标点等,英文等拼音文字包括字母、字母顺序、拼写规则、标点等。阿拉伯文是自右向左横行书写;拉丁字母是自左向右横行书写;日文是从上到下竖行书写,先从右边开始,到左边结束;汉字本来也是自上而下竖行书写,后来改为从左到右横行书写。文字在书写的时候有不同字体的差别,每一种字体有每一种字体的规范,如果不按规范书写,读的人就可能会有阅读困难,不利于交际的正常进行。

二 文字的功能

语言是十分古老的,自从有了人类社会以后就有了语言,人们在交际的时候可以使用语言。但是语言是看不见摸不着的东西,也是转瞬即逝的。远古社会没有现代的交通工具和通讯手段,人们的交际局限于当时当地,对于远在异地的人和不同时间的人则无法利用语言来完成交际任务。你在这里说话,不在现场的人就不可能知道你说什么。为了使语言交际超越时间和空间的限制,于是人们发明了记录语言的符号,使声音符号有了一个可以通过视觉感知的工具,并且使语言能够传于异地,存于异时。

语言的物质外壳是声音,声音是听觉可以感知的符号,听觉信号只能凭记忆保存,然后再转述给他人。对于原始的人类社会来说这已经足够了。但是人总是不满足于已有的交际工具,人们还需要把一些事情记录下来,以备他日查阅或者为后世留下一些线索。这是文字发明的主要动因。文字是视觉符号,它可以避免记忆的不准确以及转述时信息的变形。有了文字,我们可以知道古代先哲们在说什么,也可以把我们想说的话写下来,让同时代和后代的人以及不同地域的人都能了解我们的思想。文字的发明使人类文明的脚步大大加快,文字的发明给文化的形成和传播提供了契机,文字的发明为我们了解历史和创造新的文明打下了坚实的基础。如果没有文字,我们的学校教育就不会是今天这个样子,没有书可读,所有的知识和经验都必须通过口耳相传的方式传授给下一代。能够把语言用书写符号记录下来是一件了不起的发明。

文字使人们的交际跨越了时间和空间的限制。这是文字最主要的功用。人类的进化经过了漫长的岁月,人类语言的发展是人类进化到一定阶段的产物,而文字的发明就更晚了,我们所知道的古老的文字最多不超过六千年。但是文字的出现却使人类文明的发展进入一个新的阶段,因为文字的出现大大地扩展了语言作为交际工具的功用。有了文字,人类文明的所有知识、经验、思想、信仰都可以保存下来,并流传下去;有了文字,信息的积累和传播有了新的载体,大大地拓展了语言交际的空间。文字的发明是人类文明进程中的一个奇迹。

三 文字的要素

文字是记录语言的书写符号系统,文字记录语言的方式是通过一定的形体来记录语言的音和义。任何一种文字都包括字形、字音、字义三个方面,也就是说,形、音、义是文字的三个要素。如汉语用"鸟"这个形体来记录"niǎo"这个音,表达"脊椎动物的一大类,体温恒定,卵生,嘴内无齿,全身有羽毛,胸部有龙骨突起,前肢变成翼,后肢能行走"这个义。英语用"bird"这个形体来记录[bəːd]这个音,表达"脊椎动物的一大类,体温恒定,卵生,嘴内无齿,全身有羽毛，胸部有龙骨突起，前肢变成翼，后肢能行走"这个意义。字形、字音、字义三者统一在一起才能形成文字。

(一) 字形

文字的"形"是文字的外在表现形式。例如拼音文字的字母和汉字的字都是文字的"形"。字母已经是拼音文字最小的形式，不能继续分析。汉字却可以分析为独体字和合体字两种，所谓独体字就是最小的汉字形式，例如"人"、"一"、"口"、"匕"、"刀"、"斤"、"言"等，它们如果继续分析下去就已经不再是汉字了，但是它们还可以进一步分解为一些部件；所谓合体字就是由至少两个独体字组合而成的汉字，例如"新"（亲＋斤）、"信"（人＋言）、"从"（人＋人）、"叨"（口＋刀）等。

(二) 字音

文字的"音"是文字的读音形式。拼音文字的字母有字母音，但是孤立的字母其读音与其在组合中的读音不是一回事。例如英语的字母 s 读如[es]，而在拼合中它却可能有不同的读音，在 study 中 s 读如[s]，在 bugs 中读如[z]；又如字母 g 读如[ʤi]，在 good 中 g 读如[k]。

文字的读音会发生变化。英语的文字系统是记录音位的，一个字母记录的就是一个音位，当然在语言和文字的发展变化中，文字和语音不一一对应的情况越来越多，这就需要不断地对文字进行规范或改革。英语中有些字母在词中是不发音的，比如 fight 中的-gh-、psychology 中的 p-、receipt 中的-p-在现代英语里都是不发音的。汉字的读音也会发生变化，比如"复"和"刚愎自用"的"愎"本来是同音的，它们的声符是一样的，但是在现代汉语中一个读音为 fù，一个读音为 bì。这是因为现代汉语普通话中的唇齿音[f]是由双唇音[p]变化而来（即清代学者钱大昕所谓的"古无轻唇音"）。这种字音上的变化是成系统的：

唇齿音：丰 沣 奉 峰 蜂 逢 烽 俸 凡 番 福 复 甫
双唇音：帮 蚌 棒 捧 蓬 琫 逢 犎 芃 蕃 逼 愎 捕

汉字也有直接记录语音形式的例子，比如汉字记录的一些音译词：

  石榴 玻璃 琉璃 的士 马达

  引得 英特纳雄耐尔 奥林匹克

(三) 字义

  文字的"义"是文字所代表的意义。拼音文字只有拼合之后才能看出它的意义，也就是说，字母拼合以后记录的语素和词才有意义，单个的字母没有什么意义。汉字不同，汉字可以通过声音来表达意义，汉字也可以直接表意。汉字的偏旁和部首都是有意义的。因为汉字保留了造字时的一些信息，因此我们往往可以通过汉字字形找到它的原始意义。例如"采"，上边是一个手形的简化(爪)，下边是一棵树(木)，它的意思很明显：用手在树上采摘果实。又比如"安"，上边是一个屋顶，下边是一个女字，意思是一个女子在屋子里，可以领会为"安全"的"安"。

  当然在文字的发展变化中，有些字形已经改变，读音也发生了变化，要想找到它的原始形式比较困难。字母的演化不容易一一看出来，但汉字的情况要好一些，一是因为汉字还保留了许多远古的形式特征，二是因为汉字有比较古老的出土样本，我们可以根据几千年以前的文字形式来追溯每一个汉字的原始意义。

第二节 文字与语言的关系

一 语言类型影响文字的选择

  语言的结构特点和语音特点对文字系统选择有影响。比如，汉语是孤立语，在结构上没有多少形态变化，一个音节基本上就是一个语素，语素组合成词、词组合成短语、短语组合成句子都是直接连接，不需要改变任何词的词形，每一个词都是光杆形式。因此汉语选择一个一个孤立的方块字符号是可行的。汉字的特点是一个汉字基本上只记录一个音节，一个音节只用一个汉字来记录。从语音上看，汉语是有声调的语言，在某些方言里声调的变化还比较复杂，因此采用孤立的汉字一个一个地记录可以避免拼音文字拼写声调时的困难。另外，汉语方言分歧比较大，尤其在语音上，不同方言区的人有很大的区别，所以采用拼音文字就比较困难。

又比如，英语是屈折语类型，在构词层面上有大量的词形变化，语法结构上也存在着大量表达语法意义的形式变化，这些形式变化（如-ed，-ing，-s等）用汉字这样的文字体系来记录就不是很方便。从语音上看，英语在音节这个单位上没有声调，音节结构一般为元辅音交替出现，有辅音串（如 str-，scr-，spr-，pl-，sl-）。如果用汉字这样的文字系统来记录英语这样的语言，语音之间的关系很难反映出来。

再如，日语是黏着语，有词形变化，所以创造出假名文字，用来记录语法形式的变化。例如：

  見る   （动词"看"的原形形式）
  見ます   （动词"看"的敬体形式）
  見ました （动词"看"的过去形式）
  見ている （动词"看"的进行体形式）

如果没有假名来标记动词词尾的变化，动词的这些语法意义就无法表现出来。又因为日语中有很多格助词，它们都是用来表达语法关系的，用汉字来表达不如用假名表达方便。

二 文字形成系统以后作用于语言系统

（一）文字可以促进民族共同语的形成和发展

一种语言能不能成为一个社会群体共同的交际工具，在很大程度上取决于这种语言的使用范围，而某一种语言的使用范围取决于该语言内部的一致性程度。如果一种语言内部分歧很大，它就不利于人与人之间进行顺利的交流。我们知道，口头语言在地域上和社会阶层上的分别是比较大的，口头语言在不同历史阶段上的分别就更加明显。但是如果用文字记录下来的话,地域之间的差别、阶层之间的差别和时间跨度上的差别就会减小。因为文字是受过教育的人才能掌握的交际工具,受教育的过程就是学习和使用文字的过程。在学习和使用文字的过程中,人们学会了规范。既然文字使语言的交际范围得以扩大,所以我们可以说是文字在一定程度上促进了语言的统一和规范化。就汉字而言,春秋战国时期诸侯争霸,不同诸侯国之间的语言和文字都有很大的区别。秦统一六国后,实行"书同文,车同轨",其结果是使得中国境内的语言朝着统一的目标迈进。

(二)文字拓宽了语言的使用范围

文字的出现使作为交际工具的语言拓宽了使用范围。文字在刚刚出现的时候是作为一种记事符号出现的,人们把需要记录的事情用利器刻在木头上或者甲骨上。那时候的文字还只是一种备忘录的形式,由于受到书写工具的局限,文字还不能原原本本地记录语言。即使记录的是语言的原本形式,也可能是电报式的语言。当书写方式得到改善以后,文字的功用迅速扩大;尤其是在发明了印刷技术以后,文字记录的内容就更加广泛,文字作为人类社会传达信息、表达感情的工具越来越受到重视。

(三)文字促成书面语和口语的分离

口语是人们口头表达时的语言形式,由于口头表达的特点,口语在很多方面与用文字记录下来的语言形式是有区别的。由于书面语是受教育者的语言,因此书面语比较多地保留了文绉绉的词汇,省略了一些口语中常见的口头禅和重复。"说的话"和"写的话"有差别这是很正常的,因为"说的话"是给人听的,"写的话"是给人看的。"事事应视世事适时实施"这句话,"说"出来可能听得懂的人不会很多,但是"写"出来我们可以慢慢地看,看得懂的人就会多些。如果用口头语言来表达,这句话应该说成"每一件事情都应该根据当时的情况来实施"。

当然,并不是说出来的都是口语,写出来的都是书面语,也可以在口头表达的时候用书面语,在书写的时候用口语,但不可否认的是,文字的出现给书面语和口语的分家创造了条件。

第三节 文字的起源和发展

一 文字的起源

在文字发明以前,要记录生产或战争中的一些大事,或者部族内部的人口、财产等情况,要记录自然界一些不同寻常的变化或传递一些无法用语言直接传递的信息等,人们采用了一些记事的方法,如结绳记事、讯木记事、图画记事。

《易经》上说:"上古结绳而治,后世圣人易之以书契。"上古时代人们用结绳的办法来记录生活生产中一些必须记录的事情,这种记事方法一直沿用至今。秘鲁16世纪结绳记事仍然盛行,我国西南少数民族至今仍然有结绳记事的传统,这种记录方式与刀耕火种的生产力水平是一致的。在木棒上刻上一些标志或者记号用来帮助记忆或者传递信息,这就是讯木记事。《北史·魏本纪》说到魏先世"涉猎为业,不为文字,刻木结绳而已",《唐会要·吐蕃》记录吐蕃人"无文字,刻木结绳以为约",《五代会要》上也说"契丹本无文记,唯刻木为信"。讯木记事比结绳记事有所进步,因为在木棒上刻记号可以有比较多的变化,可以表达比结绳记事更多的信息。比讯木记事更进一步的记录方式是图画记事。图画是文字的雏形。中国的象形文字脱胎于图画,很多汉字至今仍然能看出它们的图画原型,如:牛、羊、鱼、目、山、川、舟、人等。今天仍在使用的东巴文,其图画的特质一目了然。

在中国,关于文字的起源有很多传说。仓颉造字是流传最广的一种传说。仓颉是黄帝的史官,据说他看到鸟兽虫鱼的纹样和自然界的一些图像,受到启发而创造了文字。这种说法只是一种传说。文字的创造不是一人所为,而是人们在长期的实践过程中逐渐积累,积累到一定程度后再由像仓颉这样的人系统地进行整理和规范。不管是仓颉造字也好,人民群众造字也好,文字成为系统的记录语言的符号一定是经过加工的,总要有人对文字的体系进行整理和规范,并在一定的范围内推广使用。仓颉作为黄帝的史官有条件对文字进行系统化的整理。

社会发展变化使人类社会产生了记录语言、记录生产生活讯息的需求,这就是文字产生的动因。我们可以看到几千年以前的文字形式,比如中国河南安阳小屯村出土的甲骨文,记录的是殷商时代中国社会生活的很多方面。这些刻在龟甲和兽骨上的符号就是汉字的雏形。

二 文字的嬗变

(一)文字演变规律

文字最初脱胎于图画,在发展变化过程中逐渐脱离具体的形迹,变成纯粹抽象的符号。由具体到抽象是所有文字发展演变的大趋势,这是文字发展变化的第一个规律。例如汉字的"人",原本是画出一个人的形状ク,后来渐渐地变成一个符号,再变为一个汉字的偏旁——亻,一切与人有关系的字皆从人旁,如什、仁、仆、仇、介、从、仔、仕、他、仗、付、仙、代、伝、仪、们、仰、仲、件、任、仿、伉、伊、伍、伐、佚、伥、伦等;又比如"水"字,本来是描摹流水形状的,后来渐渐演化成一个符号,再变为汉字的一个偏旁——氵,一切从水的字皆由这个符号与其他符号组合而成,如汀、汁、汃、汇、汉、汊、汋、洲、汐、汕、汗、汛、氾、汝、江、池、汤、汪、汲、汽、汾、沁、沂、沃等。文字脱胎于图画这一结论在一些自然现象或者动植物物像上表现得最为明显。例如:

字母文字也是由具体的象形字渐渐演化而成的。文字发展变化的第二条

规律是由表意到表音。表意是用文字符号直接表示意义,例如汉字的指事字和会意字都是表意文字。形声字、假借字、音转转注字已经由表意渐渐地走向表音,拼音文字是文字发展到表音文字的最高阶段。拼音文字从原理上说比表意文字要简单得多,学会了字母和正字法之后可以无师自通。方块汉字要一个一个地学,而拼音文字对于学习者来说则省力得多。

(二)汉字演变

1.汉字的嬗变及影响

汉字是记录汉语的文字系统,已有6000多年的历史,是现存最古老的文字系统之一。现在能看到并可辨识的是3000多年前殷商时代的甲骨文和稍后的金文。现在用的汉字是从甲骨文和金文演变而来的,在形体上由图形变为笔画,象形变为象征,复杂变为简单。

汉字对中华文明及周边国家的影响是相当巨大的。日本的假名也是一种表音文字,从形式上说,它们来源于汉字。例如平假名的あ、い、お、か、ぬ、ふ、ほ是汉字"安"、"以"、"於"、"加"、"不"、"後"草书的变形或者省写;片假名的ア、イ、エ、カ、ク、シ、ス、ホ、マ、ム、ヤ也是在汉字偏旁的基础上创造的。西夏文、我国湘西大瑶山发现的女书也都是在汉字的基础上创造的。汉语注音符号也脱胎于汉字的部件。例如:

ㄅb ㄆp ㄇm ㄈf ㄉd ㄊt ㄋn ㄌl
ㄍg ㄎk ㄏh ㄐj ㄑq ㄒx
ㄓzh ㄔch ㄕsh ㄖr ㄗz ㄘc ㄙs
ㄚa ㄛo ㄜe ㄧie ㄞai ㄟei ㄠao ㄡou
ㄢan ㄣen ㄤang ㄥeng ㄧi ㄨu ㄩü

不过可以清楚地看出注音字母明显地受日语假名文字的启发。

2.汉字"六书"

前人分析汉字造字法得出的六种造字方法称为"六书",即象形、指事、会意、形声、转注、假借。"六书"其实一定程度上反映了汉字的发展变化。

(1)象形。描摹实物形状的造字法叫做象形。例如:

龟　鸟　蛇(它)　斤　禾　贝

这些字在甲骨文中很明显地是把实物的轮廓或者具有特征的部分勾画出来。当然,象形字经过长期的演变,越来越不像实物了。

(2) 指事。用象征性符号表达意义的造字法叫做指事。例如:

上　下　凶　本　末　刃

"上"、"下"两个字是用横线"一"为界,在横线上面用一点或较短的短线指出"上"的意思,而在横线下面用一点或较短的短线指出"下"的意思。"凶"字是指地上有一个深坑,走路的人没看见而踏空掉进坑里,"凵"代表深坑,中间的"㐅"符号就是象征掉下坑的那种惊吓的感觉和危险的情形。"木"的根部加一圆点或短横指出"本"(树根)的意思,在"木"的梢部加一圆点或一短横指出"末"(树梢)的意思。"刃"字直观感觉似刀,但仔细观察又比"刀"字多了一点,这多出的一点就是指事符号,指明这个字表示的意思不是整把刀,而是刀的锋利的一面。

(3) 会意。由两个以上的形体组成,把它们的意义组合成一个新的意义,让人们根据两个部分可以体会出来,这样的造字法叫做会意。如:

苗　莫　从　牧　步　坐

草生于田叫做"苗";日落草中,天黑了叫做"莫"("暮"的最初写法);一人跟在另一人后边是"从";左边一头牛,右边一人手拿棍子就是"牧";两止相接,表示两脚一前一后,意思是行走,这就是"步";二人坐在土上叫做"坐"。

(4) 形声。由意符(也叫形符)加声符的造字法叫做形声。例如:

悲(从"心""非"声)　　愁(从"心""秋"声)

秧(从"禾""央"声)　　闻(从"耳""门"声)

肋(从"月(肉)""力"声)　城(从"土""成"声)

(5) 转注。转注是六书中说得不是很清楚的一种造字法,大意是指同一类意义相同的字应属于同一部首之下。《说文解字·叙》说:"转注者,建类一首,同意相受,考老是也。"后来各家解释不同,大致有音转、形转、义转三种说法。江永与朱骏声认为所谓"建类一首"是指部首,"考"和"老"同属老部。戴震和段玉裁认为转注就是互训,《说文解字》"考"字下说"老也","老"字下说"考也",是"转相为注,互相为训"的例子。

(6)假借。借用同音字来表示意思的方法叫做假借。《说文解字·叙》说:"假借者,本无其字,依声托事。"如"来"本来是"小麦"的意思,借用来指"来往"的"来";"难"本是鸟名,借用来指"难易"的"难";"自"本来是"鼻"的象形字,后来借用为"自己"的"自";"而"本是"胡须",借用来表示语法关系的连词"而"。

三 文字改革——以汉字改革为例

文字是记录语言的符号,而语言是不断变化的,因此记录语言的符号系统也会随之而变化。这种改变大致有两种情况:一种是对现有的文字系统进行改进;另一种是放弃现有的文字系统,改用另一种或者新创造一种文字系统。我们以汉字变革为例来说明文字改革的一些问题。

汉字是一种古老的文字系统,对于汉语这样的语言来说,无论从音系结构上看还是从语法结构上看,用汉字这样一种文字系统都是合适的。几千年来汉字也一直很好地肩负起了记录汉语的任务,对中华文明和中国文化的形成和发展作出了重要贡献。汉字之所以能够一直保存到今天是和汉语的特点分不开的,但是不能否认,和拼音文字相比,汉字存在难学、难写的问题。五四运动前后,有不少人认为中国基础教育落后的根源在于汉字不易掌握,于是有人提出要废除汉字,走拼音化的道路。有许多学者为了实现文字的拼音化耗费了一生的心血。

20世纪50年代,文字改革委员会成立了,主要任务是推广普通话、简化汉字、制定拼音方案。文字改革委员会在推广普通话和汉语拼音辅助教学方面做了许多工作,取得了许多成就,但也存在不足,比如在汉字简化方面就有很多不足的地方。文字改革委员会后来改称国家语言文字工作委员会,工作重心也有所变化。越来越多的人意识到,改革汉字、实行拼音文字不是一件简单的事。就汉字发展来看,我们认为汉字还不能废止,汉语拼音不能取代汉字来作为记录汉语的文字系统。

第一,经过几千年的发展,汉字已经成为一个比较成熟和完善的文字体系,目前在记录汉语、传达信息、计算机文字处理、教育、出版、文学创作、艺术、通讯、法律等方面完全能够完成任务，而且在某些方面还有拼音文字所没有的优点。

第二，中国有五千年的文明史，有浩如烟海的历史文化典籍，它们都是用汉字记录的。如果改用拼音文字，将来很少有人能直接阅读古书，这对于继承中华文化的精华和中国的优良传统是十分不利的，对于了解中国历史也是十分不利的。

第三，中国幅员辽阔、方言分歧复杂，加上基础教育的条件不好，因此推广普通话的困难很大。从技术上说，要在一个方言分歧很大的国家实行拼音文字其难度是相当大的。

第四，汉字是联系中华民族各地区、各族群的纽带，尽管各个地方方言分歧很大，有些地方彼此之间口头交际存在很大困难，不能通话，比如广东人和上海人，彼此听不懂对方的方言，但是大家有共同的文字系统，书面语交流没有障碍，这有利于国家的统一。海外华人华侨，不管生活在什么地方，只要认识汉字，彼此也很容易沟通。

第五，汉字保存了大量的古代文化的信息，后世学者可以根据汉字来进行语言考古，因此汉字对于历史学、考古学、语言学、人类学、中国哲学来说都是一笔宝贵的财富。例如我们可以根据汉字之间的音韵关系和意义联系来构建古代汉语的词族，可以通过对甲骨文、金文的考释来认识中国历史，可以通过对汉字造字理据的研究来认识中国的哲学观念等。

第六，汉字为中国文化在世界上的传播作出过巨大的贡献，历史上曾经形成过所谓的汉字文化圈，今天的日本仍然在使用汉字。尽管日本自创了假名文字，佢是仍然无法完全废止汉字，因为在日语中有大量的汉语借词，在记录日语时如果不借助汉字会造成很多不便。

第四节　文字的类型

文字的产生和发展受到它所记录的语言的影响，文字的类型也与语言的类型有一定的联系。某种语言的语音特点和结构特点对文字类型的选择有制约作用。文字从诞生之日起发展到今天,经历了一个相当复杂的发展变化过程。纵观整个文字发展的历史和世界上正在使用的文字的特点,我们可以把文字大致归纳为两类:非字母文字和字母文字。非字母文字的产生早于字母文字,最早的文字至今已有5000多年的历史,而如今使用最广的字母文字,历史只有两千多年。

一　非字母文字

非字母文字是通过象征性符号或符号的组合来表达语言中词或语素的文字体系。比较古老的字母文字有汉字、古埃及的圣书字、古巴比伦的楔形文字、中美洲的古玛雅文字等。非字母文字又可分为象形文字、表意文字和意音文字。

(一)象形文字

象形文字是用图形来描摹物像的外部特征,它脱胎于图画,因此还留有图画的痕迹。但就性质而言,它与图画已经完全不同。象形文字记录的是语言,有一定的读音,也与一定的意义相联系。象形字直接描摹物像的轮廓特征,所以很直接、很形象。但语言要表达的内容是无穷尽的,象形文字不可能创造这么多的形体——记录语言;另外,语言也不都是表达具体物像的,行为动作、性质属性、状态关系等抽象内容就很难直接描摹。甲骨文是中国殷商时代刻写在龟甲兽骨上的文字,它们有很多都属于象形文字。

(二)表意文字

表意文字是用文字符号直接表示意义,通常是把两个或多个符号组合在一起来表达意义,它的基础是象形文字。比如"休",画一个人靠在树旁,表示休息之意;又比如"步",画一前一后两个脚趾表示行走之意。

还有一种表意字,是通过用象征性符号或在象形字上加一个提示符来表示某个词,比如:在"刀"上加一点,表示这是刀"刃"所在;在"木"下部加一点,表示这是树的根(本);在"木"上部加一点,表示这是树的梢(末)。

(三)意音文字

意音文字中最重要的是形声字,即通过表音符号和表意符号的组合来记录语言。这种造字法的能产性很强,比如:"枝",从"木""支"声,"木"是形旁(意符),表示该字和树有关,"支"是声旁(声符),代表它的发音。而以"木"为意符可以形成一系列的字,如"松"、"杨"、"枪"、"杖"、"杉"、"材"、"林"、"森"、"柜"、"权"、"杆"、"枫"等,以"支"为声符的字也不少,如"吱"、"技"、"肢"等。

二 字母文字

字母文字是通过字母与字母的拼合来记录语言的文字系统。公元前1000多年,居住在地中海东岸的北方闪美特人,在古埃及圣书字和古巴比伦楔形文字的基础上,创造了一种后代运用极广的文字——拼音文字,这就是世界上最早的字母文字。

字母文字又可以分为三类:音节文字、辅音文字和音位文字。

(一)音节文字

音节文字以音节为最小的书写单位,一个符号表示一个音节。音节文字适用于音节结构比较简单、音节数量较少的语言。世界上现在使用的典型音节文字,是日本的"假名"。假名用一个符号代表一个音节,不同的音节用不同的符号代表。假名的字母表叫做五十音图,其中有3个重复的字和3个重复的音,实际上是47个字、44个音节。

(二)辅音文字

辅音文字只表示辅音,不表示元音,也不表示音节。辅音字母文字系统根本没有表示元音的字母,元音只用一些附加符号表示,或干脆不表示,只看辅音就能推知元音是什么。作为字母祖先的闪美特文字,就是辅音文字。由闪美特字母诞生的古希伯来文(又称早期希伯来文)、古腓尼基文以及早期的阿拉伯文都是辅音文字。

(三)音位文字

音位文字是出现比较晚、发展比较充分、比较科学的一种字母文字。这种文字既有表示辅音的字母，又有表示元音的字母，不再单靠附加符号表示元音，或用辅音字母兼表元音。这种文字的字母虽然有限，只有二三十个，但只要掌握了字母和拼写规则，就可以随听随记、随看随念。希腊文、拉丁文、斯拉夫文、近代希伯来文以及英文、德文、法文等，都是音位文字。我国新创制的一些少数民族文字也都是音位文字。

字母文字最大的优点是易记、易读、易认，尤其在计算机处理上有很大的优越性。目前世界上有很多民族采用的都是字母文字。

前面谈到了文字的几种类型，它们既是历时的，又是共时的。从这些类型中，可以看到文字发展的漫长而复杂的过程。

思考与练习

1. 语言和文字的区别是什么？
2. 选择使用什么类型的文字系统主要应该考虑哪些因素？
3. 文字的基本功能是什么？
4. 汉字会不会在短期内为拼音文字所取代？为什么？
5. 世界上的文字有哪几种类型？
6. 文字是怎么起源的？
7. 简述文字演化的历史。

第九章 语言的发展

第一节 语言的产生与发展变化

一 语言的产生

(一)有关语言起源的一些假说

语言的起源问题和人类的起源问题一样,一直是一个谜。语言学家、人类学家、历史学家都试图通过自己的研究找到答案,但由于客观条件限制,目前还未能找到关于人类语言产生的实际证据,因此,语言起源问题的研究和探讨尚处于假设或理论阶段。

关于语言的产生,世界各民族有各种各样的传说。比如《圣经》记载:上帝耶和华创造了宇宙中的一切物质,并将大地上的飞禽走兽都带到亚当面前,让亚当起名字,亚当对这些飞禽走兽的称呼就成了它们的名字。上帝称光为昼,称暗为夜,称空气为天,称旱地为陆,称水的聚集处为海,于是日月星辰山河湖海都有了名字。当然,这是基督教创世纪的传说,世界上许多民族都有关于开天辟地的传说,但神话传说只能是神话传说,当人们从神话世界里走出来之后,相继提出了一些关于语言起源的假说。

1.三种假说

(1)拟声说。这种假说认为语言产生于人类对客观世界各种声音的摹拟。德国哲学家赫德尔(J.G.Herder)就认为人类的语言产生于打动人类心灵的各种感觉,如羊"咩咩"的叫声最能使人产生感觉,于是羊的叫声就成了羊的名称。开天辟地的时候万物是没有名字的,是谁给万物命名的呢?中国清代学者龚自珍在其《壬癸之象胎观第一》中认为:"名字之始,各以其人之声。声为天而天名立,声为地而地名立,声为人而人名立。""其人"又是何许人呢?用现在的话说就是"人们"。为万物立名不是哪一个人的事,是众人约定俗成的结果。拟声说可以解释很多事物名称的理据性,但是问题是语言中不是只有名词,语言是一个复杂的系统。

(2)情感宣泄说。这种假说认为人类语言产生于人类情感的表达与宣泄。18世纪法国启蒙思想家孔迪雅克(Condillac)认为语言源自人类感情冲动引发出的各种叫喊,这一观点和中国宋代革新家王安石"物生而有情,情发而为声"的说法不谋而合。不仅如此,丹麦语言学家叶斯柏森(Otto Jespersen)还进一步认为,人类最初是通过"唱"而不是通过"说"来宣泄情感的。叶斯柏森将当时已有的各种语言起源假说归纳为四种:第一种是"汪汪"说(The "Wow-wow" theory),认为词的来源是模仿各种音响,特别是动物的叫声("汪汪"即狗叫声);第二种是"噗噗"说(The "pooh-pooh" theory),认为语言起源于情感激发时的感叹声,正如不高兴时发出"噗噗"的语音;第三种是"叮咚"说(The "ding-dong" theory),认为人类从外界得到感受,自然发出相应的语音,这是对外界环境的自然反应,正如钟一敲就发出"叮咚"声一样;第四种是"唷嗨唷"说(The "yo-he-ho" theory),认为语言来源于人们一起劳动时共同发出的有节奏的号子声。此外,他又补充提出"啦啦"说(The "la-la" theory),认为语言源于相爱、游玩、诗兴、唱歌等有关的声音。

(3)劳动起源说。这种假说内部又分为两种观点:一种认为人类语言直接产生于劳动,因为人类在劳动时为了互相协作会发出各种呼喊声;另一种则认为人类语言产生的必要前提和条件是劳动,但语言的产生应该同时伴随着其他条件,比如人类语言器官的不断完善、人类思维系统的不断发展等。

2.关于三种假说的评述

就拟声说和情感宣泄说来看,今天世界上大多数语言系统都存在拟声词、感叹词,但它们在语言系统中数量极少,如果主张语言起源于拟声,就很难解释为什么同一种动物在不同语言中的名称却并不相同或相近。我们可以推断说语言中一些拟声词和一些动物名称词(如汉语的"猫"、"蛙"、"鸭"、"鹧鸪"、"布谷"等)应该是源于对外界事物声音的摹拟,但不能反过来说语言的产生直接源于拟声。事实上,认为语言起源于拟声或者起源于人类情感的宣泄都不同程度地削弱甚至否定了语言的本质属性——社会性,削弱了语言的最重要的功能——交际性。

就劳动起源说来看,恩格斯的理论最具说服力。他在《劳动在从猿到人转变过程中的作用》中说:"随着手的发展,随着劳动而开始的人对自然的统治,在每一个新的进展中扩大了人的眼界。他们在自然对象中不断地发现新的以往所不知道的属性。另一方面劳动的发展必然促使社会成员更紧密地相互结合起来,因为它使互相帮助和共同协作的场合增多了,并且使每个人都清楚地意识到这种共同协作的好处。一句话,这些正在形成的人,已经到了彼此间有些什么非说不可的地步了。"首先,恩格斯将语言的产生放在了人类交际的层面上,突出了语言的产生和其所具有的社会属性密切相关;其次,恩格斯没有将语言的产生简单地归为单一原因,而是认为语言产生的前提和条件是复杂的;最后,恩格斯没有将劳动和语言的产生直接画等号,而只认为劳动是语言产生的必要前提和条件。因此,可以说恩格斯的观点为我们探讨语言的产生提供了科学、客观的理论依据。

(二)语言是人类劳动过程中的产物

语言是人类在劳动过程中、在相互协作过程中"到了彼此间有些什么非说不可的地步"时应运而生的。人类在完成了由猿到人的转变后,首要任务就是要学会如何运用自己的智慧、依靠自身的力量适应环境并在恶劣的环境中生存和发展,而在战胜自然的过程中,劳动成了人类生存的基本保障,但是依靠个体力量毕竟有很大局限性,当一个个体遇到强有力的动物攻击时,往往是无能为力的,只有依靠群体力量才能战无不胜。

战胜自然的愿望使人类单个个体走到了一起,彼此间相互帮助、共同协作也使人类感受到了集体协作带来的安全、保障、快乐等种种好处,同时也开阔了人类的视野,促进了人类发音器官、听觉器官以及大脑的不断发展。所以,直立行走、由个体孤军奋战到群体同甘共苦是人类由猿到人发展过程中的革命性进步:一方面手得到了解放,劳动变得更加自如,彼此的合作更加协调;另一方面扩大了人类的视野,同时使人类的发音器官、听觉器官和思维器官得到了空前的发展。

协作是一种互动行为,需要交流,对人类来说,用手势、身势等进行交流具有很大局限性,于是,在客观条件已经具备、主观要求又非常强烈的合力作用下,有声语言最终产生了。语言的产生不仅进一步促进了人类思维的发展和完善,而且为人类社会不断进步、不断向文明迈进奠定了坚实的基础。

因此,可以说:劳动是语言产生的前提性条件或推动力。人类语言器官和大脑的不断完善是语言产生的客观基础,人类渴望交往、交流的愿望是语言产生的主观因素。

二 语言的发展变化

辩证唯物主义认为,任何事物都不是静止不动的,而是处于不断发展变化中的。静止是相对的,而变化则是绝对的。作为人类交际工具和思维工具的语言也如此。语言是伴随着人类社会的产生而产生的,和人类社会一样,它不会是一成不变的,它会随着社会的发展变化而变化,随着人类社会的消亡而消亡。但是,虽然语言的发展变化和人类社会密切相关,其发展变化的动因、路径、过程、特点等却并非完全由社会决定。语言的发展变化也有其自身的因素。

(一)语言发展变化的原因

语言发展变化的原因可以归结为内因和外因两个方面,内因是指语言系统内部各要素彼此之间的相互影响、相互作用,外因则是社会的发展变化。

1.语言系统内部各要素的相互影响和作用是语言发展变化的内因

语言是一个组织严密的系统,系统内部各个子系统彼此之间相互制约,相互影响,如果其中的一个子系统发生变化,势必会影响到其他的子系统。语言在共时平面上是一个相对平衡的系统,系统内某一个要素发生变异就会引起连锁反应,导致结构失衡。语言系统的发展变化总是由平衡到不平衡再调整平衡,过一段时间又会出现新的不平衡这样一个循环过程。

语言系统中某一要素发生变化总会引起其他要素的变化,从而使语言系统本身发生变化。比如,汉语词汇最初是以单音节为主的,但后来随着浊音清化、声母合流、元音合并、声调简化等语音变化的发生,同音现象骤然增加,单音节词已经无法满足人们交际的需要,于是语音的变化打破了语言系统的平衡。语音系统的简化导致的不平衡必须在词汇系统里得到补偿,而增加词的长度就是一种补偿办法,于是双音节词大量产生。

又例如,藏语、越南语声调的产生也是语音系统内部变化的结果:浊音清化、复辅音消失、辅音韵尾脱落使得藏语、越南语原有的区别性变得越来越弱,声调的产生可以说是一种补偿。当清浊的对立消失,原来不同音的词变成同音词了,怎么办呢?用声调的变化来别义;当辅音韵尾脱落,原来韵尾不同的音节变成相同的音节了,怎么办呢?用声调的变化来区别。可以说,古代藏语和越南语声调的产生就是语言系统内部变化的结果。

2.社会的发展变化是语言发展变化的外因

人类社会形态的改变会直接导致语言的变化。社会形态由低级阶段向高级阶段的发展过程是由人类自身完成的,这一过程是曲折的、复杂的、反复多变的,而语言总是要不断调整自己去适应这些发展变化。社会的分化会引起语言的分化,社会的统一会带来语言的统一,不同社会文化的接触、冲突、较量、融合,也会给语言带来各种变化或影响。新事物的产生、旧事物的变化消失会带来词汇的新旧交替,人们认识水平的变化会导致词义的变化,等等。

比如,中国社会经历过奴隶社会、封建社会和社会主义社会不同的发展阶段,不同的社会形态带来的政治行政体制也是不一样的,语言必然要适应这种变化。我们说"皇帝"、"宰相"、"尚书"、"郡守"、"县令"等称谓是封建政体的产物,今天早已消失,而代之以"主席"、"总理"、"省长"、"市长"、"县长"等称谓。

不同社会群体之间的接触使当今世界上的语言变得不再单纯。现今世界上许多语言都有借词,有些语言还存在征服另一些语言后留下的"底层"。例如英语中有许多法语词,因为11世纪英国曾经被诺曼贵族征服,所以英语中所谓 dinner-table(餐桌)上的东西都来自法语,诸如 beef,chicken 等。日语中有大量的汉语借词,这也是语言接触和文化接触的直接结果。日语中的很多汉源词又被汉语借用,结果是汉语中的很多词是辗转借自日语中的汉字词汇,如"电话"、"电波"、"电气"、"写真"、"便当"等,当然日语中有些汉字词意思与汉语不同,如"手纸"(书信)、"元气"(健康)、"大丈夫"(没问题,不要紧)、"汽车"(火车)、"新闻"(报纸)等;有些词汉语中没有,但是仍然可以知道是什么意思,如"株式会社"、"主催"等;有些词我们就莫名其妙了,如"怪我"(过错)、"散散"(厉害、程度高)、"面白"(有趣)等。

语言在相互接触的过程中除了会发生词的借用之外,还可能发生融合,强势语言在融合中会"吃掉"弱势语言,而弱势语言留下的只有一些词汇底层。例如汉语在融合鲜卑语、满语的过程中留下了很多鲜卑语、满语的词汇底层。中国南部的各方言,如闽方言、吴方言、粤方言、赣方言、客家方言、湘方言都可以找到古代"百越"民族的词汇底层,这些词汇底层往往保留在基本词汇中。

(二)语言发展变化的特点

语言是为人类服务的,是人类最重要的交际工具,和文化一样,它具有传承性特点,因此其功能特点决定了语言不会像生物基因那样发生突变,而是缓慢地、逐渐地、一刻不停地变化,我们把这种现象称为语言发展的渐变性。同时,语言的发展变化也不会是系统内各个要素齐头并进在所有地区一起进行,而往往只是某一要素或要素中的某一方面发生了变化,这些变化可能会对其他要素产生影响,也可能不会产生影响,这些变化可能只在标准语中发生,也可能只发生在地域方言中,我们把语言发展变化在各要素和地域上表现出来的不一致性、参差性称为不平衡性。语言演变是有规律的,也是成系统的,任何变化都不是孤立进行的,其中一个要素的变化可能会波及其他的语言要素也随之发生变化,所以语言演变具有规律性和系统性。

1.语言是渐变的

语言的社会功能决定了语言发展变化的渐变性。现代英国人能够读懂莎士比亚的作品,当代中国人能够读懂"锄禾日当午,汗滴禾下土。谁知盘中餐,粒粒皆辛苦"等古诗,也证明语言的发展变化是缓慢进行的。比如,北京话语音的声母系统在古代存在着清浊对立,清声母系统自古至今是稳定不变的,浊声母则经历了"浊音清化"的过程,但这一过程不是一朝一夕完成的,至今在汉语有些方言(如现代吴语)中仍维持着清浊对立。就语言系统看,语音、词汇中的基本词汇和语法的发展都是非常稳定的,其变化过程我们往往感觉不到,经过一定的积累后才能看到。这就好像坐在旋转餐厅中喝咖啡,我们往往感觉不到旋转餐厅的移动,但是通过参照物位置的变化我们确实知道旋转餐厅是在运动中。

2.语言演变是不平衡的

语言演变的不平衡性表现在两个方面:一是语言各个要素的演变速度是不一样的。语音系统的变化比较显著,语义系统的变化也比较显著,但是语法系统的变化相对要慢得多。以汉语为例,隋代的语音系统(《切韵》音系)、唐代的语音系统(《唐韵》音系)、宋代的语音系统(《广韵》音系)变化很大,与现代汉语语音系统的差别就更大了;而现代汉语的语法系统与古代汉语的语法系统相比,大致的格局并没有发生太多的变化。二是表现为语言演变在地域上的不平衡。以汉语为例,笼统地说,南方地区保留古代的语言面貌更多一些,而北方地区则变化比较大。

3.语言的演变是有规律的、成系统的

如果仅就一个语言现象来观察它的变异的话,我们看到的只是个别的变化;如果比较不同时期的语言面貌,我们就会发现语言的变化是有规律的,是成系统的。比如,汉语的舌根音[k][kʰ][x]在与齐齿呼和撮口呼相拼的时候变成了舌面音[tɕ][tɕʰ][ɕ]。这种变化是系统地推开的,"街"、"解"由[k-]变成了[tɕ-],"鞋"、"蟹"由[x-]变成了[ɕ-]。又比如,古代汉语的浊辅音在现代汉语北方话中已经变成了清辅音,[b]变成了[p],与此相应,[d]变成了[t]、[g]变成了[k]。我们可以比较一下中古汉语的声母系统(以《切韵》为例)与现代汉语北方话(以北京话为例)的声母系统,从中可以一目了然地看出汉语辅音系统有规律的变化。

```
        《切韵》系统                          北京话系统
   帮[p]  滂[pʰ]  並[b]  明[m]──────────[p] [pʰ] [m] [f]
   端[t]  透[tʰ]  定[d]  泥[n]──────────[t] [tʰ] [n]
   知[ṭ]  彻[ṭʰ]  澄[ḍ]  娘[ṇ]
   精[ts] 清[tsʰ] 从[dz] 心[s]  邪[z]────[ts] [tsʰ] [s]
   庄[tʂ] 初[tʂʰ] 崇[dʐ] 生[ʂ]  俟[ʐ]────[tʂ] [tʂʰ] [ʂ]
   章[tʃ] 昌[tʃʰ] 船[dʒ] 书[ʃ]  常[ʒ]
   见[k]  溪[kʰ]  群[g]  疑[ŋ]──────────[k] [kʰ] [x]
   影[y]  晓[x]   匣[ɣ]                   [tɕ] [tɕʰ] [ɕ]
   喻[j]─────────────────────────────────[ø]
   来[l]─────────────────────────────────[l]
   日[r]─────────────────────────────────[ʐ]
```

从上面的比较中我们可以看到：浊音声母的消失不是个别现象，而是成系统消失的。在现代汉语北京话的语音系统中，浊音声母除了鼻音和边音之外，还保留着一个[ʐ]，这使得整个系统显得不整齐：

   [tɕ][tɕʰ][ɕ]
   [ts][tsʰ][s]
   [tʂ][tʂʰ][ʂ][ʐ]

这种不整齐就会导致新的变异，使系统趋于平衡。例如现代汉语北方话的东北次方言，在某些区域里浊声母[ʐ]已经消失，"日"读如"易"，"热"读如"夜"，"然"读如"言"，"人"读如"银"。浊擦音声母变成了零声母。

(三) 语言演化的证据

既然语言的变化是渐变的，那么如何能够知道语言的变化呢？如果是有文字记载的语言，我们可以通过书面语言的变化来观察到语言的变化。这对于使用拼音文字的语言来说是显而易见的，对于汉语这样的使用汉字的语言，我们也可以利用汉字的表音特性来拟测古代的语音面貌。例如，我们可以根据韵书和诗人用韵来拟测古代语音面貌，或者利用形声字，参照异文、声训、假借字，跟亲属语言对比，利用同源词等，来拟测古代的语音面貌。如清代学者钱大昕发现"古无轻唇音"，我们今天可以通过形声字来确认：

奉[f-]（轻唇）：棒[p-]（重唇）

复[f-]（轻唇）：愎[p-]（重唇）

反[f-]（轻唇）：板[p-]（重唇）

甫[f-]（轻唇）：哺[p-]（重唇）

凡[f-]（轻唇）：芃[p-]（重唇）

发[f-]（轻唇）：拨[p-]（重唇）

左边的字都是构成形声字的声符，右边的字都是形声字，形声字中的声符与左边的完全对应相同，但是在现代汉语普通话中，左边的字读轻唇音，右边的字读重唇音。这是语音变化的直接例证。我们也可以从朝鲜语借音、越南语借音、日语借音中证明这一点。在普通话中已经变为轻唇音的一些字，在朝鲜语、日语中仍读重唇。

再比如，我们说古代汉语的语音系统有复辅音，有什么现实的可以直接观察的证据吗？我们可以参考同族词（箭头后为同族词的拟音）：

黑 x_k	墨 m_k	⟶ mx_k	（黑、墨同族）
来 l_	麦 m_	⟶ ml_	（来、麦同族）
命 mieng	令 lieng	⟶ ml_	（命、令同族）
勉 mian	励 liat	⟶ ml_	（勉、励同族）
贪 thom	婪 lom	⟶ thl_	（贪、婪同族）
堕 duai	落 lak	⟶ dl_	（堕、落同族）

异文也可以证明古代汉语语音系统中有复辅音存在，如："角落"在北京话中写做"旮旯"，它们都来自"角"，古复辅音 kl_ 消失后就分化为两个音节：k_l_；同类的分化还有"滚"变为"骨碌"、"蛤"变为"蛤蜊"，这些都是 kl_ 变为双音节 k_l_ 的例子。

亲属语言之间、方言与方言之间的语音对应关系也可以成为语言变化的有力证据。例如，英语的唇齿音在德语里对应的是双唇音，这也是轻重唇的问题。英语的 love 在德语里对应的是 Liebe;英语的 seven 在德语里对应的是 Sieben;英语的 over 在德语里对应的是 über。方言的差异可以看做是语言历时演变在共时平面上的表现。不同地域之间的语言差异是语言历史发展在共时平面上的投射。以汉语方言为例,闽方言、粤方言保留古代语音面貌和词汇面貌比较多,比如闽南话"知"系字读舌头音("茶"[te],"猪"[ty]),保留入声韵(三个辅音韵尾-p、-t、-k);再比如广州话保留双唇鼻音韵尾("金"[kam]),保留完整的入声韵(入声字有三个辅音韵尾-p、-t、-k)等。吴方言也保留了一些古代汉语的语音面貌,如浊塞音[b][d][g]、浊擦音[z],但是入声韵已经开始合并为喉塞音韵尾[-ʔ]。湘赣方言保留的古音面貌和词汇面貌就更少一些。可以说汉语方言从南到北的分布就是汉语历史发展从古到今的映射。越往北,语音系统越简单,词汇面貌和语法手段也就距离古代汉语越远。

第二节 语言系统的发展变化

语言系统的发展演变具有渐变性、不平衡性、规律性和系统性的特点,这是就系统总体发展变化的特点而言的,具体到每个要素,其演变又具有自身的一些特点和规律。

一 语音的发展变化

(一)语音发展变化是有规律的

19世纪西方语言学家曾提出语音演变规律无例外的理论,亦即任何语音的变化都是规律性的变化,即便那些表面看来是孤立的、个体的变化也都能找到相应的规律,这一理论显示了语音变化的根本特点。

语音演变的规律性表现在音位的变化、音值的变化甚至整个系统的简化等各个方面。例如,《切韵》音系显示中古汉语有 36 个声母,但随着汉语语音系统的演变,普通话及大部分汉语方言声母系统都发生了简化,简化是从浊音声母逐渐清音化开始的。清浊对立是中古汉语声母发音方法上的一对重要区别性特征,由于浊音清化使得汉语语音的辅音系统清浊的对立不再是重要的区别性特征,在北方方言中[b][d][g][dz][tʐ][z][ʐ]等浊音声母按照"平声归送气、仄声归不送气"的办法全部归到了同部位的清音中去了,例如:

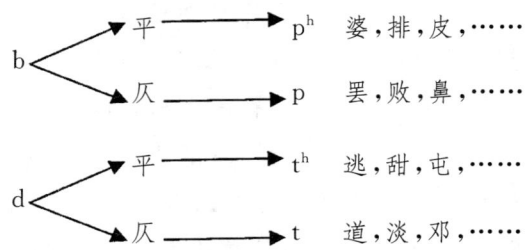

"浊音清化"使得汉语声母系统的辅音音位数量大大减少,汉语的声母系统由 36 个最终简化为 22 个。

(二)语音发展变化的原因

语音的变化是由多种原因造成的。

社会的分裂或者融合会带来语音的变化。以汉语社会为例,春秋战国时期,诸侯割据,秦、楚、燕、韩、赵、魏、齐分地而治,最终导致方言间的语音分歧不断加大,形成不同的方言区;秦统一六国以后,书同文,车同轨,交通便利了,语音也开始趋同,最后形成南北融通的北方方言区。

发音上省力的原因也会带来语音的变化。历史上法语曾出现的复合元音单元音化的现象,被认为是发音省力的结果;日语中的音便现象也是为了使发音更省力。

语言系统内部各要素间的相互联系和制约,也会带来语音的变化。汉语入声的变化涉及韵母和声调两个方面,在入声调类消失的同时,韵母中的闭口韵也随之消失。

(三)语音发展变化的验证

我们如何知道语音的发展变化呢?古代文献资料、文字、方言、亲属语言等等都是了解语音发展变化的重要途径。通过亲属语言的对比,我们可以知道语音的发展变化。如英语的[t]在现代高地德语中对应的辅音是[tsʰ]。例如:

英语	德语
tide	Zeit
twenty	zwanzig
ten	zehn
tap	Zapfen
to	zu

通过比较分析,我们知道现代高地德语语音发生过由塞音[t](拼写字母为 t)到塞擦音[tsʰ](拼写字母为 z)的演变过程。

方言也是研究语音演变过程的活的语言材料。比如,中古汉语入声调的格局在今粤语绝大部分地区仍完好地保存着,既有-p、-t、-k 塞音韵尾,又有独立的入声调;在有些方言里入声调的调类还保存着,但是入声的塞音韵尾则开始缺损:一部分地区为两组以喉塞音收尾的韵尾-p、-k;一部分地区为一组以喉塞音收尾的韵尾-ʔ;而在北京官话、东北官话中入声字则已经被归并到平声、上声和去声中去了。通过对这些方言入声字的比较,我们可以看到汉语入声演变的大致轨迹,见图 9—1:

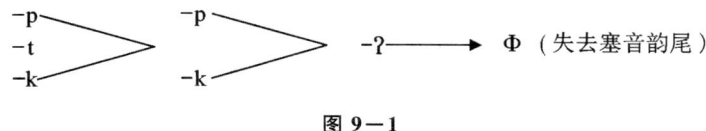

图 9—1

古代诗歌用韵情况也可以作为研究语音变化的材料。今人用普通话去朗诵古代诗词时常常感到有的地方不押韵,例如:

少小离家老大回,乡音无改鬓毛衰;

儿童相见不相识,笑问客从何处来。(贺知章《回乡偶书》)

《回乡偶书》是"回"、"衰"、"来"押韵,今天的普通话"回"已经归入"灰堆韵","衰"和"来"还在"怀来韵"。又如:

寒蝉凄切。对长亭晚,骤雨初歇。都门帐饮无绪,留恋处、兰舟催发。

执手相看泪眼,竟无语凝噎。念去去、千里烟波,暮霭沉沉楚天阔。

多情自古伤离别。更那堪冷落清秋节。今宵酒醒何处,杨柳岸、晓风残月。此去经年,应是良辰、好景虚设。便纵有千种风情,更与何人说。

(柳永《雨霖铃》)

《雨霖铃》前半阕韵脚是"切"、"歇"、"发"、"噎"、"阔",后半阕韵脚是"别"、"节"、"月"、"设"、"说",它们都是入声字,用现代北方话来读有些字是不押韵的,而用有入声的方言来朗读则是押韵的,这说明汉语韵母和声调都发生了很大的变化。

不同时代的借词也能为我们研究语音演变情况提供可靠的证据。中国隋唐时期周边一些国家日本、越南、朝鲜等都曾大量借入过汉语词语,这些词语还大致保留着古代汉语的语音特质,因此比较分析这些借词,对我们了解隋唐时期的汉语语音特点具有重要的参考价值。例如汉语的入声字借入日本以后,其音读仍保留塞音韵尾(促音)或者变成两个音节:

节 せつ[setsɯ]　　　　服 ふく[Φɯkɯ]

我们可以根据日语中汉语借词的音读了解中古汉语的语音面貌。当然,日语借词分为不同的历史层次,有汉音、吴音、唐音之分,分析时应加以甄别。

二　词汇的发展变化

词汇是语言中最活跃的要素。随着人类社会和人类思维的发展,人们对客观事物、现象的认识不断加深。新事物的出现、旧事物的消亡和认识的深化,在词汇中反映得最直接最迅速。这种反映主要表现在词汇系统的演变和词义演变等方面。

(一)词汇系统的发展变化

词汇系统的演变大致有两种情况:一种情况是新词语的产生,另一种情况是旧词语的消亡或被替换。

1.新词语的产生

词汇的发展变化与社会的发展变化密切相关,社会变革、新事物的出现都会产生新词语。比如,从20世纪80年代开始,随着中国社会改革开放的不断深入,大量的汉语新词语伴随着新事物的出现而不断产生,像"改革开放"、"联产承包"、"个体户"、"特区"、"万元户"、"迪斯科"、"大腕"、"大款"、"电脑"、"呼机"、"手机"、"扶贫"、"希望工程"、"健美"、"网吧"、"氧吧"等,这些新词语反映了中国社会改革开放以来从经济生活到政治生活、精神生活等各方面发生的翻天覆地的变化。

新词语的产生一般通过自我创造、改造和由外输入等途径实现。自我创造、改造主要是指直接利用本民族语言材料或对本民族语言材料重新改造而创造出来的新词语,像"希望工程"、"万元户"、"小康"、"下岗"、"健美"等就属于自我创造性新词,"革命"(出自《易经》"汤武革命,顺乎天而应乎人")、"政治"(出自《墨子》"是以政治而民安也","政治"在这里是主谓结构)、"文化"(出自《太平经》"治者,当象天以文化")、"同志"(出自《国语》"同姓则同德,同德则同心,同心则同志")等则属于改造后赋予了新意义的词语。由外输入是指共同语从外来语或地域方言中借入词语的情况,像"迪斯科"、"卡拉OK"、"色拉"、"纳米"、"的士"、"克隆"等就属于借用外来语的新词语,而"侃"、"搞定"、"尴尬"等则属于借用地域方言的新词语。新词语的特点是"新",因此新词语刚出现的时候一般不稳定,有些新词语由于广为流传最终稳定下来进入共同语的词汇系统,而有些新词语产生不久就销声匿迹了。比如"工宣队"、"文批武斗"等词语在"文革"期间出现并一度流行,但随着"文革"成为历史而很快退出词汇系统。

2.旧词语的消亡和被替换

语言中原有的词语不可能是永恒不变的,随着社会的发展变化,词汇中会有新成员的加入,必然也会有旧成员被淘汰。也就是说,词汇演变过程中会出现一些词语消亡的现象。这种现象发生的原因主要有两点:一是随着社会的发展,一些事物、现象消失了,相应的词语也就不使用而成为古旧词语,继而消亡。比如"顶戴"、"黄包车"、"红卫兵"、"三忠于四无限"、"女子无才便是德"等。二是一些事物、现象并没有消失,但由于词汇系统自身的变化,导致了一些旧有词语淡出了人们的视野,逐渐消亡了。比如,我国古人对马、牛、羊等动物的分类是非常详细的,许慎的《说文解字》列出一串马、牛、羊的名称;再比如上古时期汉族人对"白色"的区分也是很严格复杂的,人白为"皙",日白为"晓"、月白为"皎"、霜白雪白为"皑"等。后来,这种种不同的区分显得不那么必要,词汇系统内部发生了调整,于是就只留下了"马"、"牛"、"羊"、"白"。值得注意的是,旧词语的消亡并不像生物死亡那样一去不返,有的旧词语随着社会的发展还能够脱旧翻新、重新流行。

词语的替换其实是旧词语退出新词语出现的一种情况。造成这一现象的原因主要有以下两方面:一是由社会的发展变化引起的。比如中国古代皇帝自称"朕"或者"寡人",普通百姓自称则用"小人"、"小民"、"奴才"等,而随着人与人之间平等关系的建立,"我"代替了上述种种不平等的称呼;再比如解放以后,汉语中不少反映旧社会意识的词语都改换了说法,像"演员"替代了"戏子","邮递员"代替了"邮差","司机"代替了"车夫"等。二是由语言系统的发展变化引起的。比如随着语音系统的不断简化,汉语中的同音现象不断增多,单音节词汇已经对交际产生影响,于是双音词开始大量出现,像"嘴唇"代替了"唇","牙齿"代替了"齿","复习"代替了"习","面孔"代替了"面","身躯"代替了"身","眼睛"代替了"目"等;再比如汉语在吸收外来词语时更喜欢意译形式,但初期往往采用音译,以后又用意译的形式代替音译的形式,比如以"电话"、"银行"替换"德律风"、"版克"等。

(二)词义的发展变化

1.词义演变的原因

语言随着社会的发展变化而发展变化,词义也会随着社会的演变而演变。词义演变的原因大致归纳为以下两点:

第一,社会的变化,客观现实的变化,人们对客观现实认识水平的变化,都会引起词义的变化。比如,汉语的"书"本意为"书写",是动词,后来引申为写成的字,如"书信",再后来引申为有文字的读物,如"书籍"。原始社会时期,人们只能把一些符号刻在兽骨龟甲或者木头上,"书"与"契"意义相通,人们还没有学会用笔进行书写;后来人们发明了可以用来书写的工具——笔,发明了可以书写的材料——羊皮、丝帛和纸,于是出现了写出来的作品;再后来人们把写出来的作品集中起来,雕版印行,于是就出现了书籍。"书"的意义随着社会的发展变化而变化。

第二,语言系统内部的变化,也会带来词义的演变。汉语的"汤"古代泛指"热水",《孟子》有"冬日则饮汤"、成语有"赴汤蹈火",这里的"汤"均是热水义,但后来又产生了与"汤"意义相同的词"热水"、"开水",于是"汤"的意义发生了变化,现在一般指食物煮熟后所得的汁水。

2.词义演变的途径

词义一般分为本义(即最初产生时的意义)和转义(即后来出现的意义),转义的形成主要通过引申、隐喻等途径或方式实现,这也是词义演变的途径或方式。由词义引申产生的新义一般都是在原有词义所概括的内容的某一点上进行引申的结果。如汉语的"甲",本义是"种子萌发",因为种子萌发是植物生长的最初阶段,由此引申为"第一"。再如"兵",本义是"兵器"(例如"短兵相接"),由于兵器是由人使用的,由此引申出"拿兵器的人,军人"(例如"当兵")。通过比喻产生的新义一般是将原有词义的特点进一步联想、形象化后实现的。比如汉语的"包袱",本义是"用布包起来的包儿",包袱最初一般是背在身上,由人背在背上、身体负重进而产生"负担"这样一个新义,这一新义即通过比喻实现的。再比如"纲",本义为"提网的总绳",后来通过比喻又产生了"事物最主要的部分"这一新义。

3.词义演变的结果

词义演变的结果有三种:

一是一些词的词义概念外延扩大了。一般说来,词义的扩大常常是从具体意义演变到一般意义。汉语的"江"和"河"古代专指"长江"、"黄河",后来词义发生变化,引申为一般的江(如"江水滔滔"、"江轮")和河(如"护城河"、"河流")。

二是一些词的词义概念外延缩小了。和第一种结果正好相反,词义的缩小常常是从一般意义演变到具体意义。比如汉语的"丈人"本义是老年人的通称,《论语·微子》中有"子路从而后,遇丈人,以杖荷蓧",这里的"丈人"即"老人";唐朝以后,"丈人"渐渐变成了"岳父"的专有名称。"臭"古代指各种各样的气味(如"其臭如兰"),后来"臭"的词义缩小为专指难闻的气味。

三是词义由一种意义转移为另一种意义,词义的转移往往是词义的内涵发生了变化。汉语的"闻"本义是听见、听到(如"言者无罪,闻者足戒"),后来演变为用鼻子嗅(如"闻味")。

三 语法的发展变化

与语音系统和词汇系统相比,语法系统是相对稳定的,也就是说,语法的变化比较慢,但是也不是说语法就不会发生变化。我们考察语言发展的历史轨迹就会发现语法的演变主要表现在语法手段的增加、语法规则的变化、语法范畴的变化等几个方面。

(一)语法手段的增加

语法是语言的要素之一,它是语言的组织结构规则,不同的语言发展出不同的语法范畴和表达这些语法范畴的语法手段。印欧语系的语言名词都有性、数、格的语法范畴,动词都有时、体、态的语法范畴,并且产生了表达这些语法范畴的语法手段,而且名词在指称性上有冠词系统。汉语没有这些语法手段,但是汉语在发展过程中发展出一整套虚词,包括介词、助词、语气词、连词等。从现有的证据上看,汉语的介词大部分都是由动词经过语法化的过程虚化而来。以介词"把"为例:

两岸芦花一江水,依前且把钓鱼丝。(唐诗)
明年此会知谁健?醉把茱萸仔细看。(唐诗)
予家药鼎分明在,好把仙方次第传。(唐诗)
洞庭云水潇湘雨,好把寒更一一知。(唐诗)

"把"本来是一个动词,有实在的词汇意义,意为"用手抓住或把持",如"依前且把钓鱼丝"和"醉把茱萸仔细看"中的"把"字;后来,动词的意义慢慢虚化,"好把仙方次第传"的"把"还可以看做是跟手的动作有关的动词,而"好把寒更一一知"就几乎看不出跟手的动作有什么关系了。现代汉语中"把"使用的频

率越来越高,意义也更加虚化,慢慢地变成一个语法标记(受事宾语的标记),表达一个致使事件。例如:

一场雨把我淋得浑身湿透	你把裙子都弄湿了
我把他拉上来	想把我抓回去
她把针在头皮上刮了一下	你把神经调整一下
她把这些过程又演了一遍	回身把平儿先打了两下
他把我领到第一道走廊	她把水递到我面前
把眼睛移向别处	他把手指插在背心口袋里
任微风把我吹到任何地方	她把饭端到餐桌上
我把头向下一拽	她把日记本往我怀里一塞
你把衣裳换换	你把桌布洗一洗

"把"字成了一种特殊的语法手段,它的作用是提前受事宾语,表达"致使"或者"处置"的意义。"被"的语法化过程与"把"大致相同,由动词慢慢虚化为表示被动意义的语法手段。

除了"把"字句、被动句以外,汉语语法手段在发展过程中还产生了"子"、"儿"、"头"等词缀,它们成了汉语名词的显性标记;汉语的复数形式"们"也渐趋成熟,尽管与屈折语相比,"们"的使用范围要小得多(我们可以说"你们"、"我们"、"孩子们",但是不能指称除了人以外的普通名词,如不能说"＊石头们"、"＊书们"、"＊房子们");补语的发展也是一种重要的变化。此外,重叠手段、重动式(动词拷贝)、趋向动词的虚化、方位词的产生和发展等都是语法手段上的重要变化。

(二)语法规则的变化

除了语法手段的变化以外,语法规则的变化也是语法发展变化的一个重要方面。还是以汉语语法为例,从词序改变可以看出汉语语法规则的改变。所谓改变语序就是指句子成分在线性排列顺序上的改变。先看下面的例子:

子曰:"不患人之不己知,患不知人也。"
吾谁欺?欺天乎?

这两例都是 SOV 语序,而在现代汉语里,这种语序已经改变为 SVO。

再来看空间方位的表达:

> 杀三苗於三危。

现代汉语中"於"几乎被"在"取代了,语序也发生了变化,同样的意思在现代汉语里我们会说"在三危杀了三苗"。

比较句的变化也与语序有关。古代汉语"重于泰山、轻于鸿毛"在现代汉语里是"比泰山重、比鸿毛轻"。语序的变化是很明显的。

(三)语法范畴的变化

现代汉语的"了"、"着"、"过"原本都是动词,语法化以后变成了动态助词,在现代汉语中表达与事件的内部时间概念有关的语法意义——"体貌"。这是汉语语法体系的一大发展。与此相应的,汉语语法中还发展出一系列与"体貌"范畴有关的语法范畴:如"起来"表示开始,"呢"或者"在……呢"表示进行等。

还有一类语法范畴是很值得关注的:汉语有成系统的语气词用来表达"言者态度",这是与情态范畴有关的语法范畴,在汉语里也能找到发展变化的历史轨迹。古代汉语的"之"、"乎"、"者"、"也"、"矣"、"焉"、"哉"变成了现代汉语普通话的"啊"、"吧"、"呢"、"吗"。

(四)语法中个别成分的演变

语法中个别成分的演变也是历史语言学家关注的问题。例如,汉语量词的演变就是一个很有意思的题目;"来"、"去"的语法化过程也是一个有意思的题目。我们可以列出许多个别的语法现象,寻找它们在发展过程中的演变轨迹并寻求其中的动因,这样就可以为语法的演变绘出一张地图。

语法的演变有时跟词义的变化相伴相生。比如汉语的"由",本指树木新生的嫩芽"由蘖",是名词,通过隐喻,产生了"路由"、"由头"、"事由"、"理由"、"缘由"等词语,后来渐变为动词,可以指示位移事件的起点(空间起点、时间起点、范围起点),如"谁能出不由户?何莫由斯道也",行为事件的责任承担者,如"汝寒温不节,虚实失度,病由饥饱色欲",活动事件的缘由,如"夫礼,禁乱之所由生(乱从哪儿生的/乱的根源),犹坊止水之所自来(水从哪儿生来的/水的来源)"。在现代汉语中"由"构成的词语有"由于"、"经由"、"因由"等,"由"的意义都不相同。现代汉语的"由"主要用为介词,标引不同的语义角色(参看第三章第一节图3—2,图3—3):

第一,起点、经过点、路径、介质。如:

  a.医生由北京动身前往伦敦。 [起点]
  b.月光由屋顶的玻璃窗透进来。 [经过点]
  c.战略物资由滇缅公路运来。 [路径]
  d.病毒由空气传播。 [介质]

第二,源头、质料、构件。如:

  a.现代汉语由原始汉藏语发展而来。 [源头]
  b.由纯金打造成这尊佛像。 [质料]
  c.由牛奶、果料和食物添加剂制成奶昔。 [构件]

第三,责任承担者。如:

  a.网站由中华慈善总会主办。 [责任承担者:机构]
  b.这次事故由小王负责处理。 [责任承担者:人]

第四,使因。如:

  北京的沙尘天气是由高温少雨引起的。 [使因]

第五,依据。如:

  由现在的发展态势上看这项投资很有前途。 [依据]

第六,方式。如:

  所有的卡片都由手工制作。 [方式]

第三节 语言的分化和统一

  语言的分化和统一是语言发展过程中的两种状态,这两种状态的存在与社会的分化和统一直接相关,一般说来,社会的分化会导致语言的分化,社会的统一则会促进语言的统一。

一　语言的分化

　　语言的分化是指一个统一的语言,由于社会的分化而逐渐分化为不同的变体,如社会方言、地域方言,或者进而分化为不同的语言,即亲属语言。

　　一个社会如果长期处于分化状态,那么,其语言的分化也越来越大。汉语社会内部历史上(特别是汉末到隋初)曾长期处于分裂状态,天灾人祸导致的人口迁徙,经济落后、交通不便带来的交际阻隔,使得汉语内部方言异常丰富,方言间的分歧越来越大,有些方言区之间的差别甚至大到了彼此间无法通话的程度。

　　公元6世纪到9世纪期间,伴随着古罗马帝国的灭亡和古典拉丁语的消亡,罗马的民间拉丁语也开始发生分化,最终形成了法语、意大利语、西班牙语、葡萄牙语等独立的语言,因此,今天的法语、意大利语、西班牙语、葡萄牙语等是古罗马民间拉丁语分化的结果。

　　语言的分化会产生地域方言、社会方言甚至另一种亲属语言。

(一)地域方言

　　关于地域方言我们在本书第二章曾做过详细描写,指出地域方言是同一语言分化的结果,是同一民族语言在不同地域上的变体。地域方言是语言的下位概念。一种语言可以分化成若干种方言,一种方言可以再分化成若干个次方言,次方言还可以继续分化成方言群或者土话,等等。

(二)社会方言

　　社会方言是由交际者年龄、性别、职业、阶层等社会因素影响而形成的语言变异。社会方言不同于地域方言,二者的区别主要表现在:第一,社会方言主要表现为语言的社会变异或交际身份的变异,如交际者之间年龄、性别、职业等方面的变异,而地域方言则主要表现为语言的地域或空间差异。第二,社会方言的数量是无定的,地域方言的数量是有定的。地域方言有使用区域、范围的基本边界,所以一个社会存在多少种地域方言一般在数量上是确定的;而社会方言的变量很多,很多社会因素都会导致社会方言的差异。社会方言和地域方言又是相互影响、相互渗透的,社会方言的变异往往是通过一定地域的言语社团表现出来的,而地域方言的差异表现之一就是年龄、世代上的差异。

(三)亲属语言

亲属语言是语言分化的结果,它是指一些独立的语言最初的来源是相同的,这些从同一种语言分化出来的语言彼此间具有亲属关系。比如,汉语与泰语、傣语、老挝语、侗语、苗语、藏语、彝语、景颇语、缅甸语等具有亲属关系,因为这些语言源于一个共同的祖先——原始汉藏语。

亲属语言的认定是历史比较语言学的成就之一。历史比较语言学家通过语音对应规律的研究首先确认了印欧语诸语言具有共同的来源,进而将世界上百余种语言通过历史比较方法、按亲属关系进行了初步的分类,这种分类也叫"语言的谱系分类"或"语言的发生学分类"。

二 语言的统一

(一)语言的统一

语言的统一是指由于社会的统一使得语言在发展过程中逐渐走向统一的现象,语言统一的最大标志就是出现全社会通用的共同语。例如汉语社会尽管历史上出现过较长时期的社会分化局面,方言间的分歧也很大,但由于汉语有统一的文字,所以,一旦社会走向统一,汉语社会的共同语——"雅语"、"通语"、"官话"、"普通话"就会很快成为不同社会成员间的重要交际工具。语言的统一往往不是自发的,而是政治力量、经济力量、文化力量、军事力量等各种动力共同促进的结果。

汉语在西周时期方言间的分歧已经很大,为便于交际,一种经过加工了的、主要通行于王公贵族或文人士大夫阶层,用于官场或外交场合的共同语——雅言也同时产生;秦灭六国后,秦王朝实行的统一文字的政策,更保证了汉语书面语的基本统一。因此,尽管中国社会历经分分合合,但一旦社会走向统一、安定,依靠政治力量推行语言统一的势头一直没有减弱。新中国成立后,中国政府更是采取了一系列措施开始在全国范围内推广普通话。普通话的推广,改变了方言间无法交际通话的状况,有利于中国社会语言的统一。现在,普通话与方言并存于中国社会,而且,由于中国地域广大、经济发展速度存在地区间的不平衡等因素,汉语方言与普通话共存的局面还将长期持续下去。北京话的语音系统之所以成为普通话的语音标准,那是因为北京从金代开始逐渐成为中国政治、经济和文化的中心。

伦敦英语成为英语的标准方言那主要是因为经济的力量,英国工业革命以后,经济发展迅速,伦敦迅速成为经济首都并对其他地区产生影响。

佛罗伦萨方言成为意大利语的标准方言那主要是因为文化的力量,因为佛罗伦萨是欧洲文艺复兴的策源地,佛罗伦萨方言依靠文化的力量统一了意大利诸方言。

(二)共同语和共同语的规范化——以汉语为例

1.共同语

共同语是在社会走向统一的过程中出现的一种超越地域的、具有一定政治经济价值的语言形式,它常常与方言相对而言,并被作为全社会的标准性语言进行推广。总体说,共同语的形成基础是地域方言;具体说,共同语的词汇、语法往往以基础方言为基础,而语音则以基础方言中的某一地点方言为基础。哪一种方言能成为该社会共同语的基础方言,一般要由社会政治、经济、文化等多方面因素决定。

现代汉语的共同语是普通话,普通话是以北京语音为标准音,以北方方言词汇为基础词汇,以典范的现代白话文著作为语法规范的,可见,北京语音和北方方言一道构成了普通话的基础。而普通话之所以以北方方言为基础方言,就是因为北京在唐代即为北方军事重镇,金元以后渐成中国政治、军事、经济、文化中心,其地位越来越重要,影响力越来越大。

2.语言规范化

语言规范化的对象主要为书面语。书面语是以口语为基础、对口语进行加工后的语言形式,它通过书写形式传播开去,对整个社会的影响力更强。任何一个社会都会对本社会的共同语进行规范,引导其向更完善的方向发展,更好地为社会服务。语言规范化问题是一个十分重要且十分复杂的问题。50年前,中国语言学界就语言文字规范化的问题进行了一场声势和规模都相当大的讨论,取得了许多共识,在我国语言学界以及社会语言生活中产生了深远的影响,这种影响在以下几个领域表现得尤为突出:

第一是汉语工具书编撰领域。字典或者词典,本身就应该作为规范的典范,字典、词典的注音和释义不能不注意规范问题。

第二是大众传媒领域。大众传媒是语言文字的使用者和传播者,广播、电视、报纸、杂志、出版社对引导社会语言生活负有重要责任,因此大众传媒的从业人员要有规范的意识。

第三是中文信息处理领域。中文信息处理涉及语言数据库的建设、知识库的建设、语言片段的自动切分与标注、自动分类与识别、语言自动翻译、文本的自动分析、古籍整理、计算机辅助教学、网络搜索和分类等,这些工作都需要规范和标准。

第四是对外汉语教学领域。对外汉语教学的课堂教学、教材编写、语言测试、教师培训、教学工具书的编写等,都需要语言规范。

第五是中小学语文教育领域。语文教育是社会语言生活的重要组成部分,在语文教育过程中,方言的干扰、社会上不规范现象的干扰等都需要语言规范的指导。

第六是语文现代化建设领域。汉语已经走向世界,不同地区的汉字在信息化时代需要兼容,不同编码方式的输入、传输、编辑、保存、阅读也需要兼容,例如繁简字的转换问题、日本汉字问题、方言自造汉字的问题,所以中国的语文必须适应现代化的需要,建立一个兼容性更强的汉字平台,为使用汉字的人服务。

第七是翻译领域。例如翻译中的人名和地名已经有了固定的规范。这种影响已经不仅仅局限于国内,它已经对世界华语语文生活产生了影响。

但是在进行语言规范化时应特别注意以下几个方面:第一,语言规范化的对象主要是书面语,对于未进入书面语的还只用于口语的一些不规范现象只能适时引导。第二,语言规范化既要符合语言发展规律,也应遵守约定俗成原则,对一些似乎不符合语言发展规律但已经在全社会约定俗成的现象不应强制干涉。第三,语言规范化要将语言使用的空间适应性和语言的稳定性、继承性和渐变性等历时因素结合起来考虑。

3.口语与书面语

谈到语言规范化的问题,不能不顺便谈谈口语和书面语的问题。口语是主要诉诸交际者听觉系统的口头语言形式。由于交际环境和条件的限制,口语常常是未经仔细推敲就脱口而出,因此显得表达形式灵活多样,语言结构简单,用词用语简短,词汇量有限。我们平时的日常交际就是一种口耳交际,比如甲乙两个人见面打招呼时的对话就是典型的口语形式:

甲:怎么样?

乙:凑合,还活着。你,你这是干吗去呀?

甲:嗨,瞎溜达呢,你呢?

乙:哦,我去买点儿菜去,家里没吃的了。

……

书面语是通过书写形式但是不局限于书写形式固定下来的语言表达形式。书面语一般是规范化了的语言,主要用于庄重、严肃的场合,因此使用时需要仔细斟酌。

口语和书面语是两种既相互联系又有区别的语言形式,主要表现在:

第一,口语和书面语都是共同语的重要表达形式。口语是书面语的基础,书面语是对口语的再加工,因此,口语是第一性的,书面语是第二性的。

第二,口语主要用于比较随便、非正式的交际场合,书面语主要用于比较庄重、正式的场合,但在某些情况下二者会出现交叉。比如,在文学作品里,作家为贴近生活、更好地塑造人物形象,其笔下人物之间的对话往往就使用日常生活中的口语形式。

第三,口语和书面语使用的物质形式不同,口语主要通过口耳形式交际,而书面语则主要通过文字书写形式进行交际。

第四,口语交际是交际者之间直接进行现场现时的互动式交际,话语常常无法仔细斟酌,而是边说边想边组织,甚至会未加思索脱口说出,因此,其语言结构不复杂,词语运用简单,常伴有冗余信息甚至无意义的废话,交际中还常常借助手势、身势、面部表情等辅助工具;书面语则与此相反,交际者之间往往不是直接进行现场现时交际,所以用词造句可以仔细推敲,语言形式显得更完整、规范、严密。

第五,相对于一发即逝的口语来说,书面语具有一定的保守性。由于这种保守性易造成口语与书面语脱节的现象,因此对书面语的规范就越发显得重要。

书面语的规范程度比口语高,因此我们在讨论语言规范问题的时候大多数情况下是在讨论书面语的规范。但是书面语与口语的界限并不是泾渭分明的,因此口语也需要规范。

三 语言分合的波浪扩散理论和中心向心力理论

(一)波浪扩散理论

扩散(diffusion)是语言演变的一种传播方式。语言的波浪扩散理论是施密特(J.Schmidt)1872年提出的,他认为语言的演变犹如在一个水塘里扔进一块石头所引起的波纹那样,由中心向四周扩散。假定有语言 A、B、C、D、E、F、G,语言 D 的变化会扩散到语言 A、B、C 和语言 E、F、G,使语言 A、B、C 和语言 E、F、G 具有 D 的一些特点;距离波源越近,受影响的程度也就会越大,因而相互的共同点也就越多。其他语言 A、B、C 和 E、F、G 也可以发生类似语言 D 那样的变化,因而使不同的语言间呈现出一些相同的特点,不同于每一语言自身的发展规律。谱系树理论和波浪扩散理论是两个对立的理论模型:前者着眼于语言在时间上的有规律的发展,使语言间呈现出生物族系那样的异同关系,可以对有共同来源的语言进行历史比较研究;后者着眼于语言在空间上的扩散和变化,强调语言间的相互影响和对语言演变规律的干扰。简单地看,语言在时间上的变化表现在亲属语言之间的遗传关系上,我们可以根据不同语言之间的亲疏远近关系画出语言谱系树来。而语言在空间上的扩散则表现在地缘关系上,相邻的地区会成为一个语言共同体。我们用印欧语系的几种语言为例:

凯尔特语和德语不在一个波浪圈内,但是凯尔特语与意大利语在一个波浪圈里,意大利语与德语又在一个波浪圈里;意大利语与希腊语在一个波浪圈里,希腊语与印度—伊朗语族的语言又在一个波浪圈里,而印度—伊朗语族的语言又与斯拉夫语族的语言在一个波浪圈里;而斯拉夫语族的语言又与德语在一个波浪圈里……印欧语系的语言就是这样在地域的维度上扩散的。

(二)中心向心力理论

中心向心力指的是一些在政治、经济、文化等方面处于中心地位的城市的语言(方言)会成为能量较大的语言(方言),吸引周边地区的语言(方言)向自己靠拢。这种假说也可以找到事实的根据。比如汉语吴方言的代表方言是苏州话,吴语区的人以苏州话为标准吴语,因为苏州从战国时代起就是吴越地区的政治和文化中心。近百年来,随着上海的迅速崛起,吴方言的中心慢慢地转移到了上海。粤方言的代表方言是标准的广府话(广州话),但是随着香港政治经济地位的吸引力,香港与广州之间渐渐地有了差距,香港粤语的吸引力越来越大。

北京话的形成过程也很有代表性。北京话的覆盖面有点像一个彗星。它的辐射范围是以北京为彗核,包括河北部分地区、内蒙古部分地区以及东北大部的一个扇面。如图9—2所示:

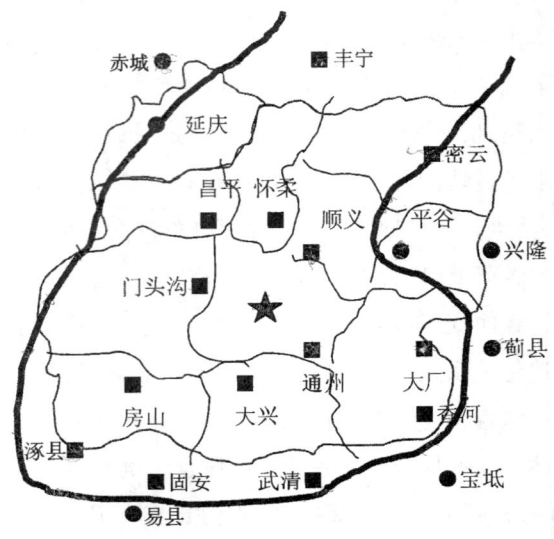

图 9—2

一个共同的经济圈或者文化圈在语言的发展变化中会朝共同的方向整合。例如山西、陕西、内蒙古河套地区是一个经济圈,在这个经济圈内,语言是相近的,因为山西和陕西既有地缘的关系,又是历史上的亲密联盟(秦晋之好),人民的经济往来也非常频繁;内蒙古河套地区是赶牲灵和走西口的地方,在地理位置上和经济关系上与山西和陕西是一个共同体。胶东和辽东构成的"胶辽话"也是一个以烟台为中心的语言共同体,因为辽东人口主要来自胶东,移民造成的共同体使得这两个地方的语言有很高的一致性。

第四节 语言的接触与融合

一 语言接触

不同的社会群体彼此之间的接触会给语言的接触提供机会。这种接触可以是经济贸易往来,如汉语通过丝绸之路与古波斯语的接触、与古阿拉伯语的接触;也可以是宗教和文化交往,如汉语与古梵语的接触;也可以是军事占领、殖民造成的语言接触,如法语与越南语的接触、诺曼语族的语言与盎格鲁—撒克逊语言的接触;还可以是移民、人民杂居带来的接触,如加拿大英语和法语的接触、中国新疆维吾尔语与哈萨克语的接触等。接触的方式可以有很多,因而语言接触的结果也不一样。一般来说语言之间的接触会带来以下几种可能:

第一,语言成分的借用、结构规则的借用。借词是语言接触中最常见的现象。汉语中的"石榴"、"狮子"、"玻璃"等词语借自西域,是汉语与波斯语接触的结果;汉语中的"菩提"、"佛"、"塔"等词语借自印度,是汉语与梵语接触的结果;汉语中的"保龄球"(bowling)、"维他命"(vitamin)、"马达"(motor)、"黑客"(hacker)等词语借自英语,是汉语与英语接触的结果。结构规则的借用指的是语言接触在句法结构方面带来的变化,例如现代汉语中有很多欧化的句子,这些句子就是汉语与印欧语系的语言接触的结果。

第二,一种语言同化了另外一种语言。以汉语和满语的接触为例:清定都北京后,大批满人入关,形成了满汉杂居局面,统治者的语言是属于阿尔泰语系满—通古斯语族的满语。但是由于汉文化和汉语强大的同化力量,在汉文化和满族文化之间存在着一个巨大的落差,汉文化属于比较先进的农耕文明,满文化属于相对落后的游牧文明。在两种文明接触的时候,先进的对落后的有强大的吸引力,满人开始学习和吸收汉文化,最终也完全放弃了本民族的语言。从人口比例来看,汉族人口远远多于满族人口,到清中叶后期,满语慢慢地淹没在汉语的汪洋大海中。今天已经很难找到活着的满语社团,只有少数老人还能说满语,他们主要分布在黑龙江边远地区。而满语的近亲锡伯语却在新疆维吾尔自治区哈萨克自治州锡伯自治县存活下来。

第三,两种或几种语言并存,形成双语社会或多语社会。锡伯语与哈萨克语、维吾尔语、汉语并存,在锡伯自治县就形成了一个多语社会,各种语言尽管有接触,但是各自保持着自己的独立地位。这些语言属于不同的语族或语系,锡伯语属于阿尔泰语系满—通古斯语族,维吾尔语属于阿尔泰语系突厥语族,汉语属于汉藏语系,大家和平共处。又比如比利时的法语和佛莱芒语,处于同一个社会但保持着彼此的独立,比利时成为双语社会。在新加坡,汉语(华语)、英语、马来语、泰米尔语都是法定的语言,都有自己的学校、使用群体、出版物和媒体,新加坡的这些语言彼此有接触,词汇上互相借用,但是仍保持着各自的独立,新加坡也是一个多语社会。

二 语言融合

(一)语言融合的各种因素

语言的接触会带来语言的融合,以下这些因素会导致语言的融合:人民杂居、经济往来、战争征服、文化交流、文化落差、通婚等。人民杂居势必要进行交流,语言会在与别的语言的接触中发生变异,而变异有可能导致语言的融合。满人刚刚入关的时候,满族的达官贵人和八旗子弟都住在北京城内,那时候是不允许汉人住在城内的,因此在一段时间内满语并未融入汉语。但是八旗子弟是不会务农的,北京周边地区居住着许多汉人,他们为北京城内的满人提供衣食住行的保障,这样就慢慢地放宽了对汉人的限制。到清代后期,清朝政府打开了关东大门,从关内大量移民,原来的柳条边隔离措施也慢慢废弛,满汉杂居的局面在东北地区、在北京城内都成事实,满语与汉语的融合已经不可避免。云南有许多少数民族,有聚居地区,也有杂居地区,人民之间的经济往来、文化交流和通婚现象都很普遍。比如白族与纳西族之间、彝族与白族之间,为了经济交往的需要,或者为了融入另一个社群,有的人放弃了本民族的语言而改用另一个民族的语言,他们的第二代、第三代根本就不再会说本民族的语言。散居在其他民族地区的外族人不得不与一个在经济上、人口数量上甚至文化上占优势地位的社群融合。移民海外的华人有一部分住在华人街,还能保持自己的语言不被完全同化,但是散居着的华人后代多半很难抗拒融合。

(二) 自愿融合与被迫融合

语言融合有两种情形:一种是自愿融合,一种是被迫融合。中国的北方地区由于长期胡汉杂居,为了学习汉文化,有些北方的少数民族最后放弃了本族语言,例如魏孝文帝就曾制定政策禁止说鲜卑语,提倡说汉语。魏晋南北朝时期是中国民族语言融合的重要时期,这一时期的融合都是自愿融合。唐以后,契丹、女真在建立政权后拒绝融合,为了防止汉化,统治者曾经制定了严格的措施,例如金人(直至后来的满人)修建了柳条边,搞种族隔离,但是语言融合是不以人的意志为转移的。英国殖民地都发生过语言融合的现象,几乎都是以英语的胜利告终。因为英国殖民者制定了有利于推行英语的政策,殖民地的人民只得被迫放弃自己的语言。加拿大、澳大利亚、马耳他、塞浦路斯、特立尼达和多巴哥、圭亚那、巴巴多斯、斯里兰卡、新加坡、马来西亚、加纳、乌干达等国家都是英语占统治地位。另外,印度、巴基斯坦、南非、美国,都是或曾是英语殖民国家,在这些国家和地区,英语融合了当地的语言,形成殖民地特色的语言社群。

(三) 融合的过程

语言融合的过程可以归纳为以下一些环节:双语、竞争、排挤、替代。开始的时候是双语并存,例如加拿大的英语和法语,比利时的法语和佛莱芒语,中国延边的朝鲜语和汉语、历史上的蒙古语和汉语、满语和汉语。刚刚开始接触时保持着双语社会,两种语言彼此竞争,如果其中的一种语言处于劣势,在竞争中失败,这种语言就会处于被排挤的地位,慢慢地被另一种语言替代。满语融入汉语的过程就是这样一个过程。加拿大的英语和法语都是官方语言,因此从理论上说加拿大是一个双语社会,但是法语的地盘显然没有英语大,只有魁北克、蒙特利尔是法语社群占优势。蒙古语与汉语的大面积接触是在元代,统治者的语言是蒙古语,但是蒙古语与汉语的这种大面积接触时间不长,还没有导致语言的融合。尽管如此,我们看元杂剧的时候还是能够发现蒙古语的影子。

三 语言接触的特殊形式

语言接触除了会导致语言的融合之外,还有可能产生一些特殊的语言融合形式。洋泾浜和混合语就是这样的特殊形式。

(一)洋泾浜

洋泾浜是旧上海外滩的一段,那里是洋泾浜和黄浦江的汇合处。鸦片战争以后,那里是外国人和中国人做生意的地方,中国人与外国人在商贸往来时说的是一种变了形的语言——Pidgin language,即 business language(商务语言)的讹变。这种变了形的语言就叫做洋泾浜,它的语音经过了当地人的改造,词汇基本上是英语的,语法规则大大简化。今天北京的秀水街也有类似的洋泾浜英语。试举几例:

  room→loom(房间)
  all right→all light(好的)
  make→makee(做;弄)
  much→muchee(多少)
  two books→two piecee book(两本书)
  above→topside(在……上边)
  below→bottumside(在……下边)
  unable→no can(不能)
  won't→no wanchee(不想)
  haven't seen you for a long time→long time no see(好久不见)

die-lo（死喽）

say-lo（说喽）

pay-lo（付款喽）

gone away→wailo(away)（走喽）

现在还存活着的洋泾浜是新几内亚的 Tok Pisin，已经定型，有自己的文字，有自己的文学、广播、报纸。主体是英语，词汇只有 1500 个左右，80% 是英语词汇，表达上有一些变化。例如：

grass belong face 胡子（属于脸的草）

him belly alla time burn 口渴（他肚子燃烧）

jump inside 吃惊（里边跳）

inside tell him 思考（里边告诉他）

inside bad 伤心（里边悲伤）

took daytime a long time 失眠（白日长长）

(二) 混合语

混合语也是由于语言接触造成的一种特殊的语言形态，又称克里奥尔语或者克里奥尔化的语言（Creolized languages）。混合语其实也是一种洋泾浜语言，但是克里奥尔化以后就形成一种独立的语言，有一定数量的使用人口，有正式出版物，有电台电视台等。如果在一个语言共同体中，某一种洋泾浜成了整个社会群体主要的交际工具，那么这种洋泾浜语言慢慢地就会演变为一种混合语。例如夏威夷皮钦语，就是以英语为基础的，受汉语、日语、夏威夷语、葡萄牙语以及菲律宾语影响的混合语，有 50 万使用者；又比如加勒比克里奥尔语，主要分布在中美洲，是以英语为基础的混合语，有很多变体，其中最大的一支为牙买加克里奥尔语，大约有 200 万使用者。世界上的混合语有 100 多个，主要分布在前殖民地，从某种意义上说，有些已经取得了合法的地位。如毛里求斯语（是法语、毛里求斯土语和英语的混合语）十几年以前才取得合法地位，使用者主要分布在毛里求斯、马达加斯加和科摩罗岛。此外比较大的一些混合语还有：海地混合语（以法语为基础的混合语），塔基－塔基语（英语与荷兰语的混合语),法那卡罗语(祖鲁语、英语和阿非利斯语的混合语,使用者为南非矿工),喀麦隆皮钦英语(作为第二语言),法属圭亚那克里奥尔语(法语和葡萄牙语的混合语,有5万使用者),新马来西亚语(又称托克皮辛语,分布在巴布亚新几内亚,是英语和巴布亚语的混合语,有200万使用者,其中约5万人作为第一语言),澳门克里奥尔语(葡萄牙语和汉语的混合语)。

(三)人造国际辅助语——世界语

Esperanto,爱斯不难读,是波兰医生柴门霍夫(L.L.Zamenhof)在1887年创造的人造语言。它的词汇以拉丁语族的语言为基础,也有一小部分取自日耳曼语族的语言和希腊语;语法规则16条,没有不规则变化;文字用拉丁字母。多音节词重音一律在倒数第二个音节上,词根可以自由复合。名词词尾的标记为-o,动词的词尾标记为-i,形容词的词尾标记为-a,副词的词尾标记为-e,复数的词尾标记为-j,宾语的格标记为-n,冠词为la,现在时是在动词后加上-as,过去时是在动词后加上-is,将来时是在动词后加上-os,中缀-in-是阴性标记。

世界语不仅仅是一种人造的国际辅助语,它更是一种把不同肤色、不同种族、不同宗教、不同政治信念的人民联系在一起的纽带。所以世界语运动实际上是一种全球的语言统一运动。世界语不是哪一个国家的语言,它也没有自己特有的以世界语为第一语言的使用人群,但是它有自己的组织、自己的出版物、自己的媒体。

思考与练习

1. 语言是怎么产生的?
2. 语言发展变化的内因和外因是什么?
3. 举例说明语言发展变化的特点。
4. 语言分化的结果是什么?
5. 语言统一的动力是什么?
6. 语言接触的结果是什么?
7. 为什么说社会的发展变化是语言发展变化的动力?

第十章 语言的类型分类和谱系分类

第一节 世界语言概况

一 世界语言现状

　　我们无法确切地说出世界上究竟有多少种语言。一是因为语言与方言的划分标准存在争议，不同的语言学家会有不同的结论。有些语言我们无法判定它是不是独立的语言，例如汉语的粤方言、闽方言，有人认为它们是独立的语言，而中国的语言学家则认为它们不过是汉语的两个方言。二是因为有些濒危语言正在消失，我们无法确切地统计这些语言到底还有多少人在使用。

　　世界上的语言大约有五六千种，到目前为止，有一些语言还没有得到很好的研究，我们对这些语言的认识还很肤浅，因此它们与其他语言的亲属关系很难确定。目前学术界认识得比较清楚的各种语言，按照其亲属关系大致可以分为以下几大语系：汉藏语系、印欧语系、高加索语系、乌拉尔语系、阿尔泰语系、达罗毗荼语系、南亚语系、南岛语系、闪—含语系、尼日尔—科尔多瓦语系、尼罗—撒哈拉语系、科依桑语系以及其他一些语群和语言。这种划分没有把世界上的所有语言都包括进来，但是大致把世界上有影响的语言都包括进来了。

　　在这些语系中，使用人数最多的是汉藏语系和印欧语系。汉藏语系的各种语言主要分布在亚洲的东南部,东起我国东部边界,西至克什米尔,其中汉语是世界上使用人数最多的语言。印欧语系的语言分布最广,遍及亚洲、欧洲、美洲和澳洲,东起印度、伊朗和我国的新疆,西至欧洲的斯堪的纳维亚半岛。印欧语系的语言中英语和西班牙语又是使用人口最多、分布最广的。尤其是英语,使用人口3亿,是世界上最重要的语言之一。

从研究情况来看,到目前为止,印欧语系语言的研究是最深入、最充分的。历史比较语言学诞生于欧洲,发端于对原始印欧语的研究。当人们最初发现印度的语言与欧洲古老的语言有渊源关系时,他们所表现出来的惊讶是可想而知的,而历史比较语言学所构拟出来的语言谱系树也在学界产生了广泛的影响。

二 中国语言现状

中国是一个多民族的国家,历史悠久、地域辽阔,境内各族人民使用的语言差别很大,分属几大不同的语系。据统计,中国境内仍然活着的语言大约在120种左右,有些语言已经属于濒危语言,使用人口很少。中国境内的语言大致可以归属为五大语系:汉藏语系(如汉语、藏语、壮语、傣语)、阿尔泰语系(如满语、锡伯语、蒙古语、维吾尔语、哈萨克语、乌兹别克语)、南亚语系(如佤语、布朗语)、南岛语系(如高山族的亚美语)和印欧语系(如俄语、塔吉克语)。此外,朝鲜语和京语的系属不明。

中国境内的语言属于汉藏语系的最多,有20多种。除汉语外,属藏缅语族的有藏语、彝语、傈僳语、纳西语、拉祜语、哈尼语、景颇语、土家语等;属侗台(壮侗)语族的有壮语、布依语、傣语、侗语、水语、仫佬语、毛难语、黎语等;属苗瑶语族的有苗语、瑶语、勉语等。汉语分布在全国各地;藏缅语族中的藏语支分布在西藏自治区和青海、四川、甘肃、云南等省的部分地区,彝语支主要分布在四川、贵州、云南等地;景颇语支主要分布在云南省德宏傣族景颇族自治州;侗台(壮侗)语族的壮傣语支分布在广西、云南、贵州等地,侗水语支分布在贵州、广西、云南等地,黎语支主要分布在海南岛;苗瑶语族主要分布在我国西南和中南少数民族地区。

中国境内属于阿尔泰语系的语言有17种：维吾尔语、哈萨克语、乌兹别克语、塔塔尔语、柯尔克孜语、撒拉语、裕固语、蒙古语、达斡尔语、东乡语、保安语、土族语、鄂温克语、鄂伦春语、满语、锡伯语、赫哲语。这些语言主要分布在西北地区、东北地区和内蒙古，使用人口大约有600多万人。

中国境内属于南亚语系的语言有：佤语、布朗语和崩龙语，主要分布在云南，使用人口约有20多万人。

中国境内属于南岛语系的语言主要是台湾的高山语，约有20多万人使用；属于印欧语系的语言有两种，即塔吉克语和俄语，主要分布在新疆，使用者2万多人。

中国境内的语言系属不明的有两种——朝鲜语和京语。朝鲜语主要分布在吉林省延边朝鲜族自治州以及辽宁和黑龙江的部分地区，使用者约120多万人。京语分布在广西靠近越南的沿海地区，使用者约4000多人。

第二节　语言的类型分类

世界上的每一种语言都有自己的特点，它们彼此在语音系统、语法结构、词汇结构上有相当大的差异。即便如此，语言作为一种符号系统，不同的语言之间还是会具有某些相同或相似的结构特征。语言的类型分类就是根据各种语言所展示出来的结构特征对世界上的语言进行的分类。

对世界上的语言进行分类，可以帮助我们了解世界语言的总体状况，概括不同语言之间的共性特征，从类型的角度把握各种语言的特征，从而更全面、更深入细致地对世界上的语言进行研究，建立基于类型学的语言学理论。从语言学习和教学的角度看，对语言进行类型分类可以发现不同语言之间的相似性和差异性，帮助学习者掌握不同语言的结构规律。

传统的语言类型分类是根据语言是不是有形态变化以及形态变化所表现出的差异进行的，根据这种分类法，我们把人类语言粗略地分为四大类：孤立语、黏着语、屈折语和复综语。

一　孤立语

孤立语也叫词根语或无形态语，是指那些形态不发达的语言。汉藏语系的语言都属于孤立语。

孤立语在构词方面的表现是大多数词都是由词根直接构成的，缺乏词缀和词尾，很少利用词的内部屈折变化进行构词。汉语是孤立语，汉语在发展过程中只产生了极少量的附加成分用来构词，如："第一"、"初十"、"老鼠"、"鞋子"、"小孩儿"、"石头"等词中的"第"、"初"、"老"、"子"、"儿"、"头"，它们是词缀，属于构词成分。这些词缀在汉语中是可以列举出来的，是有限的。它们的涵盖面也不广，不像屈折语有极强的系统性。汉语是典型的孤立语，汉语语法在构词法上没有太多的特殊性，构词法和句法几乎是一样的，所以汉语语法学中几乎没有形态学的内容。

孤立语在句法方面的表现则是缺少时、体、态、性、数、格这样的语法范畴，即便有一些类似的语法范畴，一般也不用词形变化这种语法手段来表达这些语法范畴，而往往是通过词汇手段来表现。在句子结构上，孤立语的词可以不需要任何附加成分而入句。如汉语的"他"、"去"、"教室"、"了"这四个词在所组成的任何句子中都以相同的形式出现：

他去教室了。

他去了教室。

教室他去了。

他教室去了。

孤立语缺乏形态变化。动词在句子中不会因时、体、态的变化而发生词形上的变化，名词也不会因性、数、格的改变而发生词形上的变化。如："他昨天说"、"他现在说"、"他待会儿说"三个句子所指涉的事件是在不同的时间里发生的（时不同），但动词"说"没有任何形式变化；"他开始说"、"他说完了"、"他说着呢"三个句子所指涉的事件报道的是事件的不同阶段（体不同），所使用的动词"说"也还是没有变化。

孤立语的句子成分之间的关系没有显性的语法标记，无法只根据词尾或者其他语法标记来判断它所充当的句法成分。孤立语的词形本身大部分只有词汇意义,而不表示语法意义,因此词序和虚词是连词成句的主要语法手段。如果句子的词序或虚词不同,那么句子的意义就会不同。例如:"客人来了"和"来客人了"两句中的用词完全相同,但因为词序不同,语义就不一样。"我和书"和"我的书"则因为虚词不同,含义也完全不同。

二 黏着语

黏着语也叫胶着语。黏着语有形态但是语法关系不完全依赖形态。

黏着语的一个重要特点是表达一定语法意义的附加成分附着在词根或词干上形成语法形式的派生词,但附加成分与词根或词干的结合并不紧密,各自都有很大的独立性。附加成分好像只是词根或词干的一个组件,可以粘上取下,词根或词干可以脱离附加成分而单独存在。

黏着语在句法上的表现为词根或词干不变,附加成分会发生一些形式上的变化,这种形式变化是表达特定语法意义的手段。黏着语附加成分和所代表的语法意义之间的对应关系比较固定,一个附加成分代表一种语法意义,某种语法意义也只有一种附加成分表示。所以如果要表达不止一种语法意义,就要添加附加成分,一次要表示多少种语法意义,就要在词根或词干后添加多少个附加成分,像一个一个粘在一起一样。土耳其语是一种典型的黏着语,它的动词词根 sev-的意思是"爱",附加成分-dir 表示第三人称,-ler 表示复数,-mis 表示过去时,-erek 表示将来时。所以,sev-mis-dir-ler 就是"他们从前爱",sev-erek-dir-ler 就是"他们将来爱"。日语也是黏着语,例如ない(nai)表示否定,だろう(darō)表示估量,が(ga)是主格标记。试比较下面的几个句子:

① あめがふる

ame ga furu

雨—格助词—降

(下雨)

② あめがふっている

ame ga futte iru

雨—格助词—降—格助词—正在进行时

（正在下雨）

③あめがふらない

ame ga fura nai

雨—格助词—降—不

（不下雨）

④あめがふらないだろう

ame ga fura nai darō

雨—格助词—降—不会—推量式

（不会下雨吧）

阿尔泰语系的语言（如满—通古斯语族的满语、锡伯语，蒙古语族的蒙古语、达斡尔语，突厥语族的土耳其语、维吾尔语）、芬兰—乌戈尔语系的语言、班图语系的语言、日语、朝鲜语等都属于黏着语。

三 屈折语

屈折语是形态变化丰富的语言，因此在形态学（morphology）的层次上有很多手段。

屈折语的构词法比孤立语和黏着语都复杂。屈折语的词由词根和附加成分组成，词根表示词汇意义，附加成分表示语法意义。与黏着语不同的是，屈折语的词根与附加成分结合得非常紧密，有些词根若没有附加成分的结合，就不能单独存在。附加成分和所代表的语法意义也不一定是一一对应的，一种附加成分可以同时表示几种语法意义，同一个语法意义也可以用不同的附加成分表示。例如俄语 книга 中的"a"同时表示阴性、单数、主格等语法意义；俄语名词的复数主格也可以用词尾 -и、-ы、-a、-я 等表示。

屈折语依靠词的内部屈折和外部屈折来构词。内部屈折是指在一个词的词根内部进行语音形式的交替，由此表达不同的语法意义。例如英语 woman 是单数，women 是它的复数形式，这是通过 a—e 的元音交替来表达复数概念；又如 write 是一般现在时的形式，wrote 是它的过去式，通过 i—o 的元音交替来表达时的语法意义。外部屈折指通过一个词的词尾变化来表达不同的语法意义，例如英语的 book 是单数形式，它的复数形式是在词形后边加上-s，变成 books。英语名词的数和动词的时体意义大部分是通过词的外部屈折形式来表现的，例如在动词词形后边加上-ed 表达过去时的语法意义，在动词词形后边加上-ing 表达现在进行时的语法意义。英语还可以通过词形变化改变词的语法属性，例如 deep 是形容词，它的动词形式就是加上词尾-en 变成 deepen，这是通过附加成分来改变词性；write 是动词原形，在后边加上-ing 除了可以表达现在进行时这个语法意义以外，在构词上还可以构成新词 writing。

在句法层面，屈折语通过句法成分之间的一致关系来造句，体现为性、数、格、时、体、态、人称等语法范畴在形式上的一致性，这种一致关系通过附加成分来表达，句子各部分之间的关系往往有形式标记指明彼此的关系。例如英语第三人称单数的动词形式有特殊的标记，这就是一种主语与动词之间的一致关系。

  I say.（我说）

  You say.（你说）

  He says.（他说）

又如德语的第一人称、第二人称、第三人称单数在动词形式上都有变化：

  Ich sage.（我说）

  Du sagst.（你说）

  Er sagt.（他说）

印欧语系的语言（如拉丁语族的法语、意大利语、西班牙语、葡萄牙语、罗马尼亚语；日耳曼语族的德语、荷兰语、佛莱芒语；斯拉夫语族的俄语、塞尔维亚语等）、闪—含语系的语言（如阿拉伯语）都属于屈折语。

四　复综语

复综语又叫合体语、编插语，这是一种很特别的语言类型，表示词汇意义和表示语法意义的成分交织在一起构成一个类似于词的语言形式，但因为不同的成分代表不同的意义，它们组合在一起，其实又是一个句子，一个句子和一个词没有明确的界限。比如美诺米尼语：

akuapiinam（他从水里拿出来）

这个语言单位包含以下成分：

akua-	-epii-	-en-	-am
挪开	液体	用手	第三人称施事

akuapiinam 既可以说是一个词，也可以说是一个句子。美洲印第安人的很多语言都属于复综语。

需要说明的是，对世界各种语言的类型分类不是绝对的，并不是说属于孤立语的语言就只有孤立语的所有特点，没有别的类型语言的任何特征。这种分类是基于家族相似性的，即某一类型中有些语言具有该类型的特点更多，典型性更强，是该类型的典型成员，有些语言具有的类型特点则少一点，属于该类型的边缘成员。世界上没有一种语言纯属于某种结构类型。例如，俄语是一种典型的屈折语，但也用词序和虚词表示词与词之间的关系；汉语是典型的孤立语，但也有少量粘着和屈折的成分。语言类型学的研究发展到今天，这种按照典型成员的类型特征进行分类的做法已经不能贯彻到底，现代类型学更重视语言之间的普遍特征和参数变化。就某一个参数来讲，甲语言跟乙语言有共同的结构特征，而从另外一个参数来讲，甲语言可能又跟丙语言有共同的结构特征。例如汉语和英语都有介词，介词结构的位置可以在句子的开头，也可以在句子的结尾；汉语和日语都有句末语气词，句末语气词都可以表达情态范畴。属于同一类型的语言不一定所有的参数都一样，例如汉语和泰语都属孤立语，但是在修饰语与中心语的位置这个参数上两者是不同的：汉语修饰语在前，泰语修饰语在后。

第三节 语言的谱系分类

一 两种基本假设

关于语言谱系分类有两种基本假设：

第一种假设是语言分化假设。这种假设认为，随着社会的发展，原来统一的一个社会集团有可能分化成几个独立的社会集团；社会集团分化的时间久了，它们的语言也就会随之分化。一种语言首先分化为不同的方言，方言在历史长河中逐渐发展为独立的语言，这样一来，原来统一的一种语言就分化成了几种不同的语言。分化出来的语言有着共同的来源，它们彼此之间具有亲属关系，这种亲属关系也叫发生学的关系。像这样有共同来源的几种彼此独立的语言就是亲属语言。比如汉语和藏语都是从原始汉藏语分化出来的，今天的汉语是原始汉藏语历史演变的结果，今天的藏语也是原始汉藏语历史演变的结果，它们拥有共同的祖先，是同一种语言在不同地区的分化，它们就是亲属语言。英语、德语、荷兰语、丹麦语、瑞典语等语言是原始日耳曼语在不同地区的分化，它们是亲属语言；俄语、波兰语、捷克语、保加利亚语等语言是原始斯拉夫语在不同地区的分化，它们是亲属语言；法语、意大利语、西班牙语、罗马尼亚语等语言是罗曼语（拉丁语）在不同地区的分化，它们是亲属语言。而日耳曼语族、斯拉夫语族、罗曼语族，再加上印度－伊朗语族，都源于原始印欧语。

第二种假设则与此相反，认为语言发展变化的轨迹不一定是一种原始母语分化出来几种不同的语言，而是不同的几种语言之间彼此融合，形成语言联盟，最终形成一种比较大的语言联盟，所谓原始母语（或祖语）很有可能就是语言接触和融合的结果。世界上的语言不一定都能够找到它们的原始祖语，也不一定都有姊妹语言。

从现有的历史比较语言学和语言类型学的研究成果来看，语言分化和融合两条路径都是存在的。在地缘上相邻的语言彼此之间或者有亲属关系，或者有类型相似性。比如汉语和藏语、侗台语、苗瑶语，又比如满语和蒙古语、突厥语，由于地理位置的相邻，在遗传学特征上可以找到很多共同点，因此我们确定它们彼此有亲属关系。另外，汉语和越南语、日语和朝鲜语，虽然找不到是亲属语言的证据，但是汉语和越南语在类型上有相似性，日语和朝鲜语在类型上也有相似性。

二 谱系分类与亲属语言

语言的谱系分类与类型学分类不同，它是一种基于亲属关系的分类，也叫遗传学分类或者发生学分类(genetic classifications)。谱系分类的结果是一个谱系树(genealogical tree)。我们可以根据语言亲属关系的远近建立一个谱系树,用它来说明亲属语言彼此之间的源流关系。

面对世界上如此纷繁复杂的各种语言,怎么确定它们的亲属关系呢?

既然我们假定亲属语言来自同一原始共同语,它们必定会保留一些原始共同语的共同特点,在语音、语法、基本词汇等方面会留有一些共同的成分,而这些共同成分必定具有明显的对应关系。我们就是根据这些明显的、成系统对应的特点来确定语言的亲属关系的。

例如西班牙语、法语、意大利语都是从拉丁语分化出来的亲属语言,下面一些词就体现了它们在语音、词汇上的对应关系:

表 10—1

	梨	帐幕	视	羽毛
西班牙语	pera	tela	vero	pelo
古法语	peire	teile	veir	peil
现代法语	poire	toile	voir	poil
意大利语	pera	tela	vero	pelo

西班牙语、法语和意大利语在语法上也有很多共同点:名词都分为阴性、阳性,有性这一语法范畴。如"酒"法语为 le vin,西班牙语为 le vino,意大利语为 il vino,它们都源于拉丁语的 vinum。这几种语言表示性这个语法范畴的定冠词都与拉丁语有系统的对应关系。如定冠词:

表 10—2

	阳性	阴性
法语	le	la
西班牙语	el	la
意大利语	il	la

历史比较语言学的基本任务就是比较不同语言之间基本词汇、语法范畴、语法手段,寻找它们之间的对应关系,从而确定它们彼此之间是否有亲属关系,最后画出各种语言的亲疏远近关系图。有亲属关系的语言画在一起,从原始共同语开始一直画到现代各个分支,形如一棵倒着长的大树,这就是语言的

谱系树。每一棵谱系树就是一个语言大家族,我们把它称为一个语系,一个语系又可分成不同的语族,一个语族又可再分为不同的语支或者语群。就如同人类的家族关系一样,亲属语言彼此间的亲疏关系并不等同,语族间的亲属关系最疏,越往下,亲属关系越近。不同的语系间没有亲属关系,是非亲属语言。同一棵树上的各种语言有一个共同的原始祖语,所有的枝叶都肇始于一个共同的根。如图10—1:

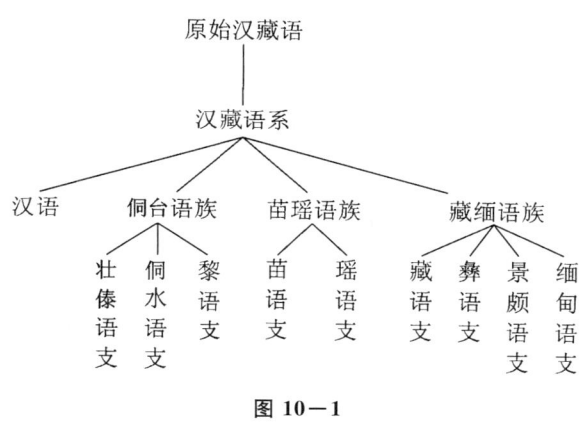

图10—1

三　世界语言的谱系分类

世界上的语言一直处于变化过程中,有的语言濒危乃至消亡了,有的语言正从其他语言中分化出来,有的语言刚刚取得了独立的地位。要对世界上的语言进行全面系统的归类并不是件简单的事。世界上的各种语言按其亲属关系大致可以分为下面的几大语系,但必须说明的是,我们提到的只是世界语言的一小部分。

(一)汉藏语系

汉藏语系主要分布在亚洲东南部,使用人口有十几亿。包括汉语和侗台语族、苗瑶语族、藏缅语族。

1.汉语

除中国外、新加坡、泰国、马来西亚、越南、柬埔寨、印度尼西亚、美国、加拿大等地都有人使用汉语,使用汉语的人口在十亿以上。汉语不分语支,但在中国可以分为七大方言:北方方言、吴方言、湘方言、赣方言、客家方言、闽方言、粤方言。

2.侗台语族

侗台语族也叫壮侗语族,主要分布在我国的广西、贵州、云南、湖南、海南等地,以及泰国、老挝、缅甸等国。下分三个语支:

(1)壮傣语支:壮语、布依语、傣语、老挝语、掸语、台语、侬语等。

(2)侗水语支:侗语、水语、毛难语、拉珈语、仫佬语等。

(3)黎语支:黎语。

3.苗瑶语族

苗瑶语族主要分布在我国的贵州、云南、广东、广西、四川、湖南等地,以及越南、老挝、泰国等国。下分两个语支:

(1)苗语支:苗语、布努语、畬语等。

(2)瑶语支:勉语等。

4.藏缅语族

藏缅语族主要分布在我国的西藏、四川、云南、贵州、青海、甘肃、湖南等地,以及缅甸、不丹、锡金、尼泊尔、印度等国。下分四个语支:

(1)藏语支:藏语、嘉戎语、门巴语等。

(2)彝语支:彝语、傈僳语、纳西语、哈尼语、拉祜语等。

(3)景颇语支:景颇语、拿加语、博多语等。

(4)缅语支:缅语、载佤语、阿昌语、库启钦语等。

此外,属于藏缅语族的语言还有克伦语、宗卡不丹语,我国的土家语、独龙语、羌语等,印度的加罗语、梅塞语等。

(二)印欧语系

印欧语系是最大的语系,分布遍及欧洲、美洲、大洋洲和亚洲、非洲的部分国家和地区,使用人口约占世界总人口的一半。包括七个语族和若干语言。

1.印度语族

印度语族主要分布在印度、孟加拉国、巴基斯坦、斯里兰卡、尼泊尔、毛里求斯、斐济、特立尼达等国。主要包括印地语、乌尔都语、孟加拉语、阿萨姆语、信德语、旁遮普语、尼泊尔语、僧伽罗语、克什米尔语、茨冈语、古代梵语等。

2.伊朗语族

伊朗语族主要分布在伊朗、阿富汗等国家和地区。主要包括阿富汗语、沃舍梯语、波斯语、塔吉克语、库尔德语、俾路支语等。

3.斯拉夫语族

斯拉夫语族主要分布在东欧和巴尔干半岛等地。下分三个语支：

（1）东部语支：俄语、乌克兰语、白俄罗斯语等。

（2）南部语支：保加利亚语、马其顿语、塞尔维亚语、斯洛文尼亚语等。

（3）西部语支：波兰语、捷克语、斯洛伐克语等。

4.波罗的语族

波罗的语族主要分布在波罗的海沿岸。下分两个语支：

（1）东部语支：立陶宛语、拉脱维亚语等。

（2）西部语支：古代普鲁士语等（已消亡）。

5.日耳曼语族

日耳曼语族主要分布在北欧、北美、澳大利亚、新西兰等地。下分三个语支：

（1）东部语支：峨特语等（已消亡）。

（2）西部语支：英语、德语、荷兰语、佛莱芒语、伊狄士语、卢森堡语、弗里西亚语等。

（3）北部语支：瑞典语、丹麦语、挪威语、冰岛语等。

6.凯尔特语族

凯尔特语族，主要分布在爱尔兰岛、英国和法国的一些地区。下分三个语支：

（1）高卢语支：高卢语等（已消亡）。

（2）不列颠语支：布列塔尼语、威尔士语等。

（3）盖尔语支：爱尔兰语、苏格兰语等。

7.拉丁语族(罗曼语族)

拉丁语族主要分布在西班牙、葡萄牙、法国、意大利、罗马尼亚等国,以及拉丁美洲和非洲的一些地区。下分两个语支:

(1)西部语支:拉丁语、法语、意大利语、西班牙语、葡萄牙语、卡塔兰语、萨丁语等。

(2)东部语支:罗马尼亚语、摩尔达维亚语等。

除此之外,印欧语系中还有一些比较独立的语言无法归入其他语族或者语支,例如阿尔巴尼亚语、希腊语、阿尔明尼亚语、土火罗语(已消亡)。

(三)乌拉尔语系

乌拉尔语系主要分布在芬兰、匈牙利、捷克以及原苏联和前南斯拉夫境内。包括两个语族。

1.芬兰-乌戈尔语族

芬兰-乌戈尔语族主要包括芬兰语、爱沙尼亚语、匈牙利语、拉普语、恰克语、沃古尔语等。

2.撒莫狄语族

撒莫狄语族主要包括涅涅茨语、塞尔库普语、牙纳桑语等。

(四)阿尔泰语系

阿尔泰语系的语言主要分布在中亚和我国的东北、西北地区,以及蒙古、土耳其、阿富汗等国。包括三个语族。

1.突厥语族

突厥语族主要分布在土耳其、阿富汗等国以及我国的西北地区。下分五个语支:

(1)布尔加尔语支:楚瓦什语等。

(2)奥古兹语支:土耳其语、土库曼语、特鲁赫曼语、阿塞拜疆语、嘎嘎乌兹语、撒拉语等。

(3)克普恰克语支:哈萨克语、塔塔尔语、巴什基尔语、吉尔吉斯语等。

(4)葛逻禄语支：维吾尔语、乌兹别克语等。

(5)回鹘语支：裕固语、雅库特语、图瓦语、绍尔语、哈卡斯语等。

2.蒙古语族

蒙古语族主要分布在蒙古等国，以及我国的内蒙古等地。主要包括蒙古语、布利亚特语、莫戈勒语、达斡尔语、土族语、东乡族语、保安族语等。

3.满－通古斯语族

满－通古斯语族主要分布在我国的东北及其与俄罗斯毗邻的地区。下分两个语支：

(1)满语支：满语、赫哲语、锡伯语等。

(2)通古斯语支：埃文尼语、鄂温克语、鄂伦春语、涅基达尔语等。

(五)闪－含语系

闪－含语系主要分布在西亚和北非地区。包括两个语族。

1.闪语族

闪语族主要分布在西亚及其毗邻的非洲地区，下分三个语支：

(1)东部语支：阿卡德语(古巴比伦语，已消亡)。

(2)北部语支：古迦南语、腓尼基语、古希伯来语(均已消亡)。

(3)南部语支：阿拉伯语、阿姆哈尔语等。

2.含语族

含语族主要分布在北非。下分四个语支：

(1)埃及语支：古埃及语、科普特语等(均已消亡)。

(2)柏柏尔语支：北非和撒哈拉沙漠诸语言。

(3)库希特语支：索马里语、加拉语等。

(4)乍得语支：豪萨语等。

(六)伊比利亚－高加索语系

伊比利亚－高加索语系主要分布在高加索地区。包括四个语族。

1.卡尔特维里语族

卡尔特维里语族主要有格鲁吉亚语、赞语、斯万语等。

2.达吉斯坦语族

达吉斯坦语族主要有阿瓦尔语、达尔金语、拉克语、塔巴萨兰语等。

3.巴茨比－启斯梯语族

巴茨比－启斯梯语族主要有车臣语、印古什语等。

4.阿布哈兹－阿第盖语族

阿布哈兹－阿第盖语族主要包括阿布哈兹语、阿第盖语、卡巴尔达语等。

(七)马来－波利尼西亚语系

马来－波利尼西亚语系又叫南岛语系，主要分布在太平洋群岛、东南亚地区和我国的台湾等地。包括四个语族。

1.印度尼西亚语族

印度尼西亚语族主要包括爪哇语、马来语、印尼语、塔加洛语、高山语、巽地语、马都拉语、比萨扬语（又称米沙鄢语）、马达加斯加语、布金语等。

2.美拉尼西亚语族

美拉尼西亚语族主要有斐济语等。

3.密克罗尼西亚语族

密克罗尼西亚语族主要有马绍尔语、特鲁克语、昌莫罗语等。

4.波利尼西亚语族

波利尼西亚语族主要有毛利语、夏威夷语、萨摩亚语、汤加语、塔希提语等。

(八)南亚语系

南亚语系主要分布在缅甸、柬埔寨、印度的东北部和我国的云南一带。包括四个语族。

1.扪达语族

扪达语族分布在印度境内，主要有扪达语、桑塔利语、库尔库语、喀利亚语等。

2.孟－高棉语族

孟－高棉语族主要包括越南语、克木语、孟语、高棉语、佤语、布朗语、德昂语(原称崩龙语)、帕克语、奇老语、比尔语等。

3.马六甲语族

马六甲语族主要包括塞芒语、萨凯语、雅坤语等。

4.尼科巴语族

尼科巴语族包括近十种语言,但使用的人数很少。如卡尔语、乔拉语、特雷塞语等。

(九)尼日尔－刚果语系

尼日尔－刚果语系包括两个语族。

1.科尔多凡语族

科尔多凡语族主要包括苏丹努巴山区几种使用人数很少的语言。

2.尼日尔－刚果语族

尼日尔－刚果语族下分六个语支:

(1)贝努埃－刚果语支:斯瓦希里语、卢旺达语、隆迪语、索托语、卢巴语、科萨语、绍纳语、祖鲁语、刚果语、乌干达语、林加拉语、吉库犹语、芳语、别萨巴语、茨瓦纳语、斯威士语、尼昂加语等。

(2)曼迪语支:班巴拉语、马林凯语、门得语、克培列语等。

(3)古尔语支(又称沃尔特语支):莫西语、古尔马语、达戈姆巴语等。

(4)西大西洋语支:弗拉尼语、沃洛夫语、泰姆纳语等。

(5)阿达马瓦－东部语支:桑戈语等。

(6)库阿语支:约鲁巴语、依博语、特威语、埃维语、丰语、比尼语等。

(十)尼罗－撒哈拉语系

尼罗－撒哈拉语系包括六个语族。

1.沙里－尼罗语族

沙里－尼罗语族包括卢奥语、努埃尔语、马萨依语、萨拉语、努比亚语等。

2.撒哈拉语族

撒哈拉语族主要包括卡努里语等。

3.马巴语族

撒哈拉语族主要包括马巴语以及一些使用人数很少的语言。

4.科马语族

5.富尔语族

6.桑海语族

(十一)科依桑语系

属于科依桑语系的语言分布于非洲南部,主要有霍屯督语(纳米比亚),布须曼语(博茨瓦纳、南非、纳米比亚),散达维语(坦桑尼亚),哈察语(坦桑尼亚)等。

(十二)北美印第安诸语言

1.爱斯基摩－阿留申语

爱斯基摩－阿留申语包括爱斯基摩诸方言、阿留申语等。

2.阿尔冈基亚语

阿尔冈基亚语主要包括分布于美国和加拿大的奥杰布瓦语、布莱克福特语、米克马克语等。

3.阿塔帕斯卡语

阿塔帕斯卡语主要有美国的那伐鹤语、阿帕什语和加拿大的奇皮尤扬语等。

4.易洛魁语

易洛魁语主要包括分布于美国的切罗基语、塞内卡语、欧奈达语等。

5.乌托－阿兹台克语

乌托－阿兹台克语主要包括分布于墨西哥的尤蒂－阿茨蒂克语和美国的波普阿戈语、皮马语、河皮语等。

6.奥托－曼克亚语

奥托－曼克亚语主要包括分布于墨西哥的扎波特语、米克斯特语、奥托米语、马扎华语等。

(十三)澳大利亚原住民诸语言

澳大利亚原住民的语言共有 28 个语族,它们被认为是彼此有亲属关系的。比较大的语言有提维语、瓦尔马提亚利语、瓦尔皮丽语、阿朗达语、马不雅各语、帕麻农干语等。

(十四)一些无法确定系属的语言

有一些语言从类型学上可以看出它们与其他一些语言有相似的关系,但是我们无法从基因上确定它们的族属。例如日语、朝鲜语(韩国语)、越南语,它们不太可能是独立发生的,但是没有历史比较语言学的证据我们无法给它们定性。

以上只是对世界上的部分语言从遗传学的角度作出的大致分类,这个分类并不是所有的人都认可的,这个概括也没有把所有的语言都包括在内,有很多语言根本不在研究者的视野之内,还有一些语言迄今为止还无法确切地知道它们的系属关系。从流行区域和使用人口上看,语言和语言之间的差异是很大的,例如汉语有十几亿人口在使用,流行范围除了中国大部分地区以外还有东南亚、北美洲、澳大利亚、欧洲等地,而锡伯语只流行于中国新疆哈萨克自治州锡伯自治县,使用人口也少得多。有的语言甚至只有几十个使用者,属于濒危语言。我们在这里列出的语言是世界上影响比较大的、流行区域比较广的和使用人口比较多的语言。到目前为止,还没有哪个权威机构可以对全世界的语言状况作出完整的报告,因为那将是十分浩大的工程。

思考与练习

1.什么叫做语言的类型分类?

2. 什么叫做语言的谱系分类？
3. 什么样的语言是孤立语、黏着语、屈折语、复综语？
4. 下面一些语言属于哪个语系？哪个语族？

  阿拉伯语　维吾尔语　蒙古语　泰语　英语　法语　俄语　芬兰语
  满语　汉语　藏语　苗语　瑶语　斯瓦希里语　荷兰语　库尔德语
  塞尔维亚语　乌尔都语　印地语　西班牙语　葡萄牙语　挪威语

主要参考文献

Bhat, D.N.S., *The Prominence of Tense, Aspect and Mood*, John Benjamins Publishing Company, Amsterdam/Philadelphia, 1999.

Comrie, Bernard, *Aspect*, Cambridge University Press, 1976.

Croft, William, *Typology and Universals*, Cambridge University Press, 1990.

Crystal, David, *The Cambridge Encyclopedia of Language*, Cambridge University Press, 1997.

Ellis, Rod, *The Study of Second Language Acquisition*, Oxford University Press, 1994.

Fauconnier, Gilles, *Mental spaces*, Cambridge, Mass.: The MIT Press, 1985.

Fillmore, Charles, *The Case for Case*, in E. Bach and R. Harms (eds.). *Universals in Linguistic Theroy*, NewYork: Holt, Rinehart and Winston, 1968.

Foss, Donald J. and Hakes, David T., *Psycholinguistics: An Introduction to the Psychology of Language*, Englewood Cliffs, New Jersey: Prentice-Hall, Inc., 1978.

Grice, H. P., *Presupposition and Conversational Implicature*, in P. Cole (ed.), *Radical Pragmatics*, New York: Academic Press, 1981.

Heine, Bernd, *Cognitive Foundations of Grammar*, Oxford University Press, 1997.

Jackendoff, Ray, *Semantics and Cognition*, Cambridge, Mass.: The MIT Press, 1983.

Kempson, R., *Presupposition and Delimitation of Semantics*, Cambridge University Press, 1975.

Lakoff, George, *Women, Fire and Dangerous Things: What Categories Reveal about the Mind*, The University of Chicago Press, 1987.

Lakoff, George & Mark Johnson, *Metaphors We Live By*, The University of Chicago Press, 1980.

Langacker, Ronald W., *Foundations of Cognitive Grammar*, Standford: Standford University Press, 1987.

Leech, Geoffrey, *Principles of Pragmatics*, London: Longman, 1983.

Lyons, J., *Semantics*, Cambridge University Press, 1977.

Garman, Michael, *Psycholinguistics*, 北京大学出版社、剑桥大学出版社, 2002。

Noonan, Michael, *Non-structuralist Syntax* [*Functionalist syntax position paper*], in Darnell, Michael et al (eds): *Functionalism and Formalism in Linguistics*, Vol I: *General papers*, Amsterdam/Philadelphia: John Benjamins Publishing Company, 1999.

Smith, Neil, *Chomsky: Ideas and Ideals*, Cambridge University Press, 1999.

Pinker, Steven, *The Language Instinct: How the Mind Creates Language*, New York: Harper-Collins Publishers Inc. 1994.

Quirk, R. et al, *A Comprehensive Grammar of the English Language*, London: Longman, 1985.

Talmy, Leonard, *Toward a Cognitive Semantics*, Vol. I: *Concept Structuring System*, Cambridge, Mass.: The MIT Press, 2000.

Talmy, Leonard *Toward a Cognitive Semantics*, Vol. II: *Typology and Process in Concept Structuring*, Cambridge, Mass.: The MIT Press, 2000.

Scovel, Thomas, *Psycholinguistics*, Oxford University Press, 1998.

Vendler, Zeno, *Linguistics and Philosophy*, Ithaca: Cornell University Press, 1967.

Fromkin, Victoria, et al, *An Introduction to Language*, 第七版, 北京大学出版社, 2004。

布龙菲尔德 《语言论》(中译本), 商务印书馆, 1980。

陈保亚 《20世纪中国语言学方法论》, 山东教育出版社, 1999。

崔希亮 《语言理解与认知》, 北京语言文化大学出版社, 2001。

戴浩一、薛凤生 《功能主义与汉语语法》, 北京语言学院出版社, 1987。

林焘、王理嘉 《语音学教程》, 北京大学出版社, 1992。

刘丹青 《语序类型学与介词理论》, 商务印书馆, 2003。

陆俭明 《八十年代中国语法研究》, 商务印书馆, 1993。

陆俭明 《现代汉语语法研究教程》, 北京大学出版社, 2003。

吕叔湘 《汉语语法分析问题》, 商务印书馆, 1979。

吕叔湘 《中国文法要略》, 商务印书馆, 1982。

吕文华 《对外汉语教学语法体系研究》, 北京语言文化大学出版社, 1999。

沈家煊 《不对称与标记论》, 江西教育出版社, 1999。

施春宏 《语言在交际中规范》, 中国经济出版社, 2005。

石安石 《语义问题》, 商务印书馆, 1993。

石毓智 《现代汉语语法系统的建立——动补结构的产生及其影响》, 北京语言大学出版社, 2003。

索绪尔 《普通语言学教程》(中译本), 商务印书馆, 1980。

太田辰夫 《中国语历史文法》(中译本), 北京大学出版社, 1987。

徐烈炯 《语义学》, 语文出版社, 1990。

徐通锵 《语言论》, 东北师范大学出版社, 1997。

徐通锵 《基础语言学教程》, 北京大学出版社, 2001。

叶蜚声、徐通锵 《语言学纲要》, 北京大学出版社, 1997。

袁毓林　《汉语动词的配价研究》,江西教育出版社,1998。

詹卫东　《面向中文信息处理的现代汉语短语结构规则研究》,清华大学出版社、广西科学技术出版社,2000。

张　赪　《汉语介词词组词序的历史演变》,北京语言文化大学出版社,2002。

张　敏　《认知语言学与汉语名词短语》,中国社会科学出版社,1998。

张伯江、方　梅　《汉语功能语法研究》,江西教育出版社,1996。

赵金铭、崔希亮　《新视角汉语语法研究》,北京语言文化大学出版社,1997。

赵元任　《汉语口语语法》,商务印书馆,1979。

赵元任　《语言问题》,商务印书馆,1980。

朱德熙　《语法讲义》,商务印书馆,1982。

后　　记

经过一年多的努力,这本小书终于脱稿了。当我在电脑上敲完最后一个字的时候,心中的喜悦是可想而知的。对我来说要完成这样一个任务不是一件容易的事。这本书的写作和修改断断续续地持续了一年多,那是因为我实在找不出整块的时间。我的时间被各种琐碎的事情分割成很多碎块,而写书需要静下心来,一气呵成,否则难免出现前言不搭后语的局面。这就是所谓的"人在江湖,身不由己"吧。

我在北京语言大学人文学院给对外汉语专业的学生讲授"语言学概论",听课的同学很喜欢这门课,这让我对这门课很有信心。同学们也提出了许多很好的问题,让我进一步思考如何让这门课对学生们真正有所帮助。我很感谢我的学生们,是他们让我尝到了初为人师的甜酸苦辣,也是他们让我知道了自己肩上的责任。他们当中有些人已经毕业十几年了,现在已经分布在世界各地,但是有几位同学那明亮的眼神至今仍历历在目。正是那些专注的眼神让我有勇气把这本书写出来。我的同事程娟、郭风岚老师经常与我一起切磋探讨有关问题,程娟的专长在汉语词汇学,郭风岚的专长在社会语言学,我从她们那里得到不少教益。我另外的两名同事高立群、江新是专攻心理学的,我们一起合作做了两个第二语言习得方面的课题,他们的专业水准和精到的见解也是我取之不尽的精神财富。我的学生柯润兰也参与撰写了部分章节。这本书的写作提纲在讨论时得到了很多专家的宝贵意见,尤其是我的导师陆俭明先生提出了非常重要的意见。他希望我不要墨守成规,要有新内容和新思想。商务印书馆的周洪波先生对我非常宽容,他给了我充裕的时间对这本书进行修改。本书的责任编辑戴军明先生阅读初稿以后提出了许多非常有价值的、非常专业的意见和建议，没有这些意见和建议，这本书会留下更多的遗憾。在此我要对他们表达由衷的敬意和感谢！当然，书中的谬误以及不能自洽之处在所难免，衷心希望读者提出批评指正。

  作为一本语言学概论性质的著作，本书中的有些内容对学生来讲可能过于艰涩。我希望使用这本书的老师可以根据具体的教学环境进行取舍。对外汉语专业作为一门交叉学科，以语言学、汉语言文字学、心理学、教育学为基础，在这些基础学科中语言学是其中最重要的支撑学科之一。而语言学概论所讲授的知识并不是最重要的，重要的是应该培养学生独立思考问题和解决问题的能力。如果这本小书能为对外汉语教学尽一点微薄的力量，我将感到喜悦和快慰！

崔希亮

2007 年 5 月 5 日

于北京学院路 15 号